JN219014

機会の平等

境遇による格差から自由な社会に向けて

著：ジョン・ローマー　John E. Roemer
訳：後藤玲子・吉原直毅　Goto Reiko, Yoshihara Naoki

EQUALITY of OPPORTUNITY

勁草書房

目　次

※本文中の〔　〕は訳者による補足.

序　　文

本書の草稿の一部を読み，有益なコメントを寄せてくれたスティーヴァン・ダーラウフ，イグナチオ・オルティーノ＝オーティン，ジェイムズ・ロビンソン，ウィリアム・サイモン，ピーター・ヴァレンタインに感謝申し上げたい．また，私のアイディアは，ジョシュア・コーエンによって開催され，1995年の「ボストン・レビュー」によってその成果が公開されたシンポジウムへの貢献者達にも影響を受けた．その中の，リチャード・エプスタイン，エリザベス・フォックス＝ジェノヴィーズ，スーザン・ハーリー，エリック・マスキン，アーサー・リプスタイン，ナンシー・ローゼンブラム，トマス・スキャンロン，サミュエル・シェフラー，ロバート・ソローの各氏は初期の草稿を吟味し，論評してくれた．私は草稿の一部について同僚のヨワキム・シルベストレと有益な議論を交わした．最後に，しばしばあることだが，草稿を通読し，その問題点について長期間にわたって私と議論を展開してくれたG. A. コーエンに深く感謝を申し上げたい．また，ここ数年に開催された多くのセミナーおよびコンファレンスにおいて，これらのアイディアにコメントを寄せてくれた参加者にも感謝申し上げたい．

この小さな本は方法論的に哲学と経済学にまたがっている．いずれの方法においても，採用したテクニックは大学院生に理解可能なように十分に初歩的であると確信している．不幸にも，両方の方法を理解できる政治哲学ないしは厚生経済学を専攻している大学院生は今日あまりにもわずかである．私が思うに，政治哲学ないし厚生経済学で良い研究を行うには，両方の一連のテクニックを使いこなせないまでも，両方の学問分野における主な問題およびアイディアを認識することが不可欠である．厚生経済学の知識をあまりにもわずかしか持たない政治哲学者は，頻繁に思考を再構成しようとするが，たいてい良くない結果に終わる．政治哲学をよく理解していない厚生経済学者はしばしば，哲学の観点からは人間の厚生になんの利益もないとみなされるようなテクニカルな問題に時間を浪費する.

もしこの小著において，少なくとも学際的なアプローチの価値を示すことができれば，１つの有益な目的を果たしたことになるだろう.

1997年７月

私は，私と私の環境である
――ホセ・オルテガ・イ・ガセット

第1章

イントロダクション

欧米の民主主義においては，機会の平等についての２つの構想が広く知られている．１つめは，地位をめぐる競争をしている諸個人間の「競技場を平準にする(level the playing field)」ために，社会はなしうることをすべきである，というものだ．より一般的に言えば，社会は人格形成期間に諸個人間の競技場を平準化し，その結果として，関連する潜在力を兼ね備えたすべての個人が，ゆくゆくは地位を競合する候補者の予備軍となる権利を有するようになるだろう，ということだ．２つめの概念は，私が**非識別原理**(nondiscrimination principle)と呼んでいるものだが，社会での地位をめぐる競争において，当該地位の職務遂行に関連する属性を持っているすべての個人は，適格であるとして候補者の予備軍に含められ，そして，ある個人にとって可能な地位の占有は，その地位に関連する属性という点のみによって判断されるとする．最初の原理の１つの例は，不遇な社会的背景を持つ子供達に補償の教育が供給されると，その結果として，彼らの大部分が，より有利な子供時代を送った人との間で後に起こりうるジョブをめぐっての競争に必要とされるスキルを獲得するであろう，ということである．２つめの原理の１つの例は，当該地位の職務遂行において人種や性が無関係な属性である限り，人種や性のようなものは，地位の適格性に値すると考えられてもいけないし，不利になると考えられてもいけない，ということである．

実際のところ，競技場の平準化原理のある特定の解釈から非識別原理が引き出されているとみなすことができる．その解釈とは以下のようなものである．不当な識別が存在するということは，地位をめぐる競争において，他人に対して不公正な有利性を有する人がいるということだ．実際には考慮されるべきではない社会的態度や実践のために，彼らの当該地位への適格性が優れているとみなされるからである．そのような態度や実践は実際には考慮**すべきではない**と要求することによって，競技場は平準化される．

しかし，競技場の平準化原理の典型的な適用は，非識別原理よりもさらに進んでいる．たとえば，平等な機会は，公立学校に通う児童１人当たりの教育支出が州ないし国において平等にされることを要請するかもしれない．もしこのような平等化が実行されなければ，そして非識別原理だけであれば，仕事をめぐる競争において，平等な機会の供給は成り立ちえないだろう．というのは，もし裕福な学区出身の子供達が，貧しい学区出身の子供達よりもより良い教育へのアクセスがあるのであれば，競技場の平準化が早い段階でなされていないことになるからだ．実際のところ，児童１人当たりの教育支出の平等化は，このようなケースでは，競技場を平準化する方向に向かっては十分に進んでいないかもしれない．もし教育を受けた子供というものが，その子供にとって「内在的」なもの――遺伝子，家族，近隣の人々――，そして学区によって「外的に」与えられうるもの――先生，学校，本――といった投入物ないし資源の束に対して，ある種の技術を先んじて適用した帰結なのであれば，競技場の平準化というのは，劣った内的資源の束を持つ人々を，追加的な少量の外的資源によって補償することの要請と考えられるかもしれない．

いかなる先進民主主義国の市民においても，平等な機会が何を要請するかに関しては，一定のスペクトラムで異なる見解が見出される．一方の極には，非識別的な見解があり，他方の極には，社会的供給の普及によってすべての不遇な様式を是正するという見解がある．しかしながら，これらの見解に共通しているのは，平等機会の原理とは，何らかの点で，当該の有利性の達成――その有利性が教育達成水準であれ，健康，雇用状態，収入であれ，経済学の言うところの効用や厚生であれ――に関する答責性は個人にある，という規準である．したがって，機会の平等の概念には「事前」と「事後」が存在することになる．競争が始まる前には，もし必要であれば社会的な介入を通じて，機会は平等化されるべきであるが，しかしそれが始まった後は，諸個人は独力でやっていくことになる．機会の平等に関する異なる見解は，どこに「事前」と「事後」を隔てるスターティングゲートを設置するかということによって分類される．

私は本書で，平等な機会についての異種の見解を体系づけうる厳密な方法の提案を試みる．どこがスターティングゲートであるべきかについて，もしくは，諸個人がゆくゆくは享受する結果ないし有利性に関して答責性を負うべき程度について，異なる人々が異なる構想を抱いている．私の目的は，とくに，社会（もしくは社会の計画者）が，このような個人的答責性に関するいかなる見解をも，その見解と調和する種類と程度の機会の平等政策に変換するアルゴリズムを提案することである．もし私のアルゴリズムが妥当なものとして一般的に受け入れられるならば，機会の平等が要請するものについての政治的な討論は，社会政策的な討論から，より根本的な，個人の咎責性の適切な範囲に関する討論へと還元されうる．なぜならば，その範囲がひとたび同意されたならば，もしくはその範囲がどうあるべきかについての１つの見解が政治的競争を通して勝ち取られたならば，特定の機会平等化政策が，いわば私の提案したアルゴリズムの適用に基づいて，自動的に従うだろうからである．

これは，今日起こっている平等な機会についての討論のやり方，主として社会政策がどうあるべきかについての討論のやり方と対照されるべきだ．しかし，議論の参加者が，機会の平等とは本来どのようなものかということについて共通の概念ないし定義を共有していないため，この討論はしばしば混乱する．もしあなた方が望むなら，平等な機会の定義を私は提案する．それは討論を解消しないだろうが，ある特定の社会政策ないし他の社会政策の選択よりもさらに根本的な論点が生じることを促すだろう．

個人の咎責性についての諸見解のある範囲の中のいずれとも調和する機会平等化政策を算出するために用いうる道具を与えるという意味において，私のねらいは多元的であるということを私は強調する．それは別の意味においても同様に多元的である．分配的正義が本来どのようなものかについて，たくさんの異なる構想を持つ人々が，機会の平等を是認する．私は分配的正義の特定の構想を提唱するつもりはないし，分配的正義は本来的に，機会の平等という形態をとるという見解さえも提唱するつもりはない（おそらくそうであろうと私は考える．しかしそれは私がここで取り扱う事柄ではない）．分配的正義のさまざまな理論を有する人々は，異なる程度において（すなわち，咎責性についての異なる構想を伴う）だけでなく，社会生活の中の異なる領域においての平等な機会の提供を提唱する．私は，私が提案した平等な機会のアルゴリズムが特定の領域においてどのように適用されるかを示すことによって，このようなさまざまな見解を尊重するよう努力したい．第８章，第９章，第10章では健康，教育，雇用の領域にこのアルゴリズムを適用し，第11章では，アメリカ合衆国において所得の稼得の機会を平等化するだろう教育政策の試算の要約を提示する．そして，多様な政治的な意見を持つ人々が，是認するつもりであったものより一般受けしやすい平等主義に傾倒することなく，私の提案を用いることができればよいと願っている．

私は本書の中で，哲学と経済学という 2 つのテクニックを用いている．前者は関連のある概念を措定し，機会の平等の定義を引き出すために用いられ（主に第 2 章，第 3 章において，そしてある程度は第 12 章，第 14 章において），後者は概念的でいくぶん曖昧なレベルから，厳密な定義と，結果として導かれる社会政策へと移し替えるために用いられる．「経済学的な」章が圧倒的多数であるのは，問題の哲学的な側面が容易であるとか，わずかであると私が考えているためではなく，むしろ，私が経済学者としての訓練を積んでおり哲学者としての訓練を積んでないためだ．その結果，私の経済学的な想像力は，哲学者としてのそれよりかなり発達し，それが不幸にもテクニックに関して章の分配に反映された．すでに述べたが，本書の直接の理論的な始祖は 3 人の哲学者の著作，ロナルド・ドゥウォーキン（1981a,1981b），リチャード・アーネソン（1989,1990），G. A. コーエン（1989）であることを強調したい．簡素さの益のために，私の見解がどのようにこれらの著作に由来しているかについて説明することをここでは試みないが，最近の本の中ではそれを試みている（Roemer 1996, Chaps. 7,8）．

非識別原理はよく知られているので，本書の主要な任務は，平等な機会の「競技場の平準化」の見解を注意深く分節化することとなる．私は，基本的に，機会の平等をもって，「競技場の平準化」を同定する解釈をとる．非識別の見解がとくに議論され，それとより包括的な競技場の平準化の見解とが対照されるのは第 12 章，第 14 章だけである．これら 2 つの原理がそれぞれ，社会的配分の問題の定義域上でどのような視野を持つべきかを，どのように決めたらよいかについて提案しているのが第 12 章である．

第2章

境遇，タイプ，自律的選択

機会平等化政策の目的が，競技場を平準化することだと想定しよう．当該個人の背景におけるどのような特徴が，競技場の中の平らにされるべき山や谷に対応するだろうか．本人が答責性を負うべきではないとわれわれが信ずるような格差的境遇こそがそれらに対応する，と私は主張したい．その境遇とは，ある種の追求すべき有利性を達成する，もしくはその有利性にアクセスする能力に影響を及ぼすようなものである．具体的には，教育によって促進される，もしくは可能とされる，善き人生へのアクセスを想定されたい．われわれの社会では，教育は，善き人生への十分に重要な投入物と考えられている．すべての個人に対するきちんとした教育の社会的供給は，善き人生を獲得するための機会の平等化に必要不可欠だと主張される．実際のところ，平等な機会の提供は，すべての個人に対する等しい教育的資源の提供を要請する向きがあり，この目的は異なる国および州においてさまざまな程度まで達成されてきた．アメリカ合衆国では，教育は歴史上，地方自治体によって提供されてきた．地方自治体は互いに不均等な税制基礎を持ち，教育基金を異なる水準に定めたために，教育機関に関する地方自治体間の不均等が発生した．多数の州が，地方税と学校基金の連結を断つことによって教育的資源を平等化することを試みてきた．たとえば，カリフォルニア州では，学生１人当たりの支出が同額となるべく，州が地域の公立学校を援助するように法律で要請されている．ランドマークであるブラウン訴訟 (1954) では，黒人と白人に対する平等な教育のために，学校は人種差別を撤廃すべきであること，それ以前にとられていた「分離すれども平等な」政策は，ごまかしだという判決が下された．しかしアメリカ合衆国においては，たとえ１人当たりの教育財政が均等化されたとしても，私立学校が存在するかぎり，教育基金は均等化されないであろう．北欧諸国では，私立学校教育は事実上，不可能である．

しかしながら，均等な１人当たり教育設備の財政を保証したとしても，平等な教育的達成を供給するには不十分である．なぜならば，教育的資源（教師，本，学校の建物）をどれだけ有効に，また効率的に使うことができるかに関して，子供達の間に相違があるからである．極端な事例を取り上げれば，知的障害のある子供達は，標準レベルに相当する機能水準，ないしは少なくともわれわれが許容しうる水準に達するために，標準的な子供達よりもより多くの資源を要請するだろう．われわれがそのような子供達により多くの教育的資源を供給することは，われわれの次のような考えを示している．善き人生のための平等な機会とは，教育的な次元が関連する限りにおいては，１人当たり教育的資源が均等に供給されることによって達成されるわけではない，という考えである．あるタイプの子供達が他の子供達と同じくらい有効に資源を活用できるのでなければ，そういったタイプの子供達により多くの資源が供給されるべきだろう．問題は，次の諸点を決定することである．相異なるタイプの子供達が資源を等しく有効に活用できないというのはどんな場合なのか，あるいはまた，等しく有効に資源を活用することができたとしても，選択に基づいてなされているのではないというのはどんな場合なのか．

子供自身の制御が及ばないかたちで，子供の教育的資源の処理能力に影響を及ぼす境遇と，子供の自律的意志および努力からなる行為とを，われわれは区別しなければならない．教育を１つの投入物とする限り，善き人生の機会の平等化――ないし，より正確には，教育の達成機会の平等化――は，教育的資源を次のように分配することを要請する．すなわち，資源を教育の達成へ変える子供の能力上の格差は，その能力が本人の制御を越えた環境によって決定されているときには，補償される．しかしながら，自律的意志の適用に起因する能力の格差は，機会平等化政策によって「平準化される」ないし補償されるべきではない．

このように，資源を教育の達成に変換する子供の「能力(ability)」を，そのような変換をもたらす生まれつきの性質と私は定義する．それは，彼女の制御を越えた境遇に作用されるものであって，さしあたり以下のようなものを含む．すなわち，彼女の遺伝子，家庭的背景，文化，そしてより一般的には，彼女によって選択されたものではない範囲での社会的環境を含む．しかし，関連する環境が同一であって，したがって同一の能力を持つ２人の子供が，相異なる努力を行使する結果として，相異なる教育量を達成することがあるかもしれない．そうではない１つの極端な可能性としては，境遇がすべてを決定してしまい，その結果，自律的な努力の余地が残されないということがある．もしこれが真実であれば，努力の差のように見えるものは，事実上，完全にその諸個人の制御を越えた境遇によって決定されると言えるだろう．この事例は，私が決定論的事例と呼んでいるものだが，単なる1つの可能性に過ぎない．一般的な事例では，教育的達成は境遇と自由に選択された努力とが組み合わさって決定される．そして機会の平等は，境遇の格差が教育的達成に影響を及ぼす限り，格差の補償を要請するが，相異なる努力の結果を補償することは要請しない．

どんな境遇が，資源を教育的達成に結実させるような，子供の能力を結合的に決定しているかを，われわれが正確に知っていると——無理な注文ではあるが——仮定しよう．さらに，子供の境遇が，あるベクトル値，仮にn成分のベクトル値として，正確に特徴づけられると仮定する．単純化のため，このベクトルは母集団上でさまざまな値をとりうるが，諸個人の数よりもかなり少ないと仮定しよう．そうすると，当該の子供達の母集団を，**タイプ**の集合に直和分割することができる．ここでタイプとはこのベクトルの値が同一のすべての個人からなる（実際上は，われわれはあるタイプを境遇ベクトルがほぼ同一である人々の集合として定義する）．能力とタイプの定義により，ある所与のタイプに属するすべての個人は資源を教育的達成に変換する同一の能力を持つ．以上の仮定より，平均して，かなり大勢の個人が，平均のタイプに存在することになる．なぜならば，タイプの数は諸個人の数と比べて小さいからである．さらに，各タイプに大勢の個人が存在すると仮定する．

私は機会平等化政策を以下のように構成したい．各タイプ内で，各個人が同一量の資源を受け取るような方法で教育的資源を分配すると仮定する（しかしながら，異なるタイプに関して，異なる1人当たり資源量ということはあるかもしれない）．われわれはおそらく，各タイプにおいて，各タイプ内での格差のある教育的達成につながる，努力（水準）**分布**を観察することができる（私はここで，努力は1次元で計測可能と想定している）．この分布それ自体は，そのタイプの特性であって，いかなる個人の特性でもないことに注意してほしい．しかしながら，その分布上の**どこに**個人が位置しているかは，モデルの構成上，彼の努力選択に起因することになる．

機会平等化政策は，何らかの平均の意味——その内容は追って定義されなければならないが——において，すべてのタイプの教育的達成を平等化しなければならないが，諸タイプ内における努力に応じた達成の格差については平等化しないことを私は提案する．このように，機会の平等とは，諸個人の格差のある能力に対して，異なる資源の量をもって補償することを要請するが，能力（境遇の帰結）が一定に保たれているもとで，彼らの格差のある努力に対しては補償することを要請しない．

（教育的達成に関する）機会の平等はすべての子供達に等しい資源の束を供給することを要請するという一般的な見解を，私が提供した平等な機会の（まだ曖昧ではあるが）定義の特別な事例であるとみなすことができるのはどういう場合だろうか．それは，すべての子供達が同一のタイプに属するとわれわれが考える事例である．そうすると，平等な機会は単純に，本来，各子供に同一の教育的資源を供給することにあり，結果として生じる努力の格差を調整することではないことになる．私が構成した世界においては，これまでの定義より，いったんタイプが定義されれば，達成におけるいかなる違いも格差ある努力の適用の結果，ないしは，諸個人が行った異なる自律的選択の結果とみなされる．このように，私は，あるタイプ内の諸個人が行う異なる選択を，境遇によって決定されないという意味で（なぜならば，境遇はあるタイプ内で同一であるので），適切に，自律的であるとみなす．しかしながら，異なるタイプの諸個人によってなされる努力の違いを比較することは，明白に可能なこととは言えない．というのは，それらの努力の違いは，部分的には，彼らが諸タイプを横断して異なる努力**分布**に存在しているためだからである．

私はつい今しがた，従来の見解（機会の平等は本来，すべての子供達に同一量の社会的資源を支給することにあるという見解）は，どのようにすれば私の構想の１つの特別な事例としてみなすことができるかについて説明した．私がたった今カッコで述べた政策を肯定するだろう人はたくさんいる．しかしながら，彼らはすべての子供達が同一のタイプに属し同一の境遇の集合を有するとは考えていない．むしろ彼らは，国家が積極的な識別によって生物学的および社会的な格差を補填するのは不適切であると思っているのかもしれない．私がこれまでに述べたことに従えば，そのような人々は平等な機会の競技場の平準化構想を唱道しているとは言えない．彼らは部分的な競技場の平準化のみを唱道しているにすぎない．

人の環境のどのような側面が，その人の制御を越えて，関連する行動に影響を及ぼし，彼ないし彼女をその行動に対する個人的な咎責性から免れさせるのかについて，正確に発見可能とさせる理論を私は有していない．現実の実践においては，当該社会は，何らかの政治的な過程を通して，何を「境遇」と考えたいかを決めるだろう．適切な境遇を選ぶために行われるだろう政治的な議論において，以下の２つの意見の相違点が浮上するだろう．１つめは，人の行動のどのような側面が，本当に彼の制御が及ばず，したがって境遇の影響に帰するべきなのかについてであり，２つめは，競技場を部分的に平準化するか，完全に平準化するかについてである．これらの重要な問題については，第３章で再び取り上げるつもりだが，ここでは，私の提案において，ひとたび境遇の集合，つまりタイプが決定されたときに，どのようにして機会が平等化されるのかを定義したい．

教育の例で続けるならば，ある人は，境遇の集合をIQ，所得，両親の教育水準，家族のタイプ（結婚し一緒に住んでいるか，片親かなど），およびきょうだいの数からなるものとして提唱するかもしれない．社会が，この境遇の集合を選ぶと仮定しよう．この集合はあるベクトルとして，仮に５つの成分からなるベクトルとして特徴づけることができると仮定しよう．実際上は，１つめの成分のIQは，連続の値ではなく，もしかしたら５つの区間で表されるかもしれない――したがって，１つめの成分は５つの値を呈することができるだろう．類似して，各成分は値の（小さい）有限数を呈する．このことは，有限個のタイプを定義するだろう．アメリカ合衆国くらいの規模の国家においては，各タイプは，十分に大きい大多数の個人を含有するのであろうから，これらの諸タイプに配分された教育的資源の関数および子供達によって費やされた努力の関数として，タイプ内における教育的達成を連続的分布として語ることが可能になるだろう．

タイプを特徴づける境遇の集合を最終的に確定するまでの過程は，議論を呼び起こすであろう．私が述べたように，その過程においては，異なる政治的，心理学的，生物学的，社会的な見解および理論が討論されるだろう．民主主義的な実践では，異なる政党は異なる見解を唱道し，タイプを構成する境遇の集合は最終的に，言ってみれば教育省の，政権を握った党によって任命された長官によって決定されることになるだろう．しかしながら，境遇の集合の選択は，上記の意味における異なる見解によるだけではなく，情報を集める実行可能性によっても決定されるだろう．たとえば，多くの人々が次のことに賛同するかもしれない．教育的資源を活用する子供の能力において，1つの重要な境遇変数は，両親の子供に対する愛および子供の取り扱いであると．しかしながら，もしかしたら，このような情報を収集することは，実行可能でないだけではなく，（プライバシーの侵害なので）適切ではないかもしれない．したがって，境遇は，容易に観察可能で，操作不可能な諸個人の特性であるべきだ[1]．懐疑論者はIQをタイプの成分に含めることに反論するかもしれない．なぜならば，ある子供は，理論上，IQテストの出来栄えを操作することができるからである（「さてジョニー，今日，先生があなたにするテストで，頭の悪いふりをしなさい」）．しかしながら，私はタイプの操作可能性の問題に対する別の解答を，第5章で提供しよう（私がすでにほのめかしたIQを含めることに対する別の反論は，IQはすでに過去のその子供の努力を反映しており，したがってそれはその子供が咎責性を負うべきではないと明白に言えるものではない，という反論である）．

疑いなく，境遇の集合が大きくなればなるほど，そして，境遇の成分における違いをより精密に測定すればするほど，より多くのタイプが存在するようになるだろう．タイプの数を扱いやすい水準に切り詰める何らかの妥協がなされなければならない．

つぎに別の未解決の問題に取りかかる．当該の有利性の達成は，いかなる平均的な意味で諸タイプを横断して平等化されるべきか．私は（さしあたり），当該の資源を諸タイプにまたがって分配する以下のような提案をする．すなわち，タイプiは，1人当たり，その資源のある分量R_iを受け取り，そしてそのタイプの諸個人の間ではその資源は等しく分配されている，と．問題は，タイプの数がTあるときに，$R_1, R_2, \ldots R_T$の値を決めることである．社会が，どれくらいの当該の資源量を確保しておくべきかを決めると想定すると，唯一の問題は，どうやって資源をタイプ間で配分するかである．総資源量が，あらかじめ何らかの1人当たりの量Rに定められているという要請が与えられた

1　私はこの要請を後に緩める．

もとで，実行可能な資源分配の集合 $\{\rho \mid \rho = (R_1, R_2, \ldots R_T)\}$ がある．

諸タイプ間の資源の任意の分配 ρ に対応して，各タイプ内で1つの努力水準，および，帰結ないし教育的達成水準の分布が存在する．教育的達成水準および努力水準は測定することができると仮定し続ける．もしかしたら，教育的達成は，その子供が学校を卒業するときに執り行われるテストの点数によって測定されるかもしれない．また，もしかしたらわれわれは，教育によって増進される当該の帰結ないし有利性の測度として，その子供が大人になったときにゆくゆくは稼得する賃金を採用するかもしれない．努力はタイプ内で単調に帰結に関係づけられると仮定しよう．

私は以下のような機会の平等の資源分配を選択すべきことを提案する．任意の実行可能な ρ に対して，各タイプの努力水準の分布が存在する．分配 ρ でのタイプ i における努力水準分布を F^i_ρ と呼ぶ（形式的に，F^i_ρ は努力水準の集合上の確率測度であり，それは非負の実数からなる）．異なるタイプに属し，それぞれのタイプの努力分布の同一の100分位数にて努力水準を費やしている人々を考えよう――仮に，具体的に50番目の100分位数とする．したがって，これらの諸個人はそれぞれ，彼らの属するタイプの努力分布の中央値にある．仮説より，教育的達成はタイプ内では単調に努力と関係づけられており，同一のタイプに属するすべての個人は同一量の資源を受け取るので，これらの諸個人の各々もまた，彼女の属するタイプにおける達成分布の中央値に位置づけられる．私は，これらの諸個人の達成水準がすべて等しくなるように，（諸タイプを横断して）資源の分配 ρ を選択することを提案する．

しかし，努力水準の50番目の100分位数を選択することは単なる1つの例にすぎない．諸タイプを横断しての資源分配は，**各**100分位数 π について，各々のタイプ内での努力分布の π 番目の100分位数に属するすべての人々の達成水準が等しくなるように選ばれることを私は提案する．もしそのような資源分配が存在するならば，私はそれが機会平等化政策であると考える．

さて，実際上は，**あらゆる**100分位数について，それぞれのタイプの努力分布上で，同じ100分位数に属する人々の達成水準を同時に均等化するような，利用可能な資源の唯一の分配 ρ を見つけることは，通常，不可能だろう．一般に，各100分位数について，諸タイプを横断して**その**100分位数に属する，（仮に）T 人に関して，達成水準を均等化する資源分配が存在するだろう（私が「均等化」と言うときは，実際には，すべてのタイプを横断して，当該100分位数に属する，諸個人の達成水準の最小値を最大化するような分配を追求することを意味する．そのような分配はつねに存在する．それはいわゆるマキシミン達成分配である）．したがって，われわれは，努力の各100分位数に1つが対応するような，100の異なる資源分配を有する．第4章では，これらの100種の分配を，もっともらしいと思われる方法で「平均化する」ような，1つの妥協案を提案する．しかしながら，さしあたり，私はこの問題を無視したい．そして今のところ，これらの100種の分配はすべて同一と判明されるという想定を提案する．それは，あらゆる100分位数 π に関して，各タイプにおける達成分布の π 番目の100分位数に属するすべての人々の達成水準を同時にマキシミンするような，1つの資源分配であって，それをわれわれは ρ^{EOp} と呼ぶ．所与のタイプ内では，誰もが同一量の資源を受け取るので，各タイプ内では，より高い努力水準にある人々が，最終的にはより優れた達成をなす，ということになる．

私が正当化すべきことは，異なるタイプにおいて，同一の努力分布の100分位数に属する諸個人の達成を，適切な資源の分配によって「平準化」するための決定である．これは次の章の任務である．この時点で私が端的に指摘しておきたいことは，なぜ私が，努力の〔絶対〕**量**を測定する容易な方法（たとえば，通学年数は考慮中の例における努力のおおざっぱな目安となるかもしれない）を有すると仮定して，諸タイプを横断して同一量の努力を費やした人々の達成水準を均等化することを提案しないのか，である．私は，それは間違っていると強く主張する．なぜならば，努力分布はタイプの特性であり，したがってその人が答責性を負うべきものではないからである．たとえば，タイプ1における努力水準の中央値が5であると仮定し，タイプ2におけるそれは10であると仮定する．あるタイプにおける努力水準の中央値は，努力分布の特性の1つであり，各々のタイプの諸個人はそれらの分布に答責性を負うべきではないので，彼らはそれらの中央値が異なる値を持つという事実に答責性を負うべきではない．しかし仮説より，ある人が自身のタイプで位置している**場所**は，自身の自律的選択に起因する――彼女は，適切な努力の行使によって，いかなる100分位数にも自分の身を置くことができる．もし異なるタイプに属する人々が，彼らのタイプの中で努力水準の中央値になるのであれば，私は彼らが等しい**程度**で努力を行使したと言明する．私はこのように努力の（絶対的な）水準と程度を区別するつもりだ．そして競技場を平準化することは，等しい努力（の）程度を行使するすべての人が，彼らの境遇に関係なく，最終的に等しい達成となると保証することを意味すると言明する．ある人が属するタイプの努力分布の100分位数は，費やされた努力の程度に関してタイプ間の意義ある比較を与える．努力水準はそうではない．

第3章

提案の正当化

達成に関する機会をどのように平等化するかについての第2章での提案は，異なるタイプに属しつつ同一の程度の努力を費やしている諸個人間での等しい帰結（そこでは，教育的達成ないし将来の稼得）を遂行するものである．ここで，ある人の努力程度は，彼と同じタイプの人々からなる努力分布における100分位数によって定義される（われわれは努力水準についての直接的な測度を有すると仮定し続ける）．私は努力の程度と水準を区別した．すなわち，異なるタイプに属しつつ，同一程度の努力を行使する人々は，一般に，同一水準の努力を行使してはいないだろう．この提案は反直観的に見えるかもしれない．すなわち，もしかしたら，機会平等化政策は，境遇から関係なく，努力**水準**が等しい人々の帰結の平等化を追求するべきではないのか．

教育問題において，2つのタイプに属する諸個人について考えてみよう．これらの諸個人は資源量 R_1 および R_2 を供給されている．タイプ1は，黒人の子供達からなり，彼らはスラムのひとり親だけの住居にたくさんのきょうだい達と共に生活しており，彼らの親は高校を卒業しなかったと仮定する．そしてタイプ2は，上中流階級の子供達からなり，2人ないしもっと少ないきょうだいと共に，両親のそろった郊外の住居で生活しており，そして彼らの両親は2人とも大学を卒業していると仮定する．最初のタイプによって行使されている努力水準は1から7の間に分布し，中央値は2.5であると仮定する．第2のタイプに関する努力水準は3から8の間に分布し，中央値は5であると仮定する．なぜ2つのタイプの努力分布の台が異なるのか[2 訳注1]．子供達は，他人がやっていることを観察したり，いろいろな水準で教育を達成したりしなかった大人達が，その結果として，それぞれどのような人生をたどっているかを観察し，それに基づいた教育的価値について推測することを通じて，学校での努力行使の望ましさに関する見解を形成する．これらの「見解」は，彼らの信念および彼らの選好を含む．選好そのものは，すっぱいぶどうにおける現象のように，認識不和を通して，信念に左右されるかもしれない．これらの信念および

2　ある分布の**台**とは，その分布が付加される値の集合である．たとえば，最初のタイプに関しては，区間〔1，7〕となる．

訳注1　一般に，確率分布上の台（support）とは，ボレル集合 S であって，$\mu(S) = 1$ となるものである．

選好に左右されて，ある子供は行使するべき妥当な努力水準がどれくらいかを決める——最適水準という人もいるだろうが，私はその子供の意思決定過程は完全に合理的である，ないし，よい結果である必要はないと提案するために，形容詞として「妥当な(reasonable)」を用いる．8の努力水準を行使している子供がタイプ1には1人もおらず，一方，タイプ2には何人かいることをわれわれが観察するときに，私は，以下のことを提案している．すなわち，もしタイプ1を構成する境遇のもとで育てられてきたならば，8の努力水準を選ぶ子供は**1人もいない**とわれわれは結論を下すべきだ，と．もしあなたの信念および選好が境遇のタイプ1集合で形成されたものであるならば，8の努力水準を行使することは尋常ではない．この推測は，部分的に，タイプ1に多数の個人が存在することに基づいている．

したがって，私は，あるタイプにおいて観察される努力水準の**台**を，それらの境遇にある人々が，それらの資源を供給されたもとで，妥当に期待される努力の集合の範囲を定めることと理解する．それは物理的に可能な努力の集合ではない——タイプ1の子供が努力水準8を行使することが物理的に可能であったとみなしても差し支えない．社会は，1つのタイプの中で，より多くの努力を行使している人を，より一生懸命に努力している人だと言う．そして社会は，そのような性向を，境遇ではなく，個人の自律的選択に帰属させる．というのは，構成上，同一タイプに属するすべての人々はまったく同じ境遇にあるからである．もちろん，タイプ1の子供達の間に，努力1を行使している人と努力7を行使している人々の間の違いを説明する他の観察されていない境遇があると主張することもできるだろう．しかし以上の仮説より，その異議には，この時点では，実際上の価値はない．というのは，タイプの特性とは，ある個人の関連する行動に影響を与えるとみなせると社会が同意するような特性の完全な集合を構成するものであり，それに対して社会は彼に答責性がないと考えているからである（もちろん，そのような政策のどんな適用においても，境遇についての不正確な測定からなる間違いはつねに存在するだろう）．

さらに，タイプ1に属し，タイプ1に属する子供達の努力水準において90番目の100分位数に見出される努力水準5を行使しているアランと，タイプ2に属する子供で，彼女のタイプにおける努力分布の中位数である努力水準5

を同様に行使しているベッツィを仮定しよう．アランはベッツィよりも一生懸命に努力していると述べることはもっともらしいと，私は考える．私は以下のことを含意するために，タイプ1およびタイプ2に属する子供達の間での以下のような実験上の努力分布を取り上げる．すなわち，たとえいかなる規模でも，無作為に選ばれた子供達のグループがタイプ1の境遇で育てられたのであれば，彼らのうちのたった10パーセントしか，アランがしたよりも多くの努力を行使していないだろう．一方，たとえいかなる規模でも，無作為に選ばれた子供達のグループがタイプ2の境遇で育てられたのであれば，彼らのうちの50パーセントが，ベッツィがしたよりも多くの努力を行使しているだろう．とくに，もしベッツィがタイプ1の境遇[3]で育てられたのであれば，彼女は，5単位ではなく，2.5単位の努力を行使するという事態が最も起こりやすい．彼らの各自の境遇を考慮に入れれば，アランはベッツィよりも一生懸命に努力している．

結論として，ある機会平等化政策のもとでは，等しく一生懸命に努力している諸個人は，最後には等しい帰結に至るべきだと私は考える．それぞれの努力分布において同一の100分位数に属する人々は等しく一生懸命に努力していると私は考えるので，私の機会平等化ルールは，それぞれのタイプの努力分布上で同一の100分位数に属するすべての人々に対して帰結を平等化（より正確には，最小の最大化）するような方法で，資源を分配することとなる．

ある人がどのくらい一生懸命に努力しているかに関する適切な測定基準としての（あるタイプ内の努力水準の100分位数によって計測されるような）努力程度の選択は，以下の見解によって正当化される．すなわち，もし諸個人を何らかの方法で彼らの境遇から切り離すことができるならば，努力を行使する性向の**分布**は，あらゆるタイプで同一となるだろう．彼らが境遇から影響を受けるもとでは，人々は同一であるとは前提されない——彼らは，努力を行使する彼らの性向の点で異なる．私が**慈善の想定**(the *assumption of charity*)と呼ぶものは，いかなるタイプ内でも，異なるタイプを定義する（異なる）境遇の

3　この反事実仮想は，もし境遇が遺伝子のような特性を含むのであれば，想像するのが難しいかもしれない．

要因を取り除くことができるのであれば，分布は同一になるだろうというものである．100分位数による測定基準は，諸タイプを横断して，努力を費やす性向を比較する方法である．ホセ・オルテガ・イ・ガセットは，「Yo soy: yo y mi circunstancia」[4]とうまく述べた．境遇から影響を受けるもとでは，ある人間は，均質の一塊の人間の肉体ではなく，いくつかの種類の深い個性を保持している[5]．

したがって，機会の平等の1つの見解は，私の解釈では，彼らの努力を費やす性向に応じて，当然，報酬が支払われるべきであるという，功績に基づく見解となる．私は，以下のことを含意するために，慈善の想定を取り上げる．すなわち，もし異なる境遇にある2人の実在の人々が，同一程度の努力を行使しているならば，彼らの努力を費やす性向は同一であり，したがって彼らは等しい報酬——当該の帰結が何であろうと，等しい帰結を受け取るべきである，ということだ[6]．

ジョン・ランドルフ・ルーカス（Lucas 1995）は，メリットおよび功績についての有益な識別を行った．人は，その人が持っている属性に起因する何か（たとえば，野球チームのポジション）ゆえにメリットを持つ．人は，また，その人が行ったこと（たとえば，溺れている人を救助すること）ゆえに功績を持つ．もちろん，ある人の属性は，境遇と努力の両方の帰結かもしれない．同じように，「ある人が行ったこと」は，いくぶん，その人の努力の帰結

4　「私は，私と私の環境である」(Ortega y Gasset 1983, p.322〔1914〕)．

5　慈善の想定は，つじつまが合わないと多くの人が反論するであろう形而上学の仮説と関わっている．その仮説とは，すなわち，境遇をはぎ取られたにもかかわらず，互いの間に相違が存在する諸個人を，われわれが心に抱きうるということだ．私は取り立ててこの仮説を擁護するつもりはない．この仮説は，異なるタイプに属し同一の努力程度を費やしている諸個人は等しく一生懸命に努力しているという措定を正当化する**1つの方法**である．他の方法は，ある個人にとっての唯一の適切な比較のグループは，彼のタイプ群であり，したがってわれわれはある人の努力程度を，彼のタイプの努力分布のどこに位置するかに注意することによって測定するべきだと単純に主張することだ．このことは，タイプ間の努力の比較についての1つの自然な測定基準を与える．

6　この主張は，実際には慈善の想定よりも強い．というのは，慈善の想定は，もしわれわれが，彼らを特徴づける境遇を剥きとることができれば，努力を費やす性向の**分布**はすべてのタイプで同一になるだろう，と述べているだけだからである．

と同様に，境遇の帰結かもしれない．したがって，われわれはルーカスの「属性」と，私の「境遇」を同じとみなすことはできないし，ルーカスの「ある人が行ったこと」と，私の「努力」を同一視することはできない．しかし，それにもかかわらず，ルーカスのメリットと功績についての識別は，われわれの文脈の中で有益であると私は考える．ルーカス流のメリット主義社会では，それらが努力の帰結であろうとなかろうと，ある人は属性に応じて報酬を与えられるだろう．したがって，生まれつき高い知能を持ち，中等学校で高い成績をとれる人は，ほとんど努力していないにもかかわらず，入学許可を手に入れるだろう．実際のところ，中等学校で高い成績であるすべての人々は入学許可を手に入れるし，そのような人だけしか手に入れられないだろう．ある機会平等化政策のもとでは，もしIQが境遇の成分だとすれば，一生懸命に努力したけれども高い知能はなく，高い成績[7]をとれない生徒もいるが，その生徒達もまた入学を認められるだろう．実際のところ，もし大学の入学許可が完全に，ある機会平等化政策によって運営されているのであれば，IQが1つの境遇であると考えられている限り，入学許可は完全に，IQではなく努力程度に起因するだろう．われわれのほとんどが大学入学許可についてそのような政策を唱道しないという事実は，私の機会平等化政策の定義が間違っているということを意味するのではない――それは，われわれが，入学許可政策が（完全に）機会平等化政策であることが正しいとは考えていないということを意味する（ないしは，代わりに，大学入学許可問題を分析する際には，われわれはIQを境遇の集合の中に含めないだろうということを意味する）．

つぎに，責任(responsibility)および答責性(accountability)を識別しよう．人は通常，普通の論説の中ではそれらを識別しない．これらの用語が「ある人の行動に対して責任，ないし答責性が」ある，というような表現に関係するという意味で，私はこれらの用語に興味がある．私は，答責性を，異なる人々によってなされた行動の1つの集合上で（半）順序を定義することとみなすだろう．したがって，人は「ジルはYをすることに対して，ジャックがXをすることに対してよりも，より多くの答責性を負っている」と述べることができる

7　私はここでは，成績は努力ではなく達成を反映していると想定している．

べきだ．ないしは，もしかしたら，より正確には，「ジルは自分がYをすることの帰結に対して，ジャックがXをすることの帰結に対してよりも，より多くの答責性を負っている」と述べることができるべきだ．もしかしたら，責任もまた，行動に関するある順序を定義するのかもしれないが，私はそれには興味がない．

私は，トマス・スキャンロン(Scanlon 1988)の，道徳的責任にならいたい．スキャンロンにとって，ある人が，いわば健全な精神状態で，ある行動をすると決めたのであれば，それに対して道徳的に責任がある．彼は詳述する．

> ［道徳的責任に対して］要求されることは，われわれがすることは，われわれの批判的反省の過程に大きく依存しているということと，その過程自体は理由(reasons)に反応的であり，その過程のより遅い段階は，より早い段階で到達した結論に重大に依存しているということである．だが，私が理解しうる限り，この過程自体が先行する事象および条件の因果的産物ではないことを要求する理由(reason)はない（Scanlon 1988, p.176:［　］は引用者）．

最後の一文は，われわれにとって重要である．それはわれわれの用語に変形すると，ある人は，ある行為に道徳的に責任を負いうるということを含意する．とりわけ，それが彼の境遇によって決定されるときでさえ（ここで社会的に定義された境遇および「先行する事象および条件」の間には，実質的な重複があるだろうと想定している），そうである．例として，ナチス政権のもとで，ユダヤ人の扱いについて知り，考えていたにもかかわらず，そのことに対して抗議しなかった，典型的なドイツ人の事例があると仮定しよう．そしてさらに，彼の無抗議(nonprotection)は，大部分が，境遇（それは反ユダヤ主義および権威への服従が浸透した文化の中で育てられたことを含むかもしれない）のせいだと決定しうると仮定しよう．それにもかかわらず，そのようなドイツ人は，彼らの無行動（nonaction）が十分，批判的な反省に基づくものだったとわれわれが考えることができれば，スキャンロンの定義に従って，彼らの無行動に対して道徳的に責任を負うことになる．

ある人が，ある行動に対して**答責性を負う**ということは，彼がそのつぐないをするべきであることを意味するだろう——彼は，もしかしたらその行為によって損害をこうむった他の人に補償するべき，ないしは，その行為について社会から罰せられるべきかもしれない．他の状況では，帰結をもたらすある行動に対して答責性がある人は，それらの帰結を容認しなければならない——社会は，それらの帰結を調整する道徳的な命令権を有しない．今やわれわれは，すべてではないが多くの事例において，ある人がある行動に対して答責性を負いうるのは，それに対して彼に責任があるときのみである，と考えることができるかもしれない（催眠術をかけられて誰かに与えた被害に対して責任も法的答責性もなく，したがって催眠術をかけられた人については，われわれは考えない）．しかし，私がより興味があることはその逆である．ある人が責任を負っているということは，彼が答責性を負っているとわれわれが考えるということを，つねに意味するわけではない．したがって，たとえば，ある若者は，学校の出席記録の不足に対して責任があると，われわれは判断できるかもしれない．なぜならば，彼女は学校を頻繁に無断欠席することを決めたからである．しかしそれにもかかわらず，もし彼女の境遇が彼女の行動を説明するのであれば，われわれは彼女の結果的な教育的欠損を補修する措置を講じることによって，彼女に無断欠席に対する答責性を負わせないことができる．

諸個人は彼らの努力水準ではなく，彼らの努力程度に対して答責性を負うべきであると私は述べた．ある人にとってのある行為の帰結は，彼の境遇によって決まるべきではなく，どのくらい彼が一生懸命に努力したかによって決まるべきである．同一の程度の努力を費やしている人は，帰結に対して等しく答責性を負わせられるべきである．彼らに等しく答責性がある以上，彼らの報酬（たとえば，関連する優位ないし厚生の水準）は等しくあるべきだ．ある人が悪い行動に対して答責性を負っているとわれわれが考えることができるのは，境遇を考慮しても，その人はより良くふるまうことが当然であったであろうときのみである．しかし，妥当な行動の集合は人のタイプに依存して決まり，そして，私がすでに主張したとおり，それはそのタイプにおいて観察される行動の集合と一致する．したがって，先に描写された教育の例において，アランとベッツィは同一の５単位の努力を行使しているが，ベッツィは相対的に低い彼女の教育的達成に対して，アランよりも答責性がある．なぜならば，アランはより一生懸命に努力したからである．それゆえ，機会平等化政策のもとでは，アランは最終的にベッツィよりも高い達成となる．

ある人に，彼の境遇のもとで，それを行うことが当然だとはいえない事柄をしないことに対して答責性を負わせるのは，道徳的に間違っていると私は述べた．それゆえ，すべての構成員が，ある種の資源の初期保有を伴い，１と２の間の努力水準を行使しているタイプ３を考える．これらの諸個人が，多くの諸個人が３以上の努力を行使しているタイプ２に属しながら，「3」の努力水準を行使している誰かに比して，低い教育的達成に値すると述べるのは間違っている．なぜなら，慈善の想定によれば，もし彼の境遇がタイプ３のものだとしたら，大きく無作為に抽出された人々のグループ内の誰に対しても，努力３の行使を期待するのは妥当ではない．もし境遇においてより幸運であったならば，そのグループ内の多くの人が３か，それ以上の努力を行使したであろう．

責任と答責性の識別は，行為に関して，われわれがある種の道徳的な基準を支持することを可能にする．その一方で，ただ超人だけが回避することができるような環境のもとで，ある悪い行為をなしてしまった人を罰することはしない．いま，タイプ１に属する子供達の中位数の努力水準が，（上記の教育的問題においてはつねに）週に１回学校を無断欠席することを含むと仮定しよう．われわれは，「それは，やってはいけないことだ．だからわれわれは，あなたがそれをすることに責任を負わせる」と述べることができる．しかし同時にわれわれは，介入がなければその行動によって引き起こされるであろう彼の教育達成上の欠損を補塡しないことによって，その子供に答責性を負わせる必要はない．ある機会平等化政策は，彼らの境遇によって決定される行動ゆえに授業を無断欠席する子供達に，そうしない他の子供達よりも，より多くの教育的資源を供給することを要請するかもしれない（もちろん，努力分布――とくに，授業の無断欠席行動の頻度――それ自体，教育的資源の配分に作用されるだろう）．

多くの人が，境遇の集合は，行動に作用するが本人の制御を越えている（広く定義された）環境の特性に一致するべきだと主張するだろうと私は述べた．

しかし，平等主義的政治哲学には，異を唱える重要な立場がある．ロナルド・ドゥウォーキン(Dworkin 1981a,b)は，たとえある選択が部分的ないし完全に彼らの制御を越えた作用のもとで形成された選好に由来するとしても，彼らがそれらの選好と同一化する限りは，人々は自身の選択に答責性を負うべきだと主張した．実際のところ，薄い無知のベールのもとで，「資源の平等」の仮説的保険契約を遂行するためにドゥウォーキンが提案する構想は，人々の制御を越えた，社会的および生物学的賦与などの側面から成る，資源賦与と彼が呼ぶものの帰結ではなく，人々の選好の帰結を彼らに甘受させることを意図するものである（私は他の場所(Roemer 1996, Chap.7)で，ドゥウォーキンの保険構想は，彼の哲学的見解に調和する政策を遂行することに失敗していると主張した．しかしその点は，本書の議論の本筋から外れている）．ドゥウォーキンが，人に答責性を負わせない唯一の選択の種類は，彼女が有したいとは願わなかった選好である耽溺および中毒から引き起こされる類のものである．

ドゥウォーキンの見解によると，学校が嫌いなので無断欠席するタイプ1の若者——彼女のタイプに属する人々の間では学校出席を嫌うことはしばしばである——は，彼女が自らの選好と同一化し，その選好をよろこんで有し，その選好を変える理由が見つからない限り，その行為に答責性があることになる(われわれはこの生徒が自律的選択の能力があると考えられる年齢に達しているということもまた想定しなければならない)．ドゥウォーキンのこの主張は，以下の懸念に動機づけられている．すなわち，ある人が同一化している嗜好がもたらす帰結に対して，彼女に答責性を負わせないとしたら，その人の人格的な統合をおとしめる危険，あるいは，自分の道を切り開く能力のある人間に対する社会的な敬意を汚す危険があるという懸念である．しかし私は，選好との同一化はそれほど尊ばれるべきものだとは考えない——少なくとも，多くの種類の選好に関しては．選好はしばしば，その人が誤って必要だと思い込む事柄に適応され，社会は，本人が選好を行使することでもたらされる帰結を特別扱いしてくれない．

しかしながら，たとえある人の制御を越えた影響下で形成された選好であっても，その人が選好の行使によって引き起こした帰結を社会が調整しようとするべきではないという意味で，尊重されなければならない選好もある．スキャンロン(Scanlon 1986)は，次のような個人の例を与えている．すなわち，貧しい生活様式を要求する宗教を信仰しているが，彼のその宗教への適応は彼が非常に幼いころに受けた教育に明白に起因しているような人である．その人の生活様式の貧しさが，彼の健康状態ないし一般的な機能の貧弱をもたらすことになり，結果的に彼の機会を基準以下に減少させていると仮定しよう．もしその人のその宗教への適応が，生活様式の貧しさを不可避にもたらす境遇に起因しないことが明白であるならば，この状況は機会の平等の不正義ないし違反ではないというスキャンロンの意見に私は賛同する．というのは，その事例では，その宗教に適応する行動を，届かないブドウ[8]を嫌うキツネの決意と区別することが難しいからである．授業を無断欠席する少女の例において，彼女が学校を嫌う原因は，おそらく，少なからず学校に通うことが時間の無駄であるように思われる彼女の境遇によると私は主張した．しかしながら，もし彼女のタイプにあって学校を嫌悪する選好を持つ人がほとんどいないとしたら，彼女の選好に添った行為の帰結は低い努力として現れ，結果に対して彼女は咎責性があることは明らかだろう．

アマルティア・セン(Sen 1985)は，平等主義的正義論の正当な平等の基準として，測定された諸個人の厚生が用いられることの弊害を示すために「飼い慣らされた主婦」の例を示した．飼い慣らされた主婦とは，非常に制約的な結婚から離れて生きていくことは明白に不可能であるため，家の掃除，おしめを替えること，お皿を洗うこと，あるいはそれに類することが好きだという選好に適応している人のことである（他の例は，「殴られた奴隷，望みのない極貧」である）．飼い慣らされた主婦の自己規制の見解は，彼女らが彼女らの選好と同一化するがゆえに，機会の平等はそれらを容認しなければならないのだろうか．それとも，機会の平等は，彼女らが彼女らの選好を再編できるように資源を供給するべきか．私は後者だと考える．機会の平等に立つ見解が考慮すべき問題は，単純にある人が彼の選好と同一化するかどうかではなく，ある種の

8　もし彼のその宗教への適応が明白に不遇な境遇に帰するのであれば，私は，彼に資源を利用可能にさせるための，さらなる措置を講じる．しかし，もしそうでなければ，もちろん，彼に資源の受け取りを強制することは，彼が正しい生き方だと信じているものを奪うことになる．

「生活様式」を価値が低いとみなすような選好が，そもそもそれらの生活様式を獲得できないとわかっているがゆえに，適応的に形成されているかどうかである．

諸個人は彼らの「資源」にではなく，彼らの選好に答責性を負うというドゥウォーキンの切り分けに疑義を差し挟んだ最初の人間は私ではないということには，注意しなければならない．G. A. コーエン(Cohen 1980)および，リチャード・アーネソン(Arneson 1989)の両者は，ドゥウォーキンは平等主義的正義の理論において，人の答責性を負うべき側面と負うべきでない側面とを隔てるラインを引き間違えたと指摘した．先に注記したように，本書は，その大部分において，これらの論説に対する私の熟考の結果を示している．

つづいて，第2章で提起された，境遇の集合を言葉で描写するための議論の中で生じるだろう2つの問題を取り上げよう．1つめは，環境の一側面が境遇の集合に位置づけられるかを決めることに関する些細ではない問題があるということだ．2つめは，競技場を部分的に平準化するか，ないしは完全に平準化するかの問題である．最初の問題について，ブライアン・バリーによる例[9]を用いて，詳しく述べさせてほしい．教育，および，われわれが「アジア人」と呼ぶ子供が有する，あるタイプについて考える．アジア人の子供達は一般に学校で一生懸命に取り組み（高い努力を費やし），そしてそれによって，よい成績をおさめる．なぜならば，彼らの両親が彼らにそうするようにプレッシャーをかけるからである．彼らは，われわれが「学ある人(academic)」と呼ぶ，別のタイプの親を持つ子供達と区別されるべきである．学のある人の子供達は，アジア人の子供達が費やしたよりも低い努力水準しか費やしていないにもかかわらず，彼らもまた一般に学校でよい成績をおさめている．学のある人の子供達は，家庭において，学校で成功することを容易にさせる知的な文化を吸収しているがゆえに，よい成績をおさめている．その2つのタイプに関して，事実上，同一の教育的達成（ないしは，もしそれが有利性の測度であれば，将来の稼得）の分布を発生させる，ある教育的資源の分配が存在すると仮定しよう．私の定義によれば（そして他のタイプは存在しないと想定すれ

9　1996年9月1日のバリーとの会話による．

ば)，これは機会平等化政策の一部をなす．

ところで，バリーは以下のように異議を唱えている．すなわち，事実上，アジア人の学生は学ある人の子供達よりもこの分配において一生懸命に努力していて，それはある点で彼らが受け取っているよりも多くの報酬に値する，と．仮にアジア人の子供が，彼らの制御を越えた環境の一側面である家族のプレッシャーゆえに一生懸命に取り組んでいるとしても，もし報酬が努力に応ずるものならば，彼らは学のある人の子供達よりも多くの報酬を受け取るべきであると彼は述べている．というのは，彼らは実際に一生懸命に努力したからである．彼らの一般に高い努力水準は家族のプレッシャーに起因するという事実は，彼らが高い努力を費やしたことの賞賛を低めたり，そのようなプレッシャーがないときよりも報酬の価値を下げたりはしない．

したがって，「アジア人」を境遇の１つの要素として含めるかどうかが問題である．もしそうでないならば，アジア人の子供達が学校で一生懸命に取り組むという事実は，ある文化的な境遇よりも，むしろ彼らの自律的な選択に帰されるだろう．そして，先の段落で描写されたような彼らの行動にかかる家族のプレッシャーの効果・影響をもしわれわれが取り除いたならば，彼らは，彼らがそうであるだろうよりも多く報われるだろう．

その例は重要である．というのは，それは以下のことを示すからである．すなわち，努力が報われるべきかどうかという点についての重要な問題は，それがその個人の制御を越えたある要因によって引き起こされたかどうかという問題ではない．バリーが主張したように，アジア人の子供達が学校で成功するためにやっていることには，学ある人の子供達がやっていることよりも，より道徳的に賞賛される何かがある．彼らがやっていることはより多くの努力を費やすことである．そしてバリーは，彼らがより多くの努力を費やすことが彼らの制御外の要因によって決定されるということではなく，彼らがより多くの努力を費やしていることが考慮されるべきことであると述べている．

私はバリーの例が刺激的なものだとわかるが，私が唱道したアプローチ——そこでは，「アジア人」は境遇の１つの要素として並べられるべきである——が，間違っていると私に納得させるものではない．バリーの最も根本的な見解は，苦痛は報われるべきというもので，この例において苦痛とは，楽に切り抜ける学ある人の子供達と比較して，アジア人の子供達がこつこつ勉強することに苦しんでいることである．しかし，機会の平等化の背後にあるのは，そのような見解ではなく，むしろ，自律的になされた努力が報われるべきだという見解である．もしそのアジア人の子供が努力を費やすのは単純に彼の家族によって**期待されている**がゆえであり，彼自身は努力を費やすか否かの選択ができると思っていないならば，機会平等化の見解のもとでは，義務感によらず努力している誰かと同程度に道徳的価値があるということにはならない．われわれはそのアジア人の子供がどのくらい自律的に努力を呈しているかを，彼の行動を彼のタイプの他の子供達の行動と比較することによって決める．

つぎに，われわれはIQを教育問題において境遇の1つの要素として含めるべきかどうかを尋ねることによって例証されうる2つめの問題に移る．今のところ，IQは先の努力の行使によって汚染されていない，純粋な能力の測度であると仮定する．高いIQは，人が低い努力で学校において成功することを容易にさせるものだと想定しよう．IQの高い人が，それにもかかわらず，同一の努力**程度**を適用しているIQの低い人よりも，有利性（たとえば，将来の所得）へのより大きなアクセスを有するべきだとわれわれが考えるかどうかが問題である．IQを境遇の1つの要素として含めないことを唱道すれば，多くの人が，これに賛成するだろうと私は考える．彼らはただ部分的な競技場の平準化を唱道しているにすぎない．

そのように唱道する理由は（私が考えるに）2つある．1つめは，「効率性」の考慮である．同一の努力程度において，もしIQの低い人がIQの高い人と将来の賃金が同一となるようにわれわれが資源を配分するならば，集計的な生産物は，たとえばIQの高い人とIQの低い人に同一の資源の量が与えられていた場合にわれわれが保有する量以下に減るだろう[10]．IQの高い人は，ゆくゆくは，同一の教育的資源の投入に対して，社会によってより評価される生産物を生産するという意味で，IQの低い人よりもより効率的な教育的資源の利用者である．

10　私はここで，賃金は単調に労働者によって生産された生産物の量に関係づけられていると想定している．

このような効率性問題は重要ではないとは私は主張しない．まったく逆である．しかし，何が機会平等化政策を定義するのかという問いと，われわれはその政策を完全な強制力をもって適用することを望むのかという問いの間に，ある区別がなされなければならない（これについては，第 12 章および第 13 章でさらに論じる）．機会平等化政策の要請は，IQ を境遇の要素に含めると私は主張する．そのうえで，その政策の遂行に制約を課すことをわれわれは決めるかもしれない．なぜならば，その政策の遂行が，いくつかの事例において効率性を害する帰結に至るおそれがあるからである．IQ を境遇の要素に含めないことは，そうすることの 1 つの方法である．

IQ を境遇の 1 つの要素として含めない 2 つめの理由は，人は，その人の高い IQ がもたらす利益を得るに値するという考えに基づく．これはコーエン（Cohen 1995）が自己所有権テーゼと呼んでいるものの 1 つの例である．そのテーゼは，ある人は，いわば市場経済において，自己の個人的属性から生じる利益に対する権原を有するというものである．私はこのテーゼを擁護できないものであるとは主張しないが，機会平等化の見解と対立するものであると主張する．

最後に，私の提案に対する異なる種類の批評を検討しよう．それは，以下のように主張する．すなわち，私の提案は，実のところ，魅力的ではない帰結の平等のたぐいしか遂行できないだろう．なぜなら，諸個人が彼らの行為に対して答責性を負うという，機会の平等の主要な側面を保持しないので．

私の提案は，すべての人々に関して帰結が平等化されることを課してはおらず，母集団の特定の区分内のみで平等化されることを課している．ここでいう特定の区分とは，相異なる境遇でありつつ，同じ努力程度を適用しているすべての人々から構成される．くわえて私は，相異なる境遇に属する人々が費やす努力程度を測定する私の方法を正当化する議論を提供したい．私が想定している批判は，努力程度の目盛りを決める特定の方法を攻撃するものではなく，むしろ，同一の努力程度を行使していると考えられる人々の帰結を平等化するように，資源を分配することによって，機会は平等化されるという主張それ自体を攻撃するものである．一般的な帰結の平等主義の見解が道徳的に反対すべきものとなるのは，本来，人々が答責性を負うべきものに対して，答責性を負わせることに失敗しているからである．私の提案は，人々が当然負うべきこと，ないしは当該社会が，彼らが負うべきだと考えることに対して，答責性を負わせることに努めている．

実際のところ，機会とはあいまいなものである．それは学校，栄養のある食べ物を載せるお皿，ないし，暖かい建物ではなく，むしろ，学校，食べ物，暖かさを適切に用いることによってもたらされる能力である．どのように機会を平等化するかは即座に明らかにはならない．なぜならば，それは自明な寸法を持つ物質的なものではないからである．それゆえ，子供達が非常に異なる境遇で生活しているいくつかの共同体において，同一の学校を建設し，同一の先生を配置することは，彼らの成功への機会を平等化しないだろう．だが，通常の見解は，機会を，それをもたらす一番の助けとなりうる物質的な対象と同一視するという物神崇拝の誤りに基づく．機会とは，コーエン(Cohen 1989)の言い回しを用いれば，有利性へのアクセスである．機会平等化政策のもとで社会がその構成員に対して負っていることは，平等なアクセスである．しかし，その個人は，努力の適用によって，そのアクセスを実際の有利性に変えることに対して責任がある．

第4章

機会の平等の形式的な定義

この章では，ある文脈において，機会の平等の正確な定義を提案しよう．その目的は2つの部分からなる．1つめは，15ページで私が言及した妥協について提案することである．その妥協が必要となるのは，私がこれまでに定義したような機会平等化政策は，一般に存在しないからである（すなわち，努力水準の各100分位数に属するすべての人々の有利性を同時に平等化するだろう政策は存在しないということである）．2つめは，機会平等化政策のある正確な（数理的な）定義を行うことで，機会平等化政策が何であるかを多数の例において見積もることを可能にすることである．

問題を，ある「純粋配分」問題の文脈で考察する．関連する人口の構成員がある種の成功ないし有利性を享受しているとしよう．その成功ないし有利性は，彼らが消費する社会的に供給されている資源（たとえば，学校，教職時間）の量および彼らが費やす努力（たとえば，学校でどれくらい一生懸命に取り組むか）の量の関数である．同様に，境遇および自律的選択は，人々が費やす努力の量を決定する．社会は，当該人口をタイプの集合 $\mathcal{T} = \{1, 2, \ldots, T\}$ に直和分割する．そこにおいて，1つのタイプは，同一の境遇の集合を有するすべての個人からなる（いくつかの数理的表現においては，タイプの集合は1つの連続体であるかもしれない．私はここではそれを有限集合として扱う）．人口におけるタイプ t の頻度（割合）を p^t と仮定する．社会は人口に属する諸個人間に配分するためのある（1人当たり）資源量 ω を所有する．タイプ t に属するある個人によって享受されている有利性の達成水準が $u^t(x, e)$ と示されるとしよう．ここで x は彼女が消費する資源量であり，e は彼女の努力である．u^t は典型的に——しかしつねにではなく——，その変数について単調増加するだろう（とくに，努力に関しては）．教育の例において，u^t があるタイプ t に属する子供の教育的達成であるとき，それは確実に変数 x および e に関して増加的だろう．対照して，従来の効用関数は，典型的に（経済学者によって）x に関しては増加的であり，e に関しては減少的と考えられている．すなわち，「努力」を費やすことは，その個人にとっての何らかの個人的なコストとして処理される．このような想定は，努力を費やすことが楽しみないし苦痛であろうとなかろうと，それ自体に価値を与える機会の平等化の理論には無関係である．

社会は人口内で資源を配分するためのある政策を選択しなければならない．$\varphi = (\varphi^1, \ldots, \varphi^T)$ は，正の実数直線をそれ自身に写像する T 個の関数からなる1つのプロファイルであるとしよう．$\varphi^t(e)$ は，タイプ t に属するある個人が，もし努力「e」を費やすならば，受け取る資源量となるだろう．私は，φ を1つの**政策**と呼び，その成分を**配分ルール**と呼ぶだろう．このように，ある所与のタイプに属するあらゆる個人が同一の配分ルールに直面するだろうと私は想定する．これは私が先に述べた，ある所与のタイプに属するすべての人々は同一量の資源を受け取るだろうということの1つの一般化である（その特殊な事例が，各関数 φ^t が定値関数である場合である）．もしタイプ t に属する諸個人が，ある配分ルール φ^t に直面するならば，そのタイプに応じた努力分布が続いて生じるだろう．ルール φ^t に直面する際に，タイプ t において費やされたすべての努力上での，π 番目の100分位数で費やされた努力を，われわれは算出することができる．したがってわれわれは，「間接有利性関数」$\nu^t(\pi; \varphi^t)$ を，タイプ t に属し，ルール φ^t に直面しながら，π 番目の努力程度を尽くしている個人によって享受される有利性水準として，定義できる．

形式的に，ある配分ルール φ^t に直面するとき，タイプ t に属する構成員によって費やされる努力分布は，非負の実数上のある確率測度 $F^t_{\varphi^t}$ によって与えられると仮定する．$e^t(\pi; \varphi^t)$ を，その努力分布の π 番目の量分位数[11]に属する諸個人によって費やされる努力水準としよう．$e^t(\pi; \varphi^t)$ は，方程式

$$\pi = \int_0^{e^t(\pi, \varphi^t)} dF^t_{\varphi^t}$$

によって定義される．

それから，われわれは間接有利性関数を

$$\nu^t(\pi; \varphi^t) = u^t(\varphi^t(e^t(\pi, \varphi^t)), e^t(\pi, \varphi^t))$$

として定義する．

11　X 上の分布における π 番目の量分位数とは，定義より，X 上の値であって，人口の割合 π がそれもしくはそれ以下の値を達成するような値である．

私が第2章で説明したように，次のステップは，所与の努力支出の各100分位数に対して，諸タイプを横断して有利性を平等化する政策を選択することである．費やされた努力の，ある特定の100分位数πを固定しよう．われわれはただ，諸タイプを横断して，π番目の努力程度を費やしているすべての個人の有利性を平等化することのみに関心があると仮定しよう．そのような諸個人は皆，等しく咎責性があるべきことをわれわれは思い出す．許容される政策の類（class）はΦで示されると仮定しよう――これについてはさらに後で示す．そうすると問題は，すべてのタイプを横断して，彼らのタイプにおいてπ番目の努力程度を費やしているすべての個人の，最低の有利性の水準を最大化する政策φを見つけることになるだろう．形式的に，われわれはこれを

$$\max_{\varphi\in\Phi}\min_{t\in T}\nu^t(\pi;\varphi^t) \tag{4.1}$$

というように記す．この問題を解く政策をφ_πと呼ぼう．私は添え字πを用いる．なぜならば，この政策こそが，努力程度πに属するすべての人々に対して，諸タイプを横断して最小の有利性を最大化することと関係づけられる政策だからである．

ここで，われわれはあらゆるπについて諸タイプを横断して有利性を平等化することを望むとしよう．もしわれわれが，$[0,1]$区間における各数πについて，(4.1)のプログラムを解くならば，われわれは一般に，異なる政策のある連続体$\{\varphi_\pi \mid \pi\in[0,1]\}$を得るだろう（もしわれわれが$\pi$を単に100分位数上の値を表すとみなすならば，われわれは100の政策φ_πを得るだろう）．もし偶然に，これらのすべてのプログラムが同一の政策をもたらすのであれば，それは一義的に，機会平等化政策となるだろう．しかし，これは通常，実状にはそぐわないだろう．以下のようなある妥協案を定義することを私は提案する．

(4.1)式は，1つの最大化問題であり，ここで最大化する目的関数は「$\min_t \nu^t(\pi,\varphi^t)$」である．この最大化問題は，彼らの努力分布の$\pi$番目の100分位数に属する諸個人に関係づけられる．これらの諸個人――π番目の100分位数に属するすべての人々――は，ちょうど人口の100分の1の1つを構成する．これらの目的関数に，社会的目的関数上で，1つの100分の1のウェ

イトを割り当てること――したがって，(4.1) のプログラムを１つの社会的目的関数

$$\frac{1}{100}\sum_{\pi=1}^{100}\min_t \nu^t(\pi;\varphi^t)$$

に集計することを私は提案する．有利性に関する機会を平等化する政策はこの目的を最大化する解，すなわち，以下の問題

$$\max_{\varphi}\frac{1}{100}\sum_{\pi=1}^{100}\min_t \nu^t(\pi;\varphi^t) \tag{4.2}$$

についての解である．もしわれわれが π を，0 から 1 までの量分位数の値を持つある連続変数とみなすならば，われわれは (4.2) における求和記号を，以下でもたらされる積分

$$\max_{\varphi}\int_0^1 \min_t \nu^t(\pi;\varphi^t)d\pi \tag{4.2a}$$

に置き換えてもよい．

もちろん，政策の類 Φ に課すことが望まれるさまざまな制限がある．１つの必要な制限は，資源の予算収支均等，すなわち，ある定められた配分ルール $(\varphi^1,\ldots,\varphi^T)$ において，政府が分配することを託されている資源量は，分配可能な総資源量に等しい，ということである．人は，Φ 上に，さらなる制限を課すことを望むかもしれない．もしかしたら，各成分 φ^t が努力の線形関数，ないしは，私が先に述べたような定数関数のような，ある単純な形式を有することを人は要請するかもしれない．

さらに，φ を構成するすべての配分ルール，ないしは，それらのある種のペアないし集合が同一となるように制限することが要請されるかもしれない．もし，タイプの虚偽申告が深刻な問題であるならば，問題となっているすべてのタイプに関して，配分ルール φ^t を同一にすることによって，問題は解決されるだろう．それにより，自分のタイプを虚偽申告するいかなる誘因を有する個人も存在しえない．なぜなら，虚偽申告しても彼の配分には影響しないからで

ある．もちろん，これらの制限は，有利性に関する機会が平等化される程度を狭めることになる．一言で言えば，偽装（誘因両立性）への配慮は，類 Φ のサイズを制限することによって，平等化の程度を狭めることを要請する．

誘因への配慮を除いては，成分関数 φ^t のある種の集合が一致するという制限を課すことが望まれるかもしれない．これには他の2つの理由がある．すなわち，(1) タイプの同定における誤差のコストを減らすため，および (2) 大衆の巻き返しを軽減するため，である．理由 (1) は，タイプの直和分割において，不注意により間違った分類をされる諸個人が存在する可能性について言及している．もし配分ルール φ^t が実際のところ t から独立であるならば，これらの誤差は問題ではない．その場合には，いずれの受領者も彼自身のタイプを尋ねられる必要はなくなる．もっとも，(4.2) の解を計算するためには，それに先立って人口の標本調査――それによってタイプが確定される――が必要とされるが．理由 (2) は，異なるタイプ（たとえば，白色人種およびアフリカ系アメリカ人）の市民に対して異なる配分ルールを適用することへの社会的な容認可能性について言及している．タイプの定義は，なんらかの議論を伴う社会的な過程の帰結であることを想起する必要がある．政治的に支持されたタイプの定義は，ある種の有利性に関して，たとえば人種をタイプの1つの成分とみなすものかもしれない．だが，異なるタイプの個人が，異なる関数 φ^t に従って資源を与えられるならば，大衆の巻き返しがあるかもしれない（これは，所与のタイプの直和分割は，議会で制定した，つまり民主的な過程の帰結である，という仮定と一貫性がないわけではない）．したがって，構成員間の相違が唯一，人種からなるタイプのペアに対しては，成分関数が同一であることを要請して，社会的選択を制限することは，政治的に当を得ているかもしれない．より一般には，制御を超えた境遇（障害者のように，彼らがアメリカ合衆国の税法下で受けている差別的課税待遇のような場合）による不遇に苦しんでいると社会の大多数の人々が認める諸タイプにのみ，異なる成分関数を許容すると判断される可能性がある．

先の段落におけるある言い回しについて，私は詳述しなければならない．もし同一の配分ルールがすべてのタイプに対して用いられるのであれば，彼ないし彼女のタイプを尋ねられる必要がある個人はいないと私は述べた．しかしながら，政策に関する問題 (4.2) ないし (4.2a) を解くためには，各タイプ内に存在する努力水準の分布が何であるかを，適用する配分ルールの 1 つの関数として，計画者は知る必要がある．というのは，そのような分布を知ることによってのみ，(1) 各タイプにおいて，努力の π 番目の 100 分位数での有利性水準が何であるか，および (2) どんな配分ルールが予算制約を満たすか，を計算することができるからである．これらの分布を発見するために，計画機関は，諸個人の含まれている諸タイプがわかっている標本集団上で実験を行わなくてはならないだろう．いったんこれらの実験が行われ，さまざまな可能な配分ルールに対応する努力分布がタイプごとにわかるならば，そのとき計画者は最適な政策に関して (4.2) を解き，そしてそれを人々に公表することができる．たとえば，すべてのタイプは同一の配分ルールに直面していると要請し，制限を課すならば，いかなる個人も彼ないし彼女のタイプを尋ねられる必要はなくなる．

この点を具体的にするために，才能の高い人から才能の低い人へと所得を再分配する 1 つの税体系を設計する状況を想像しよう．もしわれわれが人口全体の才能分布を知っているならば，そして，さまざまな租税ルールに対する諸個人の労働供給反応を知っているならば，すべての市民の間で再分配を（適切に）効率的に成し遂げる所得税ルールを見つけるにあたって，われわれは個々の市民に才能の有無を尋ねる必要はなくなる．もちろん，われわれが，その所得税ルールの根拠を人々の才能の水準に置くことができるのであれば，われわれはより少ないコストでさらなる再分配を達成することもできる．しかし，そうすることはプライバシーおよび自尊心の理由から反対されるかもしれない．政治的な理由，大衆の巻き返し，自尊心，プライバシー，表明上の理由などから，すべての配分ルール φ^t を，タイプごとに差異化する必要はかならずしもない[12]．

この所見は重要である．なぜならば，大衆の巻き返しという問題をどのように扱うことができるかを示していることに加えて，計画者の情報問題は不可抗

12　表明（revelation）という語で，私は，社会が境遇に帰属させがちな個人の特性についての，正直な報告が得づらくなることを意味している．

力のものではないということを示すからである．仮に，タイプの複雑な定義ゆえに，対象とする集団に属するあらゆる個人のタイプを正確に記録することはコストのかかる仕事だとしよう．しかし，もし計画者が上述の手続きに従うならば，それがなされる必要は決してない．コストのかかる部分は，タイプがわかっている1つの標本群上で，そのタイプの努力分布を引き出す実験を行うことを含むだけだろう．

機会平等化(EOp)政策を，よく知られた2つの他の政策である，ロールズ主義（R）および功利主義（U）と対比させてみよう．ロールズ主義の政策とは，タイプに関係なく，すべての個人を横断して，最低の有利性水準を最大化するという政策である．それは以下の最大化問題を解くものである．

$$\max_{\varphi \in \Phi} \min_{t,\pi} \nu^t(\pi; \varphi^t). \tag{4.3}$$

功利主義の政策は，人口全体として，平均的な有利性水準を最大化する．それは以下の最大化問題を解く．

$$\max_{\varphi \in \Phi} \frac{1}{100} \sum_t p^t \sum_{\pi=1}^{100} \nu^t(\pi, \varphi^t), \tag{4.4}$$

ないしは，連続形においては，

$$\max_{\varphi \in \Phi} \sum_t p^t \int_0^1 \nu^t(\pi; \varphi^t) d\pi. \tag{4.4a}$$

このように，私はロールズ主義を，すべての要因を道徳的に恣意的であると扱うものとして，すなわち，いかなる行動も個人的な責任の範囲内にはないとするものとして特徴づけ，そして単純に人口全体上で，最小の有利性を最大化するものとして特徴づけた（これをロールズの見解の1つの正確な表現にするためには，$\nu^t(\pi; \varphi^t)$ を，第 t タイプに属し π 番目の努力程度に属する個人にとっての基本財の指数とみなさなければならないだろう．すなわち，ロールズの提案は，ある有利性の水準ではなく，ある基本財の指数の最小を最大化することである）．対比して，功利主義は人口全体の平均的な有利性を最大化する

(同様に，功利主義に忠実であるためには，われわれは，有利性を，個人がそのようなものとして受け止めている厚生と同一視しなければならない).

EOp 政策（(4.2a) を解くこと）を φ^{EOp}，ロールズ主義政策（(4.3) を解くこと）を φ^{R}，功利主義政策（(4.4) ないし (4.4a) を解くこと）を φ^{U} と，それぞれ呼ぼう.

社会が，たった1つのタイプしか存在しないと決めると仮定しよう——すなわち，人々は完全に彼らの努力水準に責務を負うべきであると仮定しよう．そうすると，EOp 政策は功利主義政策に縮小される．したがって，この定式化において，最も「自由主義的な」咎責性の解釈のもとでは，すなわち，人々が完全に彼らの有利性水準に対して責任を負う場合，機会の平等は功利主義と同等となる.

さらに，タイプの集合が非常に大きくなり，そして各タイプが人口の非常に小さい割合からなるにつれ，機会平等化政策はロールズ主義の政策に接近すると考えることは直観的に妥当である．実際のところ，この事実は上述の定式化から論証されうる．その議論はここで説明にするには精巧すぎるが（読者は Roemer 1996, Chap.8 における，ある特別な事例の証明を調べよ).

このように，EOp 政策がロールズ主義と功利主義の両極端の間に位置するように，機会の平等化は定義された．もしわれわれが，何が境遇を構成するかについての異なる可能な特定化について考えるとき，すべての行動が努力に帰され境遇には帰されないような，ある極端な「個人主義者」の見解から始め，すべての行動が境遇によって説明され自律的選択には説明されないとみなされるような，ある「構造主義者」の見解に向かっていくと，EOp 政策は両極端の片方に位置する功利主義から，もう一方であるロールズ主義に移行する.

結論として，形式的に，潜在的な大衆の巻き返し，ないしタイプの虚偽申告の問題が存在する場合の，EOp 政策の定義を私は記したい．$\mathcal{J} = T_1 \cup T_2 \cup \ldots \cup T_k$ を，タイプの集合を k 個の要素へ直和分割したものとし，ここにおいて2つのタイプ t と s が同じ要素に属するということは，タイプ t をタイプ s と偽る，ある虚偽申告が潜在的に存在するということであるか，ないしは，もしタイプ t および s がその社会的配分において区別して扱われるならば，大衆の巻き返しが潜在的に存在するということであるとしよう．そうすると，EOp

政策は，以下の解となる

$$\max_{\varphi}\int_0^1 \min_t \nu^t(\pi;\varphi^t)d\pi \tag{4.5}$$

ただし，

$$(\forall j,s,t)(s,t\in T_j \Rightarrow \varphi^s=\varphi^t).$$

これは，潜在的な大衆の巻き返しないしタイプの虚偽申告が2つのタイプ間に存在するときにはいつでも，それらの2つのタイプに関する配分ルールは一致するという制限が課されていることを正確に述べている[13][訳注2].

ある特定の政策をある所与の資源配分問題に関係づける問題を，われわれは社会的選択理論の言語で要約できる．$F^t_{\varphi^t}$ は，配分ルール φ^t に直面する場合の，タイプ t における努力の確率分布であることを思い出そう．1つの**環境**は，1つのリスト $\langle \mathcal{T}, p, \omega, \Phi, \{F^t_{\varphi^t}\}\rangle$ として定義される．ここで $\mathcal{T}$ はタイプの集合であり，$p=(p^1,\ldots,p^T)$ はタイプの分布の度数であり，ω は配分において利用可能な1人当たりの資源量であり，Φ は実行可能な政策の集合であり，そして $\{F^t_{\varphi^t}\}$ は，あらゆる可能な配分ルールに対応するさまざまなタイプの努力分布の集合である．1つの**メカニズム**ないし社会的選択ルールとは，環境の定義域上に定義される1つの写像 $\langle \mathcal{T}, p, \omega, \Phi, \{F^t_{\varphi^t}\}\rangle \to \varphi$ であり，それは Φ 内の1つの政策と各環境とを関係づける．私は本章において，EOp，ロールズ主義，および功利主義的な政策を生成する3つのメカニズムを定義した．

13　経済学者は容易に気づくだろうが，定式化 (4.5) はより正確および一般的な定式を避けた便法である．その一般的な定式では，(4.5) における制約式の代わりに，いかなるタイプに属する構成員も他のタイプに属するふりをする誘因を持たないことを保証する不等式の系列が記される．

訳注2　脚注13の不等式とは，

$$\nu^s(\pi;\varphi^s) \geq \nu^s(\pi;\varphi^t)(\forall s,t\in\mathcal{T}).$$

第5章

「機会の平等」制度の誘因的性質

機会の平等政策（EOp 政策）に対する最もありがちな 2 つの反論は，すでに概略を述べたように，以下の通りである．すなわち，1 つめは，EOp 政策は不遇なタイプの絶対的に低い努力水準に報いることにおいて寛大すぎるため，それらのタイプの構成員に対して，努力を増やす誘因を貧弱なものとするだろう，という反論である．2 つめは，資源を将来の生産性に変換する力が劣った（たとえば，教育の例について考えよ）不遇なタイプの構成員に対して多くの資源を費やしすぎるため，EOp 政策は社会的に非効率だろう，という反論である．2 つめの反論については，第 12 章および第 13 章で私は議論するつもりである．ここでは，1 つめについて議論する．

具体的に，教育的資源の配分に関する EOp 政策を考えよう．不遇なタイプの子供達に対して，有利なタイプの子供達に対してよりも多くを費やすことは，EOp 政策の典型事例となりうるだろう．もし不遇なタイプがこの事実を知るとしたら，彼らは政策制定前よりも少ない努力しか費やそうとはせず，結果的に，彼らが受け取るより多くの資源賦与を，部分的に（ないしは完全に）無効にしてしまうのではないだろうか．

この反論に対する答えは次である．彼らは実際のところ，EOp 政策のもとでは，他のいくつかの政策と比べてより少ない努力しか費やさないかもしれない．しかし，このことは EOp 政策が正しくないこと，あるいは，粗悪な誘因的性質を有していることを意味するわけではない．EOp 政策が粗悪な誘因的性質を有していると述べる批評家が暗示する反対提案は，社会政策は，対象となっている集団が費やす努力を最大化することを目指すべきであるというものである．この提案は多数の方法で定式化されうる．望ましい政策は，対象となっている集団が費やす平均的努力を最大化する点にある．この解釈のもとでは，資源と誘因両立性の制約下で，その望ましい政策とは次の最大化問題を解くこと，として記述される．

$$\max_{\varphi \in \Phi} \sum_t p^t \int e^t(\pi, \varphi^t) d\pi. \tag{5.1}$$

一般に，$\varphi^{e\max}$ と呼ばれる (5.1) を解く政策は，(4.2a) の解である φ^{EOp} と異なるだろう．すなわち，EOp 政策は，一般に，平均的努力を最大化する政策ではないということだ．しかし，だからどうしたというのか．われわれの関心は，有利性に関する機会を，可能な限り高い水準で平等化することにあるのであって，平均的な努力の最大化にあるわけではない．後者の見解は（もしそれが社会的非効率の批判——その批判に対しては本書の第12章で議論するつもりだが——を曲解しているのではないとしたら），努力を費やすこと自体が良い行為だとして物神崇拝している．

この点を反映する1つの代替的な方法は，努力の支出が内包するいかなる徳も，有利性 u^t の定義に反映されるべきだと述べることである．ここまでのところ私は，努力が良いとされるのは，それが有利性を生み出すからだという見解に立ってきた——たとえば，学校で一生懸命に取り組むことは，教育的達成，そして，その結果としての一定水準の賃金ないし俸給での雇用をもたらす，というように．もし批評家が，EOp 政策は努力を妨げるだろうと反論するならば，その批評家は努力を物神崇拝しているか，さもなくば，努力の支出と関係づけられる他の次元の有利性が存在していて，それが u^t の定義では無視されている——たとえば，学校で一生懸命に取り組むことは規律を磨く，そのことは人の教育的達成上の効果があるという以外の諸理由のために有徳的である——と考えているかのいずれかである．しかし，もしそうであるならば，自己規律の達成も同様に測定され，そして u^t に含まれるべきである．それ以外の，(4.2a) の代わりに (5.1) を解く政策を唱道するような解法は間違っている．

諸タイプにおける努力の確率分布 $F^t_{\varphi^t}$ がどのように諸政策に反応して生じるのか——諸個人の何らかの最適化の過程によってか，ないしは他の方法によってか——について，私は正確に提案しているわけではない．実際のところ，配分ルール φ^t が寛大になればなるほど，タイプ t における平均的な努力は低くなるだろう．しかし，批評家はさらに，「寛大な」配分ルールに反応して，時間をまたがってあるタイプの努力分布におけるさらなる「衰退」が起こるだろうと反論するかもしれない．この主張を検証するためには，計画者の最適化問題を，一世代だけではなく，いくつかの世代にまたがって最適化するような，動学的なものにしなければならないだろう．しかしながら，その原理は，以前と同じままである．妥当なアプローチは，r 世代において用いられたある政策が，$(r+1)$ 世代に生きる人々の努力分布に及ぼすだろう効果を考慮に入れて，複数の世代にまたがる範囲で機会平等化を遂行する政策を選ぶことである．その問題を正確に定式化することは難しいかもしれない．つまり，過去の配分ルールに対して反応する世代をまたがる努力は，知るのが困難であるかもしれない．いずれにしても，これらの効果のために，単一世代問題の解，つまり (4.2a) の解は，必然的に粗悪な誘因効果を有すると主張する根拠はあまりない．実際のところ，それはちょうど反対の種類の効果を有するかもしれない．すなわち，$(r+1)$ 世代の不遇なタイプの構成員は，彼らの先祖が受領する教育的資源の増大ゆえに成功した（たとえば労働市場において）ことを理解したがゆえに，同一の配分ルールのもとで，彼らの先祖よりもいっそう一生懸命に働くことを誘発されるかもしれない．したがって，不遇なタイプについての分布 $F^t_{\varphi^t}$ は，悲観主義が楽観主義に変わるがゆえに，時間をまたがって「改善」されるかもしれない．しかしながら，このコインの裏側で，「有利な」タイプの努力分布は，彼らが受領する資源は EOp 政策の施行前より減少するがために，悪化するかもしれない．

いずれにしても，誘因問題への正しいアプローチは，r 世代に適用された配分ルールがもたらす，$(r+1)$ 世代の努力分布への効果をモデル化したうえで，ある複数世代にまたがる機会平等化目標を考案することである．より寛大な配分ルールは，将来の努力の支出を悪化させる効果を必然的に有するという主張を，無条件になすべきではない．

さらに 2 つの指摘がなされるべきである．1 つめは，私が (4.5) で描写したような EOp プログラムは誘因両立的であることに注意しよう．タイプの虚偽申告を試みる誘因を持つ個人は存在しない．さらに，もし関数 φ^t が努力に関して非減少的であれば，そのとき，個人はつねに，より多くの努力を費やす根拠を有する――そのことは，彼の有利性の達成水準を増進するだろう（もちろん，彼は努力から不効用をも引き起こすかもしれない）．

しかしながら，EOp プログラムにはある種の「集合的な誘因減退」が伴うかもしれない[14]．もしある不遇なタイプが，ある有利なタイプよりも，より

14　この点についてグレン・ローリーに感謝する．

寛大な配分ルールを割り当てられたならば，そのことは，そのタイプの「構成員が独力で向上する」ための**集合的な**努力（カリスマ的な指導者達による熱心な勧めなど）を減少させるかもしれない．ただし，これは経済学においてつねに適用される意味での誘因両立性に関する論点ではないことが注記される．というのは，努力を増加させるための個人的な誘因は残されているからである．あるタイプを独力で向上させるための集合的誘因において起こりうるこの種の減損を問題とする際には，より寛大な配分ルールによってより優れた達成がなされるという**正の**フィードバック効果についても勘案されなければならない．もしある不遇なタイプの構成員が，増大された資源配分のおかげで，より大きな利益を享受し始めれば，そのことは無気力を減らし，諸個人を以前よりも一生懸命に働かせる誘因にもなりうる．このこともまた，経済学者によって典型的に熟慮されているわけではない一論点である．

第6章

生産を伴う機会の平等

第4章では，分配されるべき資源の量は，固定とみなされていた．しかし，多くの応用においては，資源そのものは当該人口によって生産され，その人口が直面する誘因によって変わりうる．この問題の基本形は以下のとおりである．第4章と同じく，有利性はある関数 $u^t(x, e)$ で表されると仮定され，データ $\{\mathcal{J}, p, \{F^t_{\varphi^t}\}\}$ は既知であると仮定される．今，われわれはさらに，以下のような生産関数 θ^t

$$x = \theta^t(e) \tag{6.1}$$

を加える．生産関数 θ^t はタイプ t に属し努力 e を費やすある人によって生産される資源の量である．以前と同じく，政策はある関数の集まり $\varphi = (\varphi^1, \ldots, \varphi^T)$ であり，そこにおいて $\varphi^t(e)$ は，タイプ t に属し努力 e を費やすある個人に配分される資源の量を表す．ある政策 φ に直面するとき，これまでの仮説より，タイプ t における努力分布は，密度関数 $f^t_{\varphi^t}$ を伴う確率分布 $F^t_{\varphi^t}$ によって与えられ，それゆえ，そのタイプによって生産される資源量の平均は $\int \theta^t(e) f^t_{\varphi^t}(e)de$ となる．したがって，人口全体で生産される資源量の平均は，$\sum_{t=1}^T p^t \int \theta^t(e) f^t_{\varphi^t}(e)de$ となる．他方で，政策 φ のもとで人口全体へ配分される資源量の平均は，$\sum p^t \int \varphi^t(e) f^t_{\varphi^t}(e)de$ となる．したがって，その状態の予算収支バランス条件は，

$$\sum p^t \int \varphi^t(e) f^t_{\varphi^t}(e)de = \sum_{t=1}^{T} p^t \int \theta^t(e) f^t_{\varphi^t}(e)de \tag{6.2}$$

であり，これは単純に，生産される資源量は配分される量に等しくなければならないということを述べている．

ちょうど第4章で行ったのと同じように，関数 ν^t，そしてEOp政策，ロールズ主義政策，および功利主義政策を特徴づける3つのメカニズムを，われわれは定義できる．

第 7 章

厚生に関する機会の平等

本章で私は，理論の一例を提示したい．その例自体は，いくぶん人為的である．その価値は，私が第4章で述べたように，功利主義的な原理が促すものと，ロールズ主義の原理が促すものの中間にある再分配を，機会の平等(EOp)原理がどのように促すのかについて明瞭に例証するところに見出せる．

諸個人は，才能の水準 t を賦与されていると仮定しよう．才能の水準 t は生まれつきのものであり，彼らの制御は及ばない．その一方で，彼らは努力水準を選ばなければならないと仮定しよう．努力と所得の束上の選好は，あるパラメーター α によって決定され，そこにおいて社会は，「α」を，当人の責任の権域内とみなすと仮定しよう．所得 (x) および努力 (e) 上の選好は，以下の形状の効用関数で表される．

$$(7.1) \qquad z(x, e; \alpha) = x - \frac{\alpha}{2}e^2$$

ここで測定される厚生は，個人間で水準比較可能であると仮定しよう．所得の生産は，才能および努力についての関数であり，

$$(7.2) \qquad \theta^t(e) = te$$

で与えられる．t および α の分布は，R^2_+ 上の集合 $T \times A$ 上で，密度関数 $r(t, \alpha)$ を伴う，ある確率測度 R によって特徴づけられると仮定しよう．

ここでは有利性は厚生によって捕捉されるものとし，$z(\cdot)$ によって測定されると仮定しよう．実行可能な政策の集合 Φ は，予算収支バランス的な，所得についての線形の課税関数であるとみなされ，そこにおいてすべてのタイプは**同一の**線形課税ルールに直面する（おそらくは第4章で列挙されたような理由で）と仮定しよう．所得に対する1つの線形課税ルールを，$\varphi(x) = ax + b$，ないし (a, b) と示そう．

ある課税ルール (a, b) に直面して，特性 (t, α) を持つある個人は，費やすべき努力がどれくらいであるかを，$(1-a)(te) - b - (\alpha/2)e^2$ の最大化によって決定し，次のように努力を供給する．

(7.3a) $$\hat{e} = \frac{(1-a)t}{\alpha}$$

また，次のように，対応する産出水準をもたらす．

(7.3b) $$\hat{x} = \frac{(1-a)t^2}{\alpha}.$$

その結果として，予算収支バランス条件は，次となる．

(7.4a) $$\iint_{T\times A} \frac{a(1-a)t^2}{\alpha} r(\alpha, t) d\alpha dt + b = 0,$$

これは b を a についての関数として決定する．すなわち，

(7.4b) $$b = -a(1-a)Q,$$

ただし，$Q \equiv \iint_{T\times A} \frac{t^2}{\alpha}(\alpha, t) d\alpha dt$ である．今後，ある課税ルールを，単純に，(7.4b) によって決定される限界課税率 a および b によって示すこととしよう．

次の段階は，タイプによる努力の量を計算することである．$F_a^t(\cdot)$ は，課税ルール a に直面するときの，タイプ t における努力の分布関数を表すとしよう．そして，R_t は，才能水準が t である人々の，α に関する分布関数を表すとしよう．(7.3a) より，タイプ t において，$\varepsilon < e$ となる努力は，ちょうど α が $((1-a)t)/e$ よりも大きい諸個人によって費やされるものを表す．それゆえ，

(7.5) $$F_a^t(e) = 1 - R_t\left(\frac{(1-a)t}{e}\right)$$

となる．したがって，タイプ t における π 番目の量分位数の努力水準は，課税ルール a において $e^t(\pi; a)$ となり，次の方程式によって定義される．

(7.6) $$\pi = 1 - R_t\left(\frac{(1-a)t}{e^t(\pi; a)}\right).$$

R_t は1つの増加関数である（分布関数である）ので，それは1つの逆関数を有する．ここではそれを $c_t(\cdot)$ と表す．われわれはその逆関数を用いて，(7.6) から $e^t(\pi;a)$ について次のように解く．

$$e^t(\pi;a)=\frac{(1-a)t}{c_t(1-\pi)}. \tag{7.7}$$

これより，次の間接有利性（ここでは効用）関数が以下のように計算される．

$$\nu^t(\pi;a)=\frac{(1-a)^2t^2}{2c_t(1-\pi)}+a(1-a)Q. \tag{7.8}$$

ここで，もしわれわれが (4.2a) を適用するならば，機会平等化の課税ルールは，次の問題を解くことになる

$$\max_a\left\{\int_0^1\min_t\frac{(1-a)^2t^2}{2c_t(1-\pi)}d\pi+a(1-a)Q\right\}. \tag{7.9}$$

（この例において，タイプの1つの連続体が存在するが，そのことは (4.2a) の適用において何の問題も引き起こさない．）

もし，$\tau\equiv\int_0^1\min_t\frac{t^2}{c_t(1-\pi)}d\pi$ とわれわれが定義するならば，(7.9) は次のように書かれうる．

$$\max_a\left\{a(1-a)Q+\frac{(1-a)^2}{2}\tau)\right\}. \tag{7.10}$$

(7.10) における目的関数は，a についての2次方程式である．a^2 の係数である $-Q+(\tau/2)$ が負であるとき，その関数は凹になる．しかし，$\tau\leq Q$ ということは容易にわかるゆえに，(7.9) は，凹問題となり，したがってその解は，(7.10) の目的関数における a に関する微分を0に等しい，とおくことで与えられる．

$$a^{EOp}=\frac{1-\frac{\tau}{Q}}{2-\frac{\tau}{Q}}. \tag{7.11}$$

功利主義的およびロールズ主義的な課税ルールもまた，プログラム (4.3) および (4.4a) を解くことによって計算しうる．それらの解は

(7.12) $$a^U = 0 \quad \text{and} \quad a^R = \frac{1}{2}$$

である．τ/Q は 0 から 1 の間の分数であるので，EOp ルールは，これまで主張したように，功利主義よりも再分配的であり，ロールズ主義よりも再分配的ではない．

ある特定の確率測度 R を用いることによって，この例をさらに特定化しよう．α（「怠惰」）は才能から独立に分布していて，それは才能のすべての水準について，ある区間 $[\underline{\alpha}, \bar{\alpha}]$ 上に一様に分布していると仮定しよう．才能の分布は G と呼ばれ，密度 $g(t)$ および台 $[\underline{t}, \bar{t}]$ を伴うと仮定しよう．$\Delta\alpha \equiv \bar{\alpha} - \underline{\alpha}$ とする．そうすると，われわれは逆分布関数 $c_t(X)$ を計算することができる．それはこの事例では t から独立であり，$c(X) = \Delta\alpha X + \underline{\alpha}$ によって与えられる．τ および Q の定義から，

$$\tau = \frac{\underline{t}}{\Delta\alpha} \log \frac{\bar{\alpha}}{\underline{\alpha}}, \quad Q = \frac{1}{\Delta\alpha} \log \frac{\bar{\alpha}}{\underline{\alpha}} \int t^2 g(t) dt$$

をわれわれは計算することができ，ここから，次を得る．

(7.13) $$\frac{\tau}{Q} = \underline{t}^2 \Bigg/ \int t^2 g(t) dt.$$

したがって，τ/Q は，t の分散が大きいときには 0 に近づき，t の分散が小さいときには 1 に近づく．このことは，EOp 政策（a^{EOp}）は，才能における変動が小さいときに功利主義（a^U）に接近し，才能における変動が大きいときにロールズ主義（a^R）に接近することを意味する．これは直観的に正しい．というのは，t における変動が無視できるほど小さいときには，行動の道徳的に恣意的な要素は無視できるほど小さく，そして個人的責任がすべてとなる．それは功利主義を生成するだろう．一方，t における変動が大きいとき，道徳的に恣意的な要素は重要となり，そして個人的責任の重要性は薄れる．それは

ロールズ主義を生成するだろう．

最後に，α の分布が t に従属することを許すように，この例を修正しよう．特定的に，才能水準 t における α の分布が，区間 $[t\underline{\alpha}, t\bar{\alpha}]$ 上で一様であると仮定しよう．より才能がある人ほど，「怠惰」である傾向を持つことになる．才能の分布は，上述のように，密度 $g(t)$ によって与えられる．そこでわれわれは $\tau/Q = (\underline{t}/\mu) < 1$ であると計算する．ただし，$\mu \equiv \int tg(t)dt$ は才能水準の平均である．したがって，EOp ルールは，

$$(7.14) \qquad a^{EOp} = \frac{1 - \frac{\underline{t}}{\mu}}{2 - \frac{\underline{t}}{\mu}}$$

で与えられる．さらに，$\frac{\underline{t}}{\mu} > \underline{t}^2 / \int t^2 g(t)dt$ であることは容易にわかる．それゆえに，(7.14) の課税ルールは，(7.13) の課税ルールよりも再分配を**しない**こととなり，またそのようにあるべきである．なぜなら，(7.14) の例においては，才能のある人々の超過な「怠惰」の一部分は，境遇 (t) に起因するものだからである．才能のある人々の所得税額は，実際において，(7.13) と比較すると安くなる．なぜなら，2 番目の例において，才能のある人々が怠惰になるという**傾向**は，彼らに責任のない 1 つの障害とみなされるからである．

この例において，同一の配分ルール，ここでは 1 つの線形所得税が，すべてのタイプに適用されているということを私は繰り返す．同一のルールをすべてのタイプに適用することの長所は，私が先に述べたように，大衆の巻き返しおよびタイプの虚偽申告を回避する点にある．最適な政策を計算するためには，計画者は特性の結合分布 R を知らなければならない．私は先に，この分布は標本をとることによって見積もられうるとした．タイプから独立の政策を適用することのコストは，EOp 目的関数の解の値が，諸タイプ間で格差ある処遇が可能であったときにあり得た値よりも小さくなる点にある．

第8章

健康に関する機会の平等

教育的資源配分問題の例に続く２つめの例を取り上げ，機会の平等理論を適用してみよう．喫煙の結果として必要性がましている肺ガン治療をファイナンスする問題を考える．アメリカ社会の人々は喫煙の危険性に関する警告に徹底してさらされているが，多くの人々は喫煙を続行し，彼らの一部は肺ガンその他，高コストのメディカルケアを必要とする深刻な疾病を発症している．われわれは健康機会の平等という倫理を持つと仮定しよう．必要なメディカルケアはどの程度まで社会によってファイナンスされ，どの程度まで個人が支払うべきなのだろうか．喫煙の選択に対して個人は完全に責任を負うと――すでに実行されているさまざまなタバコ広告の規制やすでに広く告知されている警告によって，社会はすでに平準化された競技場を提供していると――判断されるとしたら，健康機会の平等という見地からは，個人は自分の喫煙がもたらすメディカルケアのコストを払わねばならないことになるだろう．おそらくそれは，喫煙に応じて被保険者の保険料が増額されるような保険制度を通じて実行されるだろう．

このケースにおいて問題となる努力とは，個人が喫煙を控える程度である．喫煙に関して個人が行う選択は，部分的には彼のおかれている境遇――たとえば，経済的階級，人種，両親が喫煙者であるかどうか，教育水準――によって決定され，部分的には自律的選択の問題である．「経済的階級」や「教育水準」については，その決定に関して自律的選択の側面があるので，それらを「境遇」とみなすことの適切さに疑義を呈する人もあるだろう．だが，先に主張したように，たとえある属性が個人の制御を完全に超えるものではないとしても，境遇の構成要素に含めることが自然な場合がある．これらはその一例である．さらに，職業の選択が喫煙行動に与える影響を考慮**しなかった**ことについての，個人の答責性を問わないという判断も可能だ．喫煙に関する境遇的要因のリストを〈ジェンダー，人種，職業，年齢〉とすれば，60歳で白人の女性大学教授のすべてが１つのタイプを構成し，60歳で黒人の男性鉄鋼労働者のすべてが別のタイプを構成することになるだろう．

この例に対応する社会政策は，相異なる諸個人が支払う健康保険の保険料に具体化される．保険料は，原理的にはその人のタイプとその人の「努力」との関数となる．あるいは，肺ガンに対する医療サービスをタバコの消費課税で賄うという代案も考えられる．いうまでもなく，これらの保険料や税額は健康機会の平等化を任務とする政府機関によって決定されるのであり，利潤最大化を目指す保険会社によって決定されるのではない．例示のために，われわれは問題を以下のように特定化できるだろう．ある定数θに関して，y年間喫煙し続けた人のうちで，ある年に肺ガンにかかった人の割合をθ_yとする．ある個人が享受する主要な有利性は関数$u(M,y)$によって与えられる．ただし，Mはその個人が払う年間の健康保険料であり，yは喫煙年数であるとしよう．これより，次の式が得られる．

$$u(M,y) = -M + (1 - \alpha\theta y)\sigma. \tag{8.1}$$

ここで，σは「1年間，生存した命の価値」を，αは，肺ガン治療がなされることを前提とした，肺ガン診断者の死亡率を表す．θyはy年間の継続的喫煙という条件下で肺ガンにかかる確率であり，$\alpha\theta y$はy年間の継続的喫煙という条件下で肺ガンにかかって死亡する確率である．また，$(1 - \alpha\theta y)\sigma$は$y$年間の継続的喫煙という条件下で期待される1年間の命の期待値を示す．保健省は肺ガンにかかったすべての人が治療を受けられる保健政策を設計すると仮定しよう．問題は，当該人口に対する保険料をどのように評価するかである．単純化のために，保健省は個人が喫煙を続けた年数の線型関数となる保険料を課すものとする[15]．すなわち，y年間喫煙したタイプtに属する個人の年間保険料は$b^t + a^t y$，ただし，定数b^t，a^tは与えられるものとする．

保険料に対する個人の「努力」反応を以下のように仮定する．保険料スケジュール$b + ay$を与えられたタイプtの個人は，y^tと$y^t - \beta a$の間で何年間か喫煙するであろう．ただし，y^tとβは定数である．さらに，喫煙年数はこの期間内に，タイプtの個人の間で一様に分布すると仮定しよう．1年間の喫煙

15　私は，保険料を決定するというかたちの問題設定をすることにした．このケースにおいては，努力変数——喫煙年数——が表明（revelation）問題に左右されることになる．例示にあたって，私は保健省は喫煙年数を確認できると想定すべきだろう．あるいは，もっぱらタバコ税の決定問題として扱い，表明問題は存在しないとする方法もある．個人は喫煙量に比例して自動的に医療ケア基金を支払うことになる．このやり方は課税メカニズムを消費比例的なものに限定することになる．だが，以下で論じる2部課税の議論を参照せよ．

に対する「限界保険料」である a が高ければ高いほど，人々が喫煙する年数は一般的には少なくなる．ただし，タイプ t の口で最も熱心な喫煙者は保険料に関わりなく y 年間ずっと喫煙するだろう．肺ガンの患者1人を治療するコストを c とし，それはタイプと喫煙年数に関わりないと仮定する．最後に，T 個のタイプが存在すると仮定する．そこではタイプ t に属する個々人の割合は p^t であり，$y^1 > y^2 \ldots > y^T$ であるとする．タイプ1は最も「不遇な」タイプである．そのメンバーは他のタイプのメンバーよりも長期間喫煙する傾向がある．

いまや，EOp 政策，ロールズ型政策，功利主義政策を計算するうえで必要なデータがすべて得られた．個人のタイプを同定することを避けるために，保健省はすべてのタイプに対して同じ配分ルールを適用するよう自己規制すると仮定しよう．つまり，保健省は一対の数字 (b, a) を選択し，すべての個人に関して保険料は $b + ay$ であると広報するのである．この点をより明確にするために，問題とする人口は全員が60歳の個人で構成されると仮定しよう（問題の完全な解法は，すべての年齢コーホートに関してこの問題を解くこととなる）．すなわち，上で与えられたデータは年齢60歳の集団にだけ適用されると仮定する．

問題の特定化にあたって私が設けた仮定のいくつかについて，その現実性を疑う人はもちろんいるだろう．たとえば，タイプ内の喫煙年数が1つの区間（期間）上に一様分布するなどというのはかなりありそうもないことである．これらの仮定は以下の計算をシンプルにするために設けられた．有利性関数 u の特定化については，後により詳しく述べたい．

最初に，EOp 政策，すなわち最大化問題（4.2a）の解を計算する．まず予算制約を具体化しよう．ある保険料 (b, a) が与えられた場合，タイプ t の個人による平均喫煙年数は $y^t - \beta(a/2)$ となるだろう．それゆえ，彼らが支払う平均保険料は $b + a(y^t - \beta(a/2))$ となる．したがって，当該母集団全体が支払う平均保険料は，

$$(8.2) \qquad \sum_{t=1}^{T} p^t \left(b + a\left(y^t - \beta\frac{a}{2}\right)\right)$$

となるだろう.
他方で，タイプtの個人で肺ガンにかかる割合は$\theta(y^t-\beta\frac{a}{2})$であり，人口全体で肺ガンにかかる割合は,

$$\sum_{t=1}^{T} p^t\theta\left(y^t-\beta\frac{a}{2}\right) \tag{8.3}$$

である．それゆえ，人口全体の肺ガン治療にかかる1人当たりコストは(8.3)の式にcを掛けたものとなる．(8.2)と(8.3)より，集められた保険料が以下であれば，この人口の治療に必要なコストをちょうど支払うことができる.

$$\sum_{1}^{T} p^t\left(b+a\left(y^t-\beta\frac{a}{2}\right)\right)=c\sum_{1}^{T} p^t\theta\left(y^t-\beta\frac{a}{2}\right). \tag{8.4}$$

これは制度設計者が考慮する予算制約である．定数bについて等式(8.4)を解くことができる.

$$b(a)=\theta c\left(\bar{y}-\frac{\beta a}{2}\right)+\frac{\beta a^2}{2}-a\bar{y}. \tag{8.5}$$

ただし，$\bar{y}=\sum p^t y^t$はそれぞれのタイプの最も熱心な喫煙者の平均喫煙年数を表す．等式(8.5)より，パラメーターbは，予算制約を満たすような，パラメーターaの関数でなければならないことがわかる．(8.5)に従ってbが決定されるので，制度設計者は単一のパラメーターaを選択すればよい．aはゼロ以上でなければならず，また，制度設計者が徴収できる一定額の最大保険料$\bar{M}$が存在するとしよう．このとき，制度設計者が徴収することのできる最も高い「限界」保険料$\hat{a}$は次の等式で決定されることになる.

$$\hat{b}+\hat{a}y^1=\bar{M}. \tag{8.6}$$

ただし，$\hat{b}=b(\hat{a})$である．等式(8.6)は$\bar{M}$が特定されれば$\hat{a}$について解くことができる．このように，制度設計者にとっての実行可能な政策集合は，区間$[0,\hat{a}]$から抽出される限界保険料aで構成されることになる.

つづいて有利性関数$v^t(\pi,a)$を計算しなくてはならない．これは，タイプt

の喫煙分布の π 分位に位置する個人が保険政策 a のもとで享受する有利性である．π は 0 から 1 の間のあらゆる値をとる．タイプ t における喫煙年数の分布は区間 $[y^t - \beta a, y^t]$ 上で一様であるため，その分布の π^{th} 分位に位置する個人は $y^t - \beta a\pi$ 年間，喫煙をすることになる．またその個人は $b + a(y^t - \beta a\pi)$ の年間保険料を支払うことになる．これより，(8.1) に代入して，その個人の有利性水準が以下のように導出される．

(8.7) $$v^t(\pi; a) = -b(a) - a(y^t - \beta a\pi) + (1 - \alpha\theta(y^t - \beta a\pi))\sigma.$$

ここで，(8.7) 内の式を (4.2a) に代入できる．式 (4.2a) は以下の

(8.8) $$\max_a \int_0^1 \min_t[-b(a) - a(y^t - \beta a\pi) + (1 - \alpha\theta(y^t - \beta a\pi))\sigma]d\pi$$

を解く a の値を見出すことを意味する．

つぎに，すべての π について，(8.8) 内式における変数の最小値は $t = 1$ で達成されるので，(8.8) は以下のようになる．

$$\max_a \int [-b(a) - a(y^1 - \beta a\pi) + (1 - \alpha\theta(y^1 - \beta a\pi))\sigma]d\pi.$$

ついで，これは以下のように書き替えられる：

$$\max_a \left\{ -b(a) - ay^1 - \alpha\sigma\theta y^1 + (a^2\beta + \alpha\sigma\theta\beta a) \int_0^1 \pi d\pi \right\}.$$

これをまとめると，以下の式が得られる．

$$\max_a \left\{ -b(a) - ay^1 + \frac{a^2\beta + \alpha\sigma\theta\beta a}{2} \right\}.$$

ここで，(8.5) から $b(a)$ に代入して，次の式．

$$\max_a \left\{ \frac{\theta c\beta a}{2} - \frac{\beta a^2}{2} + a\bar{y} - ay^1 + \frac{a^2\beta + \alpha\sigma\theta\beta a}{2} \right\},$$

または次の式が得られる．

(8.9)
$$\max_a \left\{ \frac{\theta\beta}{2}(c+\alpha\sigma)+\bar{y}-y^1 \right\} a.$$

(8.9) の解は｛　｝内の項が正であるか負であるかによって左右される．もし，

(8.10a)
$$\frac{\theta\beta}{2}(c+\alpha\sigma)+\bar{y}-y^1<0$$

であるならば，(8.9) は $a=0$ と設定することによって解かれる．もし，

(8.10b)
$$\frac{\theta\beta}{2}(c+\alpha\sigma)+\bar{y}-y^1>0$$

であるならば，(8.9) は，a はそのとりうる最大の実行可能値 $\hat{a}$ に等しいと設定することによって解かれる．かくして，機会を平等化する限界保険料は，

(8.11)
$$a^{EOp}=\begin{cases} 0, & \left(\dfrac{\theta\beta}{2}(c+\alpha\sigma)+\bar{y}-y^1<0 \text{ の場合}\right) \\ \hat{a}, & \left(\dfrac{\theta\beta}{2}(c+\alpha\sigma)+\bar{y}-y^1>0 \text{ の場合}\right) \end{cases}$$

によって与えられる．$y^1-\bar{y}$ は $\{y^t\}$ の平均と y^1 の差であることに留意されたい．(8.11) の意味は，この差が十分に大きければ，EOp 政策は喫煙年数に関わりなくすべての人に同額の保険料を課し，$y^1-\bar{y}$ が十分に小さければ，EOp の保険政策は喫煙の各年に最大の実行可能な限界保険料を適用する，ということである．

この問題を特定化するさまざまな定数に数値を入れて，EOp 政策がどのようなものになるか，ラフな計算をしてみよう．c と σ は 1000 ドル単位とする．たとえば，（1000 ドル単位で）$c=50$，そして多少恣意的だが，$\sigma=50$（制度設計者が余命 1 年に付加する価値は 50000 ドルである）としよう．さらに，$\theta=0.02$ および $\alpha=0.5$ と仮定する（追加的な 1 年の喫煙は肺ガンにかかる確率を 2 パーセント増大させ，肺ガンにかかった人の年死亡確率は 50 パーセ

ントである)．このとき，以下が得られる．

$$a^{EOp} = 0 \qquad (y^1 - \bar{y} > 0.75\beta \text{ の場合}).$$

$y^1 - \bar{y} = 10$ であると仮定しよう．すなわち，「最悪の」タイプに属する一番のヘビースモーカーは，各タイプの一番のヘビースモーカーが喫煙する平均年数よりも 10 年多く喫煙するとしよう．このとき，以下が得られる．

$$a^{EOp} = 0 \qquad (\beta < 13.3 \text{ の場合}).$$

ここで，β は 1 年の喫煙ごとに限界保険料が 1000 ドルずつ増える場合に，人々が平均的に喫煙を減らす年数である．$\beta < 13.3$ となるのはもっともらしく見える．それゆえ，これらパラメーターの値がそこそこ適切ならば，EOp 政策はこの年齢コーホートに属するすべての人に喫煙を続けた年数に関わりなく，同額の年間保険料を課すことになるだろう．このように，線型課税政策を用い，かつ，すべてのタイプに同じ政策を適用するという制約を制度設計者に課した結果，EOp 政策はまさに「平等主義的」な政策となった——すべての個人が同額の保険料を支払う——のである．

しかしながら，$y^1 - \bar{y} = 1$ と仮定すると，

$$a^{EOp} = \hat{a} \qquad (\beta > 1.33 \text{ の場合}),$$

となる．ここでは，$\beta > 1.33$ となる可能性が非常に高くなるので，このケースでは EOp 政策はきわめて非平等主義的になる．すなわち，保険料は喫煙年数を大きく反映することになる．

これらの結果は次のように解釈される．$y^1, y^2, \ldots, y^T$ という数値はそれぞれのタイプの特性を表す．したがって，個々人はその大きさに対して答責性を負わない．$y^1 - \bar{y}$ が大きい場合には，喫煙行動の違いの大部分は境遇に拠ることを意味し，$y^1 - \bar{y}$ が小さい場合には，その大部分は自律的選択に拠ることを意味する．EOp 政策は，第 1 のケースでは平等主義的になるが，第 2 のケースでは自分の喫煙行動に対する答責性を個々人に負わせることになる．これは理に適っているだろう．

つぎにロールズ型政策を計算する．(4.3) に代入することにより，ロールズ

型政策は以下の式を解くことになる.

$$\max_{a} \min_{\pi,t} \{-b(a) - y^t(a + \alpha\sigma\beta) + \pi(\beta a^2 + \alpha\sigma\theta\beta a)\}.$$

これは次の式に還元される.

$$\max_{a} \{-b(a) - y^1(a + \alpha\sigma\theta)\}.$$

さらに, 次のように書き換えられる.

$$\max_{a} \left\{ \left(\frac{\theta\beta c}{2} + \bar{y} - y^1 \right) - \frac{\beta a^2}{2} \right\}. \tag{8.12}$$

問題 (8.12) の最大値は a の凹関数性により得られる. つまり, それは 1 階微分をゼロと設定することによって最大化されるのであり, 以下のように表される.

$$a^R = \begin{cases} \dfrac{\theta}{2}c + \dfrac{\bar{y} - y^1}{\beta} & \left(y^1 - \bar{y} < \dfrac{\beta\theta}{2}c \text{ の場合}\right) \\ 0 & \left(y^1 - \bar{y} > \dfrac{\beta\theta}{2}c \text{ の場合}\right). \end{cases} \tag{8.13}$$

これにより, ロールズ型政策は EOp 政策と同質の性格を持つことがわかる. $y^1 - \bar{y}$ が十分に大きければ, $a^R = 0$ となり, すべての成員は同額の保険料を課されるが, $y^1 - \bar{y}$ が小さければ, 喫煙年数とともに保険料は増額することになる. ただし, ロールズ型政策は EOp 政策よりもまちがいなく平等主義的である. というのも, 分岐点となる $y^1 - \bar{y}$ の値——それを超えると定額の保険料が課されることとなる——が, ロールズ型政策においてはより低いからである. 実際, ロールズ型政策の分岐点は $(\beta\theta/2)c$ であるのに対して, EOp 政策のそれは $(\beta\theta/2)(c + \alpha\theta)$ である. とくに, $y^1 - \bar{y} = 1$ かつ $\theta = 0.02$ の場合, $\beta < 2$ であるかぎり, ロールズ型政策は平等主義的となる. それに対して, EOp 政策が平等主義的になるのは, $\beta < 1.33$ の場合に限られる. さらに言えば, ロールズ型政策において限界保険料が正である場合でも, その保険料は一般的に EOp 政策におけるそれよりもはるかに小さくなる.

最後に，功利主義政策を計算しよう．詳細は省くが，(4.4a) に代入して簡略化すると，功利主義政策は以下を解くことになる．

(8.14) $$\max_a (c+\alpha\sigma)a.$$

これは a をその実行可能な最大値に等しく設定することで解くことができる．

(8.15) $$a^u = \hat{a}.$$

これにより，功利主義政策はつねに課される保険料に関して，つねに実行可能なかぎりで非平等主義的であることがわかる．

これらの計算は，EOp 政策が概して，ロールズ型政策と功利主義政策の中間に位置することを示している．功利主義政策が個々人にその行動に対する最大限の答責性を負わせて，（禁煙）努力におけるあらゆる違いを「自律的選択」に帰するのに対して，ロールズ型政策は人々にその行動に対して最小限の答責性しか負わせず，結果的には喫煙行動におけるあらゆる違いを境遇に帰属させることになる．EOp 政策はこれら 2 つの解法の間に位置するのである．

上述の計算はすべて，保健省がタイプに関わりなく対象となっている集団に属するすべての個人に同じ保険スケジュールを提供するという制約下で行われた点に留意する必要がある．この制約は，政策適用のコスト——換言すれば，個々人のタイプを特定するとしたら，発生するはずのコスト——を縮減するために課されたものだった．第 4 章で指摘したように，この制約は大衆の巻き返しを防止することにもなる．いかなる個人も，ほかのタイプに属する人々が優先的な取り扱いを受けていると主張することはできなくなるからだ．この制約のもとであっても，EOp 政策は，ロールズ型政策よりは多く，功利主義政策よりは少なく，個々人に答責性を負わせることがわかった．しかしながら，異なるタイプに異なる保険スケジュールを提供することが，政治的および財政的に実行可能であると保健省が判断する（そして，各 t に対して異なる (b^t, a^t) の値を選択する）ならば，われわれは EOp 政策を（今度はよりデリケートな計算で）計算し直すことになる．その結果，個々人にその喫煙行動に対する答責性を負わせるという点でよりきめ細かい政策が成立するだろう．とくに，喫煙年数を一定とした場合に，より「不遇」なタイプ（すなわち，t の値がより低いタイプ）の人々ほどより少額の保険料ですむことが予想される．

上述のように特定化された問題においては，課税当局は個人が喫煙した年数を決定できると想定されている．現実には，それは私的な情報であり，そのような情報を課税政策の根拠とすることは困難である．それでも，喫煙強度（smoking intensity）を評価する方法を考えることはできる．1年ごとの定期診断の際に，医師が肺容量指標に基づいて患者の喫煙年数を評価する．そして，患者と医師が，課税政策に用いられる喫煙年数について合意するのである．

別の方法として，「2部課税」をタバコの購入に対して課すということもありうる．ある月の最初のタバコ1パック購入時に個人は固定された額の税を払い，購入の証拠としてレシートを受け取る．また追加的に，1パックごとに定額の限界税を課される．さきに分析した課税政策がある程度の自由度を持つのと同じように，この2部課税によって保健省はある程度の課税政策の自由を得ることができる．2部課税の利点は，タバコ1パックごとに課せられる税金によって自動的に人々の喫煙強度に応じた課税がなされるため，喫煙強度を監視する必要がないという点である．2部課税はEOp問題を解くことによって算出される．

最後に，先に触れた有利性関数 $u(M,y)$ についてコメントしておこう．ほとんどのエコノミストは，人々が喫煙するのはそこから何らかの快を得るためであると述べるであろうが，関数 (8.1) において特定化したように，この関数は，エコノミストが通常個人に割り当てるような伝統的な効用関数と同じものではない．そのような効用関数は，y に関して正の項目——これは喫煙によるポジティブな見返りを反映する——と，((8.1) の第2項のように) y に関する負の項目——これは喫煙による死亡のリスクを反映する——の両方を含み持つことになる．私の想定する制度設計者はパターナリスティックだと言う人がいるかもしれない．制度設計者は，**厚生**機会の平等化政策を計算しているのではなく——ここでは，厚生は人々が喫煙から得るポジティブな効果を含んでいる——，ある特定の種類の物理的有利性を得る機会を平等化する政策を計算している——この場合には，有利性は支払われる健康保険料によって表記される期待余命年数の合計である——のである．さらに，制度設計者は生存年の価値を，個々人の評価ではなく，設計者自身の評価（すなわち，σ）で計っている．しかも，そこでは所得や財産が個人ごとに異なるという事実が考慮されていない．これらの仮定はすべて，ここで登場する制度設計者の関心は，人々の生の一断面のみに，すなわち，彼らの生が健康サービス・システムとどのように関連するかに限られるという想定によって正当化されるだろう．それに対して，制度設計者が，あるタイプの個々人の富は別のタイプの個々人のそれよりも大きい点を考慮して，個人の富や所得をも有利性関数に加えるとしたら，所得効果は喫煙行動の効果を圧倒するものとなるにちがいない．その種の有利性を扱うEOp政策は，高所得者に最も高い保険料を課す傾向が強くなるはずだ．だが，これは異なる論点を混同しているので受け入れられないと多くの人が思うであろう．所得の違いは課税システム――そこでは「所得機会の平等」化課税政策が実行される――によって扱われるべきであり，健康機会の平等は，所得の違いを平等化することにではなく，健康に関する行動に付随して発生する費用と便益のみに，関心を向けるべきだと多くの人が言うだろう．

本書で，私は人々の人生の諸断面に機会の平等の考え方を適用することを提案し続ける．というのは，それこそが現代の民主的社会が適用すべき政策だと考えるからである．分配的正義の一般理論――それは（おそらくすべてではないが）さまざまな局面での機会の平等を含んでいる――と，その現実の遂行との間には区別が必要である．私は，分配的正義に向かう進歩は異なる局面――たとえば，健康，雇用，教育，所得――でそれぞれに異なる速さで進むと思うし，いずれの局面においてもそれが前進するよう機会の平等の議論を啓発するつもりである．

健康保険に機会平等化アプローチを適用することを，左翼的な立場から批判する人々に答えておくことは有意だろう．市民の疾病コストは，一般歳出によって賄われる健康保険で完全に補償されるべきであると多くの人が主張するかもしれない．本章では，私はその立場に原理的には賛同していない．私は想定される批判者に次のように問いたい．あなたはタバコに対する課税がタバコに関連する疾病のコストを賄うのに使われることが妥当だと思いませんか？と．もしそう思うのであれば，あなたはまさに本章で述べたものと似た政策を支持していることになる．というのは，そのような政策は喫煙者達に非喫煙者よりも健康保険に対してより多くの貢献をさせているからである．そうすることによって，喫煙者達に彼らの危険な行動に対しての部分的な答責性を負わせているのである．本章の EOp 政策はそのような一般的原理の洗練された１つのかたちである．そこでは，彼らの行動が彼らの制御を超えた要因によって決定されてはいない，とわれわれが感じる限りにおいてのみ，喫煙者達は課税されるのである．

第９章

教育と有利性

有利性——たとえば，1人の成人の収入と消費に結び付く有利性——に関する機会を平等化するために，教育的資源は子供達の間でどのように配分されるべきか．この問いに対してわれわれの社会が与える伝統的な答えは，私がすでに述べたように，教育的資源は，いくつかの例外を除いて，すべての子供達を横断して平等に分配されるべきであるというものだ．すなわちその例外とは，ある障害を持つ子供達は，より多くの資源を受け取るべきである．しかしながら，ある種の不遇は追加資源をもって補償されるべきではないという少数派の見解が存在する．それらの資源はほとんど，いや，まったく将来の生産性に効果がないからと説明される．とくに，アーサー・ジェンセン（Jensen 1969）は，黒人の子供達は，平均して，白人の子供達に比べて，教育的資源を所得生産のスキルに変換する能力がより限られていると主張した．そして，リチャード・ハーンスタインおよびチャールズ・マレー（Herrnstein and Murray 1994）は，ジェンセンの主張を復活させた．彼らによると，過剰な資源を黒人の，ないし，より一般には，才能に恵まれない子供達に費やすことは無駄である（これらの著者は，黒人の子供達の大きな割合が才能に恵まれていないと主張している）．もし仮に，何人かの子供達が，教育的資源を将来の経済的な生産性に変換することにおいて極端に非効率であるということが真実ならば，教育的資源は彼らに「浪費される」べきではなく，むしろ成人になったときに，より生産的な諸タイプから彼らに所得が移転されるべきだと主張されるかもしれない（しかしながら，ハーンスタインおよびマレーは，より「才能に恵まれない」人々への所得移転を勧めない．地域社会において有意義な仕事を，彼らに，おそらく生存水準の給与で供給することを，彼らは提案している）．

もちろん，このような行動方針に現実味があるかどうかは，課税を通じた所得の再分配の政治的可能性に依存する．極端な場合，いかなる再分配も不可能なとき，有利性に関する機会の平等は，ここでは有利性は所得に依存するとして，きっと教育的資源をすべての子供達に費やすことを要請するだろう．そして，実際のところ，資源を将来の経済的な生産性に変換することにおいて，子供達の境遇の結果として，より効率的でない子供達に，より多くの資源を費やすことを要請するだろう．本章では，私は以下の問題を詳しく検討したい．社会が，国民生産のある一定の部分を，子供達を教育するために配分すると仮定しよう[16]．子供達は，教育的資源を将来の経済的生産性に変換する彼らの能力ないし性向に関して，異なるタイプの出身である．諸タイプ内で，子供達は，異なる努力を適用することによって教育に反応するだろう．ここでの有利性は，その子供達が成人になったときの消費束である．この問題は，２世代にわたって起こっているものとして考えよう．今期（期日０）には教育されるべき子供達が存在し，次期（期日１）では，その子供達は所得生産のスキルを伴って成人しているだろう．そのスキルは，部分的には彼らに投資された教育的資源によって決定され，部分的には彼らのタイプによって決定され，そして部分的には彼らが学校で費やした努力によって決定されるだろう．明らかに，高所得の成人となる子供達は，より大きな束を消費し，より大きな有利性を享受することができるだろう．

計画者は，期日０の社会において，次期の諸成人の有利性に関する機会を平等化するための，自由に使える２つの手段を有すると私は仮定する．すなわち，利用可能な教育的資源を現在世代の子供達の間で分配する方法であり，また，今日の子供達がなる次期の諸成人に対して，賦課される再分配的な所得税政策である．この事例において，政策とは，今日の子供達の間での教育的資源の分配，および，次期の諸成人に賦課されるべき所得税計画である．問題は，有利性に関する機会を平等化する政策を選ぶことである．ここで有利性は，私が述べたように，次期の諸成人の消費として定義される．

私はこの問題を以下のようにモデル化しよう．２つの期日，０および１が存在する．期日０では，２つの子供のタイプ，１および２が存在する．子供達の教育に支出されるべき，ある利用可能な教育的資源の量，１人当たり $\overline{R}$ が存在する．期日１のある成人（期日０での子供）が稼得するだろう賃金は，彼の教育の有効性についての１つの関数であり，それもまた，彼に投資された教育的資源および彼が学校で適用した努力についての１つの関数である．そ

16　社会が，国民生産のいかなる割合を，その社会の子供達（ないしは他の誰か）のための機会の平等化の目的につぎ込むかは，本書の範囲内の問題ではない．というのは，それに答えることは，世代間配分についての言及を伴うような分配的正義の一般理論を要請するからである．私が取り組む問題は，社会がひとたびその目的のために，ある総量を配分したならば，どのように機会を平等化するかである．

れは以下のように表現できる.

(9.1) $$w_t = \omega_t(R, e).$$

ここにおいて,w_t はタイプ t の子供の期日 1 での賃金であり,R は彼の教育に投資される資源であり,そして e は彼が適用する努力である.ω_t はタイプ t の「賃金生産関数」である.

ω_t は,**共通に分離可能である**とわれわれは仮定する.すなわち,以下のような増加関数 h_t および φ が存在する.

(9.2a) 任意の t に関して,$\omega_t(R, e) = h_t(R)\varphi(e)$,

および $R > 0$ に関して,$h_2(R) > h_1(R)$.

したがって,いかなる資源投資 – 努力の組み合わせでも,タイプ 1 の子供がなるだろう成人の稼得能力は,タイプ 2 の子供がなるだろう成人の稼得能力より大きくない.最後に,

(9.2b) $$h_t(0) = 0$$

とわれわれは仮定する.

このような賃金生産関数の 1 つの例は,

$$\omega_t(R, e) = \delta w_t^0 R^\gamma e^{1-\gamma}$$

となり,ここにおいて w_t^0 は期日 0 での両親の所得である.この定式化においては,その子供が資源および努力を将来の稼得に変える教育的有効性は,彼女の家族の社会経済的な地位に作用される.

f_t を,期日 0 でのタイプ t の子供達の割合としよう.可能な努力水準は,$\overline{e}$(高い)および $\underline{e}$(低い)の 2 つしかないとわれわれは仮定しよう.高い努力を尽くすタイプ t の子供達の割合は $p_t(R)$ であり,ここにおいて p_t は 1 つの増加関数である.

子供達が成人したとき,彼らはある効用関数 $u(x, L)$ を身につける.ここにおいて x は所得であり,L は仕事に費やされる労働である.したがって,ある成人の労働供給は,通常の効用最大化の計算法によって決定される.

機会平等化の計画者は，今日（期日 0）の子供達が成人になったときの，厚生に関する機会の平等化を望んでいる．彼女は自由に使える２つの手段を有する．教育的資源 $\overline{R}$ の子供達の間での分配，および，期日１の諸成人に適用するある所得税である．所得税は２つの機能を有するとわれわれは仮定しよう．すなわち，期日１の諸成人間での所得を再分配することであり，そして，教育的財源を，１人当たり量 $\overline{R}$ について，つまり期日１の子供達のために，調達することである．$\mathcal{Z}$ を，計画者が用いるであろう所得税計画案の族とし，$\tau \in \mathcal{Z}$ で，一般的な**税引き**関数を表すとしよう．したがって，$\tau(x)$ は，x を稼得する一成人の，税引き後所得である．

この例において，学校での子供達の努力水準は，彼らが成人したときに直面するだろう税制によって作用されないことに注意しよう．

賃金 w を稼得し，課税ルール τ に直面しているある成人の労働供給は，

(9.3a) $$L(w, \tau) \equiv \arg\max_{L} u(\tau(wL), L)$$

によって与えられ，彼の（成人したときの）間接効用はそのとき，

(9.3b) $$\tilde{u}(w, \tau) \equiv u(\tau(wL(w, \tau)), L(w, \tau))$$

によって与えられる．計画者は誘因両立的な課税ルールに自ら限定しているとわれわれは仮定したい．ゆえに，

(9.4) $$任意の \tau に関して，w' \geq w \Rightarrow \tilde{u}(w', \tau) \geq \tilde{u}(w, \tau)$$

となる．

さて，われわれは機会平等化(EOp)の目的関数を設定する．子供達の間には，２つの努力水準，$\overline{e}$ および $\underline{e}$ しかない．したがって，努力の 100 分位数を定義することは不可能である．その代わりに，より保守的なあるアプローチをわれわれは採用する．そのアプローチは，EOp 問題を，子供のときに同一の努力**水準**を費やしたすべての成人の厚生の平等化を追求するものと考える．

$\varepsilon_1\overline{R}$ を，タイプ１の各子供に費やされる資源量としよう．そのとき，$\varepsilon_2\overline{R}$ はタイプ２の各子供に費やされる資源であり，ここにおいてベクトル ε は，単体

$$\varepsilon_1 f_1 + \varepsilon_2 f_2 = 1$$

上にある．

したがって，高い努力を費やしている子供達の割合は $g(\varepsilon) = \sum p_t(\varepsilon_t \overline{R}) f_t$ であり，一方，低い努力を費やしている割合は $1 - g(\varepsilon)$ である．よって，われわれは計画者の問題を

$$(9.5) \qquad \max_{\varepsilon_1, \varepsilon_2, \tau} \{ g(\varepsilon) \min_t \tilde{u}(\omega_t(\varepsilon_t \overline{R}, \overline{e}), \tau) + (1 - g(\varepsilon)) \min_t \tilde{u}(\omega_t(\varepsilon_t \overline{R}, \underline{e}), \tau) \}$$

$$s.t. \quad \sum \varepsilon_t f_t = 1$$

として書くことができる．これはプログラム (4.2a) を現在の環境において講ずる定式であり，ここにおいて，各々の努力の **100 分位数**においてではなく，各々の努力**水準**において厚生を平等化することをわれわれは試みる．

プログラム (9.5) における制約は，その問題から ε_2 を除去し，すべての数を ε_1 の項で表すことを可能とする．$\tau*$ を，(9.5) の解での税制としよう．そうすると，τ を $\tau*$ に置き換えることによって (9.5) は，1 つの変数 ε_1 について決定するプログラムに還元される．

関数 $\Psi(\varepsilon_1, \overline{e}) = \min_t \tilde{u}(\omega_t(\varepsilon_t \overline{R}, \overline{e}), \tau*)$ について詳しく調べよう．関数 $\Psi(\varepsilon_1, \overline{e})$ は，図 9.1 のグラフで示される．Ψ は，図 9.1 で示された 2 つの曲線の，下方の包絡線である．仮定(9.2b)は，図 9.1 で示されているように，その曲線が交わることを保証している．$\varepsilon*_1$ の値は，方程式

$$(9.6) \qquad \tilde{u}(\omega_1(\varepsilon*_1 \overline{R}, \overline{e}), \tau*) = \tilde{u}(\omega_2(\varepsilon*_2 \overline{R}, \overline{e}), \tau*)$$

によって決定される．

さて，誘因両立性（(9.4)）は，$\omega_1(\varepsilon*_1 \overline{R}, \overline{e}) = \omega_2(\varepsilon*_2 \overline{R}, \overline{e})$ を含意し，これは (9.2a) より，

$$(9.7) \qquad h_1(\varepsilon*_1 \overline{R}) = h_2(\varepsilon*_2 \overline{R})$$

を含意する．h_1 は ε_1 について増加的であるので，ε_1 についての関数であるとみなせば，h_2 は，減少的であり，それゆえに，$(\varepsilon*_1, \varepsilon*_2)$ は一意に決定され

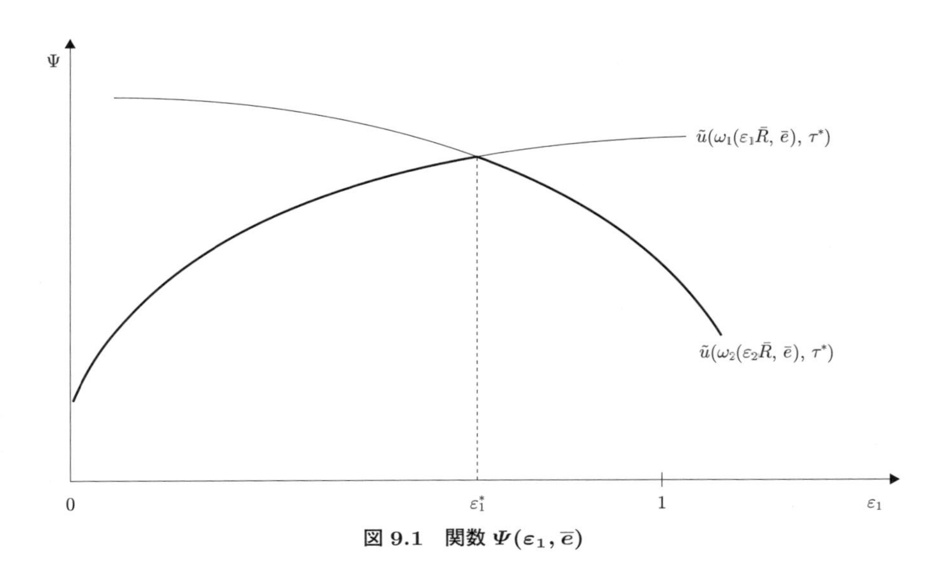

図 9.1　関数 $\Psi(\varepsilon_1, \overline{e})$

る．

つぎにわれわれは，同一の分析を関数 $\Psi(\varepsilon_1, \underline{e}) = \min_t \tilde{u}(\omega_t(\varepsilon_t \overline{R}, \underline{e}), \tau*)$ に適用する．図 9.2 を見てみよう．ここにおいて，いま，$\hat{\varepsilon}_1$ は方程式

$$(9.8) \qquad h_1(\hat{\varepsilon}_1 \overline{R}) = h_2(\hat{\varepsilon}_2 \overline{R})$$

によって決定される．しかし，$\varepsilon *_1$ は一意に決定されたので，(9.7) および (9.8) から，$\varepsilon *_1 = \hat{\varepsilon}_1$ が導かれる．

さて，関数 p_t が定値関数である場合に特定化しよう．そうすると，$g(\varepsilon) = g = \sum p_t f_t$ となる．プログラム (9.5) は，いま，平均 $g\Psi(\varepsilon_1, \overline{e}) + (1-g)\Psi(\varepsilon_1, \underline{e})$ の最大化を追求する．しかし，$\Psi(\cdot, \overline{e})$ および $\Psi(\cdot, \underline{e})$ は，値 $\varepsilon_1 = \varepsilon *_1$ で**同時に**最大化されることをわれわれは示した．したがって，このプログラムに対する解は $(\varepsilon *_1, \varepsilon *_2, \tau *)$ となり，これは

$$\omega_1(\varepsilon *_1 \overline{R}, \overline{e}) = h_1(\varepsilon *_1 \overline{R})\varphi(\overline{e}) = h_2(\varepsilon *_2 \overline{R})\varphi(\overline{e}) = \omega_2(\varepsilon *_2 \overline{R}, \overline{e})$$

および

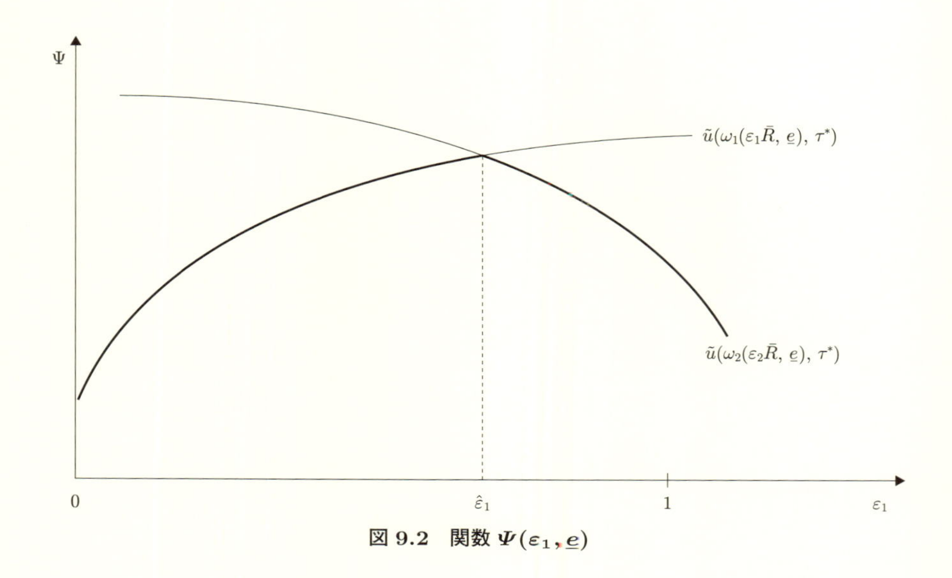

図 9.2　関数 $\Psi(\varepsilon_1, \underline{e})$

$$\omega_1(\varepsilon_1^*\overline{R}, \underline{e}) = h_1(\varepsilon *_1 \overline{R})\varphi(\underline{e}) = h_2(\varepsilon *_2 \overline{R})\varphi(\underline{e}) = \omega_2(\varepsilon *_2 \overline{R}, \underline{e})$$

を内含する．つまり，**教育的資源は，タイプにかかわらず，同一の努力を費やすすべての子供達が，同一の成人の稼得能力を有することになるように，投資される**．

さて，$p_t(R)$ が定値関数であるという仮定を，われわれは緩めることができる．$\Psi(\cdot, \overline{e})$ および $\Psi(\cdot, \underline{e})$ の，（それぞれの）グラフが $\varepsilon *_1$ 上で屈折点を持つがゆえに，関数 $g(\varepsilon)$ が十分に緩慢に変化する限り，上の段落で強調した主張は保たれ続ける．

結果は，いくぶん劇的である．というのは，それは，努力と教育的資源を結合して将来的結果を生み出す能力上の差異に対する子供達の背景の影響は，教育的資源の分配において完全に補償されるべきであると述べていると解釈されうるからである．その議論における鍵となる仮定は，(9.2a) の「共通分離可能性」の仮定，および所得税計画案への制限であることを，読者は正しく理解するべきである．後者の仮定に関しては，もし計画者が異なるタイプに対して，異なって課税することができるのであれば，そのとき，より莫大な教育的資源を，有利な（タイプ2の）子供達につぎこみ，そして，それから期日1においてタイプ1の成人に，定額税によって所得移転を行うことが，より効率的になるかもしれない．このプランは所得税しか利用可能でないときには，決して最適にならないというのは，興味深いことである．

仮定 (9.2a) は明らかに制限的だが，それは妥当かもしれない．それは，同一の努力水準（たとえば，就学完了年数）の諸成人のペアについての賃金の比率は，努力水準の関数ではないという，検証可能な含意を有する．

最後に，多くの努力水準および多くのタイプへの一般化の結果を，われわれは記そう．より多くの努力水準を加えることは，単純に，より多くの項を (9.5) の最大化に加えるが，他の点では分析は変わらない．さて，より多くのタイプを加えることを試みよう．固定された e に関して，関数 $\Psi(\varepsilon, e) = \min_t \tilde{u}(\omega_t(\varepsilon_t \overline{R}, e), \tau*)$ を調べる．$\Psi(\cdot, e)$ を最大化するベクトル $\varepsilon*$ で，

$$\omega_1(\varepsilon*_1 \overline{R}, e) = \omega_2(\varepsilon*_2 \overline{R}, e) = \ldots = \omega_T(\varepsilon*_T \overline{R}, e)$$

でなければならないことが理解される．理由は背理法で説明される．主張に反して，賃金生産関数の値のプロフィール $\{\omega_t(\varepsilon*_t \overline{R}, e)\}$ 上の最小値が，ある添え字の集合 $S \neq \{1, \ldots, T\}$ に関して達せられていると仮定しよう．ここで $t' \notin S$ とする．そうすると，$\varepsilon*_{t'}$ をわずかに減らすこと，および，すべての $t \in S$ に関して，$\varepsilon*_t$ の値をわずかに増やすことによって，$\Psi(\cdot, e)$ の値は増加するはずである．だが，それは不可能だ．したがって，$\varepsilon*$ は，

$$h_1(\varepsilon*_1 \overline{R}) = h_2(\varepsilon*_2 \overline{R}) = \ldots = h_T(\varepsilon*_T \overline{R}) \tag{9.9}$$

となるような，単体 $f \cdot \varepsilon = 1$ 上の一意のベクトルとなる．この結果は，e の値から独立であり，そのことは，関数 $\sum_e g(e)\Psi(\varepsilon, e)$ は $\varepsilon*$ で最大化されることを意味する．以上で，証明は完成された（ここで $g(e)$ は努力水準 e を行使している子供達の割合である）．

このいくぶん劇的な政策規定にもかかわらず，本章はなお，不遇な子供達の教育の必要性を控えめに述べている．というのは，これまでのところ，教育は所得を稼得するための手段にすぎないと仮定されてきたからである．とくに，

このモデルにおいては，教育は所得を獲得するための１つの経路にすぎないため，いかなる個人も，ある所得補助金を受け取ることを，彼女が教育の過程で身につけたスキルの適用によって同等の所得を受け取ることよりも好むであろう．この（伝統的な）経済学の仮定は明らかに現実的ではない．諸個人が通常，彼らのスキルの適用によって所得を稼得することを強く好むのみならず，社会もまた，所得を稼得することのほうが，補助金として受け取るよりもよいと信じている．むろん，ある人のスキルの実りある行使を通じて獲得された自尊心は，これらの諸個人および社会の見解にとっての１つの根本的な理由である．所得と異なり，自尊心は移転不可能である．そのうえ，人の厚生を生み出す投入物としては，所得の自尊心に対する代替可能性は限られた程度でしか通用しない．そのうえさらに，自尊心は教育の過程において獲得される．もしわれわれがこのことを考慮に入れるならば，教育的資源を不遇な子供達に費やすことに関する議論は，いっそう強くなるだろう．つまり，もしわれわれが自尊心を１つの独立変数として有利性関数に含むならば，そしてもし教育が自尊心の獲得に必要であれば，そのとき，不遇な子供達を教育することに関する議論は，いっそう強くなる．

したがって，本章の分析は，以下のことを示していると解釈されなければならない．すなわち，所得税のみが利用可能であるとき，有利性に関する機会の平等は，（不合理ではあるが）自尊心における教育の影響はないと仮定したとしても，より多くを――実際のところ，いっそうより多くを――不遇な子供達の教育に費やすことを要請するのは当然である，と．

第 10 章

機会の平等と失業保険

失業は，現代の社会において，人生が困難になる主な原因の１つであり，そして失業のリスクは，当人の制御を超えた要因と，彼の自律的選択の両方に作用される．もしわれわれの目的が，雇用，失業，およびそれらに伴う所得の動向と結び付く厚生の，個人の制御を超えた部分についての機会を平等化することであるならば，失業保険はどのように設計されるべきであるかを，私は本章で詳しく検討する．

２つの部門があると仮定しよう．１つめは，高い賃金と低い失業リスクを提供し（「１次」部門)，２つめは，低い賃金と高い失業リスクを提供する（「2次」部門)．１次部門で雇用されるためには，ある労働者は前もって，教育ないし訓練として考えられる，努力の１単位を費やさなければならない．諸個人の，フォン・ノイマン－モルゲンシュテルン型の効用関数は，$u(x, e; \alpha, t) = x - (\alpha/t)e^2$ という形をとり，ここにおいて x および e は，それぞれ，所得および訓練であり，t は才能であり，α は１つの「怠惰」のパラメーターである．才能の水準は，その個人の制御を超えていて，タイプを定義している境遇として扱われるが，α は彼の自律的選択を反映していると仮定しよう．当該人口には怠惰の２つの程度，α_L および α_H，そして才能の２つの程度，t_L および t_H が存在し，ここにおいて，L は低い，H は高いを表すと仮定したい．したがって，これらの特質によって特徴づけられる諸個人には４つの種類が存在することになる．特質 (α_L, t_H) を伴うある個人を LH 個人と呼び，他も同様に名づけるとしよう．これらの４つの種類の人口の度数は，f_{LH}，f_{LL}，f_{HH}，そして f_{HL} となる（私は「タイプ」ではなく，むしろ「種類」と述べる．なぜならば，「タイプ」はこの本においてある特定の意味を有しているからである)．

失業は，いったん部門の帰属関係が与えられれば，個人の特質と相関がないという意味において，無作為であると私は仮定する．部門 i において失業する確率は p_i であり，$p_1 < p_2$ である．労働者は，いったん雇用されれば，余暇に対する選好を持たない――仕事に費やされた努力は，戦略的な変数ではない――，したがって，手抜き仕事の問題はない．２つの部門における賃金は w_1 および w_2 であり，ここにおいて $w_1 > w_2$ である．

問題は，特質 (α, t) が観察不可能であるもとで，有利性に関する機会を平等

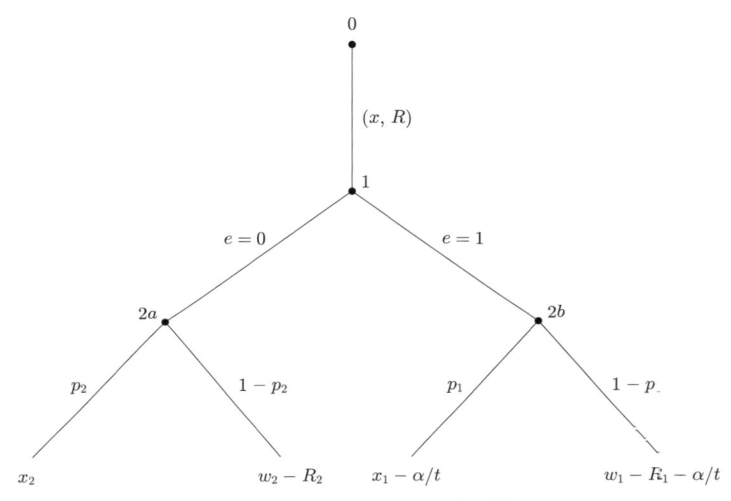

図 10.1　労働者の意思決定樹

化するように，失業給付金と保険料を定めることである．1つの**政策**は，あるベクトル $(x, R) = (x_1, x_2, R_1, R_2)$ であり，ここにおいて R_i は部門 i に属するある労働者によって支払われる保険料であり，x_i は彼がもし失業したら受け取る給付金である．ある政策に直面して，各労働者は，1次部門で雇用されるために必要な訓練を受けるか否かを選択する．その「ゲーム」は，図 10.1 で示される．計画者は，期日 0 で失業政策 (x, R) を公表し，期日 1 では，労働者は部門ごとの失業給付金および保険料を知ったうえで，1次部門で雇用されるために必要な訓練一式を受けるか否かを決める．彼が訓練を受けるとき，そしてそのときのみ，彼は1次部門で雇用される．期日 2 は，「自然手番」であり，失業が襲う．失業者は，当該期間中の唯一の所得として，失業給付金を受け取る．労働者の厚生水準は，ゲームの木の終点で表示される．

通常，機会平等化(EOp)政策を計算するためには，効用関数は厚生を水準比較可能な方法で測定すると，われわれは仮定しなければならない．単純化のために上述のフォン・ノイマン－モルゲンシュテルン型の効用表現もまた，水準比較可能な厚生の表現であると私は仮定する．さて，われわれがとることのできる，2つの根本的に異なるアプローチがある．1つめのアプローチは，有利性を期待厚生として定義することを含む．2つめは，有利性を**事後的な**厚生——失業が襲った後の厚生として定義することを含む．1つめのアプローチは，確実により伝統的であり，私は最初にそれについて詳しく検討しよう．それは私が考えるに，諸個人の選好は彼らの利益を反映しているとわれわれが考えるとき，好まれるアプローチである（しかし，これについては以下でより詳しく述べる）．

このアプローチでは，タイプのただ1つの次元は，才能である．ある政策 (x, R) に直面して，その個人の問題は，訓練一式を受けるか否かを決めることである．ある個人 (α, t) が，ある政策 (x, R) に直面して，

$$(1-p_1)(w_1-R_1)+p_1x_1-\frac{\alpha}{t} \geq (1-p_2)(w_2-R_2)+p_2x_2$$

であるとき，そしてそのときのみ，努力の1単位を費やすことを要請する訓練を受ける．ここで $g(x, R) := (1-p_1)(w_1-R_1)+p_1x_1-((1-p_2)(w_2-R_2)+p_2x_2)$ と定義するとき，われわれは，タイプ（才能）t および怠惰 α のある個人に関する間接期待効用関数を，

$$v^t(\alpha, x, R) = \begin{cases} (1-p_1)(w_1-R_1)+p_1x_1-\frac{\alpha}{t} \\ \qquad\qquad (g(x, R) \geq \frac{\alpha}{t} \text{ の場合}) \\ (1-p_2)(w_2-R_2)+p_2x_2 \\ \qquad\qquad (\text{それ以外の場合}) \end{cases} \tag{10.1}$$

と表現することができる．もしわれわれが，ここにおいて α は努力と類似したパラメーターであることを思い出せば，EOp 問題（つまり，(4.2a) の目的関数）は，以下で特定化される予算収支バランス制約および誘因両立性制約の条件のもとで，

$$\max_{x,R}\{(f_{LL}+f_{LH})\min_t v^t(\alpha_L, x, R) + (f_{HL}+f_{HH})\min_t v^t(\alpha_H, x, R)\} \tag{10.2}$$

である[訳注3].

(10.2) の目的関数の中には，自律的選択の2つの選択肢，α_L および α_H が

訳注3　たとえば，$\frac{\alpha_L}{t_L} \leq g(x,R) \leq \frac{\alpha_H}{t_H}$ の事例，すなわち，次ページの「事例2：LH および LL のみが訓練を受ける」場合を考える．

このとき，LH および LL が第1次部門に参入する．ゆえに，それぞれの期待効用は，

$$LH: \quad v^t(\alpha_L,x,R) = (1-p_1)(w_1-R_1)+p_1x_1-\frac{\alpha_L}{t_H}$$
$$LL: \quad v^t(\alpha_L,x,R) = (1-p_1)(w_1-R_1)+p_1x_1-\frac{\alpha_L}{t_L}$$

となる．

また，このとき HL および HH は第2次部門に参入する．ゆえに，その期待効用は等しく，

$$v^t(\alpha_H,x,R) = (1-p_2)(w_2-R_2)+p_2x_2 \text{ となる．}$$

さて，$\max_{x,R}\{(f_{LL}+f_{LH})\min_t v^t(\alpha_L,x,R)+(f_{HL}+f_{HH})\min_t v^t(\alpha_H,x,R)\}$ について考える．

ここで，$\min_t v^t(\alpha_L,x,R)$ は，$v^t(\alpha_L,x,R)=(1-p_1)(w_1-R_1)+p_1x_1-\frac{\alpha_L}{t_L}$ である（$\frac{\alpha_L}{t_H}<\frac{\alpha_L}{t_L}$ より）．

また，$\min_t v^t(\alpha_H,x,R)$ は，$(1-p_2)(w_2-R_2)+p_2x_2$ である．

ゆえに，以下のように書き換えられる．

$$\begin{aligned}
&\max_{x,R}\{(f_{LL}+f_{LH})\min_t v^t(\alpha_L,x,R)+(f_{HL}+f_{HH})\min_t v^t(\alpha_H,x,R)\}\\
&=\max_{x,R}\left\{(f_{LL}+f_{LH})\left((1-p_1)(w_1-R_1)+p_1x_1-\frac{\alpha_L}{t_L}\right)\right.\\
&\qquad\left.+(f_{HL}+f_{HH})((1-p_2)(w_2-R_2)+p_2x_2)\right\}\\
&=\max_{x,R}\left\{(f_{LL}+f_{LH})\left((1-p_1)(w_1-R_1)+p_1x_1-\frac{\alpha_L}{t_L}\right)\right.\\
&\qquad\left.+(1-(f_{LH}+f_{LL}))((1-p_2)(w_2-R_2)+p_2x_2)\right\}.
\end{aligned}$$

ここで，$(1-p_1)(w_1-R_1)+p_1x_1-((1-p_2)(w_2-R_2)+p_2x_2) \geq -\frac{\alpha_L}{t_L}$ であり，上式に，$(1-p_1)(w_1-R_1)+p_1x_1-((1-p_2)(w_2-R_2)+p_2x_2) = -\frac{\alpha_L}{t_L}$ を代入し，計算すると，$\max_{x,R}((1-p_2)(w_2-R_2)+p_2x_2)$ が導かれる．

ところで，$(1-p_2)(w_2-R_2)+p_2x_2$ は，すべてのタイプと怠惰を通じて一番低い間接効用，すなわち，$\min_t v^t(\alpha,x,R)$ であるので，上式は，$\max_{x,R}(\min_t v^t(\alpha,x,R))$ と書き換えられ，これは (4.2a) の目的関数と同じ形になる．他の事例でも，同様に (4.2a) の目的関数を導出しうる．

ある．それら2つの「怠惰」の程度を選択する人々の人口割合で，われわれは2つの最小化された目的関数を加重する．(4.2a) の中の積分は，上述の離散和になる[17]．

さて，(10.2) のいくつかの解を計算できるようにするために，その問題にさらなる構造を課そう．以下のように私は仮定する．

$$(10.3) \qquad \frac{\alpha_L}{t_H} < \frac{\alpha_L}{t_L} < \frac{\alpha_H}{t_H} < \frac{\alpha_H}{t_L}.$$

タイプ LH は，勤労意欲の高い，才能がある人々であり，タイプ HL は，怠惰で，才能に恵まれない人々である．もしわれわれが (10.1) を考慮に入れるならば，(10.3) が含意するのは，勤労意欲が高く，才能がある人々は，最も訓練を選択しそうな人々であり，怠惰で，才能に恵まれない人々は，最も訓練を選択しそうもない人々であるということである．これには議論の余地がない．また私は，いくつかの政策下で，勤労意欲の高い，才能に恵まれない人々（LL）が訓練を受けることを選択し，怠惰で才能がある人々（HH）が訓練を受けないようにしつつ，その逆は決して観察されないように，(α, t) パラメーターを決定する．これはモデル化の選択である．

プログラム (10.2) を解くことは，5つの線形計画（LPs）を解くことを含む．各々は，以下の事例のどれか1つに結び付く．

事例1：LH のみが訓練一式を受ける．
事例2：LH および LL のみが訓練を受ける．
事例3：LH，LL および HH のみが訓練を受ける．
事例4：すべての人が訓練を受ける．

17　第9章における教育のモデルに適用された補足説明と同じものが，ここで適用される．なぜならば，連続的な努力変数をわれわれは有しないので，われわれは努力の100分位数を測定することができないからである．したがって，(10.2) における最大化の定式化は，諸タイプを横断して，各努力**水準**で——ないしは，むしろ，α の各水準で——厚生の最小を最大化する．したがって，私が先に言及したように，最適な政策は，機会平等化政策よりも，より保守的になる．

事例5：誰も訓練を受けない.

これらの事例の各々は，線形計画として書かれうる．(10.2) の解は，最大値を伴うこれらの5つの事例から導かれる解である（実行可能な政策を有しない場合もある）．たとえば，事例1が保持されているとき，最適解は以下のLPの解である.

$$\max_{x,R}(1-p_2)(w_2-R_2)+p_2x_2 \tag{10.4}$$

$$s.t.$$

$$g(x,R)\geq\frac{\alpha_L}{t_H} \tag{10.4a}$$

$$g(x,R)\leq\frac{\alpha_L}{t_L} \tag{10.4b}$$

$$p_1f_{LH}x_1+p_2(1-f_{LH})x_2\leq(1-p_1)f_{LH}R_1+(1-p_2)(1-f_{LH})R_2 \tag{10.4c}$$

$$x_1\leq w_1-R_1 \tag{10.4d}$$

$$x_2\leq w_2-R_2 \tag{10.4e}$$

$$x_1,x_2\geq 0.$$

事例1において，目的 (10.2) は，絞り込まれて，目的 (10.4) になる．(10.4a, b) は共に，LH そして LH の諸個人のみが訓練を受けることを保証する．(10.4c) は予算制約であり，それは雇用された労働者によって支払われる保険料からの所得が，それらの人々が失業したときの給付金を支払うのに十分であることを示す．(10.4d,e) は誘因両立性制約であり，それはある雇用された労働者の純所得が，もし彼女が失業したときに受け取るものよりも決して下回らないことを示している.

同様の方法で，他の4つの事例を特徴づける線形計画を，われわれは書き留めることができる．あるパラメーターベクトル $P=(f_{LL},f_{HL},f_{HH},f_{LH},p_1,p_2,w_1,w_2,\alpha_L,\alpha_H,t_L,t_H)$ を所与として，これらの5つの線形計画をわれわれは（コンピューター上で）解くことができる．したがって，EOp政策は，これらの5つの間から，（その目的関数に関して）最も高い値を有するプログラムと結び付く．

EOp 失業政策と，もし，民間の失業保険に関する競争的な保険市場が存在したならば持ち上がるだろう失業政策とを，比較しよう．その競争産業においては，保険料は保険量に関して線形になると仮定する．したがって，保険業者は，2つの値段 $\pi = (\pi_1, \pi_2)$ を公表することによって，1つの保険政策を公表する．ここにおいて，部門 i に属する労働者は，保険料 $\pi_i N$ の保険 N ドル分を購入できる．均衡保険政策 π がどのようになるかを，われわれは計算しなければならない．それを確かめるのは難しくはない．なぜならば，諸個人は所与の効用関数に関して，所得についてリスク中立的であり，保険についての均衡価格は以下の式によって与えられるだろうからである．

$$\pi_1 = p_1/(1-p_1), \qquad \pi_2 = p_2/(1-p_2)$$ 訳注4

（これは，競争的な保険産業において，均衡では利益は0になるということを仮定することによって導かれる．）これらの価格では，あらゆる個人は，保険を購入することと，それを購入しないことの間で，無差別である．したがって，もし競争的な民間の保険産業が存在すれば，そのとき，失業保険を購入する労働者はいないとわれわれが述べるも同然である．これは，労働者が所得においてリスク中立的であることの結果である．彼らがリスク回避的であるときには，かならずしもこのような結果とはならない．

したがって，もし民間の競争的な保険産業が存在すれば，非常に単純に，労働者の期待厚生をわれわれは計算することができる．もし，ある (α, t) の労働

訳注 4　保険業者は，労働者が支払う保険料 $\pi_i N$ に対し，確率 p_i で給付金 N を支払い，確率 $1-p_i$ で $\pi_i N$ を得る．ゆえに，保険業者の期待利益は以下のようになる．

$$-p_i N + \pi_i N(1-p_i),$$

これが負にならない条件は，$-p_i N + \pi_i N(1-p_i) \geq 0$.
$N \geq 0$ より，両辺を N で割ると，$-p_i + \pi_i(1-p_i) \geq 0$.
これを解くと，$\pi_i(1-p_i) \geq p_i$

$$\pi_i \geq \frac{p_i}{1-p_i}.$$

保険産業の競争市場性より，$\pi_1 = p_1/(1-p_1)$．$\pi_2 = p_2/(1-p_2)$ となる．

者が，1 次部門に参入するために訓練を受けることを選択するとすれば，彼の期待厚生は $(1-p_1)w_1-\alpha/t$ であり，もし選択しなければ，彼の期待厚生は $(1-p_2)w_2$ である[訳注 5]．したがって，ある労働者は，

$$(1-p_1)w_1-\alpha/t \geq (1-p_2)w_2$$

のとき，そしてそのときのみ，訓練を受けることを選択する．

さて，パラメーターベクトル P に関して，さまざまな値を特定化し，それ

訳注 5　各々の期待厚生は，(10.1) 式で示される間接期待効用関数に，民間保険政策 π_i を代入することによって計算される．

1 次部門に参入する場合の期待厚生は，(10.1) 式より，$(1-p_1)(w_1-R_1)+p_1x_1-\frac{\alpha}{t}$ である．民間保険政策下においては，$R_1=\pi_1 N$ であり，$x_1=N$ である．これらを代入すると，

$$(1-p_1)(w_1-\pi_1 N)+p_1 N-\frac{\alpha}{t}.$$

これを計算すると，

$$(1-p_1)w_1-(1-p_1)\pi_1 N+p_1 N-\frac{\alpha}{t}.$$

$\pi_1=p_1/(1-p_1)$ より，

$$(1-p_1)w_1-(1-p_1)\frac{p_1}{(1-p_1)}N+p_1 N-\frac{\alpha}{t}.$$

第 2 項と第 3 項の和は 0 である．ゆえに，1 次部門に参入する場合の期待厚生は $(1-p_1)w_1-\frac{\alpha}{t}$ となる．

同様に，2 次部門に参入する場合の期待厚生は，(10.1) 式より，$(1-p_2)(w_2-R_2)+p_2x_2)$ である．$R_2=\pi_2 N$，$x_2=N$ を代入すると，

$$(1-p_2)(w_2-\pi_2 N)+p_2 N.$$

これを計算すると，

$$(1-p_2)w_2-(1-p_2)\pi_2 N+p_2 N.$$

$\pi_2=p_2/(1-p_2)$ より，

$$(1-p_2)w_2-(1-p_2)\frac{p_2}{(1-p_2)}N+p_2 N.$$

第 2 項と第 3 項の和は 0 になる．以上より，2 次部門に参入する場合の期待厚生は，$(1-p_2)w_2$ となる．

らと結び付く EOp 政策を計算し，EOp 政策下および競争的な民間保険政策下の労働者の 4 つの種類の期待厚生を比較しよう．すべての 4 つの事例において，パラメーターを，以下のように固定する．

$$(f_{LH}, f_{LL}, f_{HH}, f_{HL}) = (.2, .3, .2, .3)$$
$$(w_1, w_2) = (50, 20)$$
$$(\alpha_L, \alpha_H) = (20, 50)$$

最初の事例において，残りのパラメーターを，表 10.1 のように，私は選択する．この表はまた，このパラメーターベクトルに関する EOp 政策，そして EOp 政策および競争的な民間政策下での労働者の 4 つの種類の期待効用も示す．表 10.1 を読みとろう．最初に，1 次および 2 次部門の両方において，EOp 政策下で完全な消費平準化があることに注目しよう．つまり，1 次部門における保険料支払い後の純賃金 $(w_1 - R_1)$ は，ちょうど失業給付金に等しく，同じことが 2 次部門においても事実となる（このモデルにおいて，労働からの不効用が存在しないことを思い出そう．したがって，この方法で消費が平準化された労働者は，働くことをやめて給付金をもらう理由を有しない）．同様に，2 次部門に属する労働者が保険料を支払っていないことにも注目しよう．表の 2 行 5 列目の数字は，2 次部門に雇用されている労働者へ支払われる，1 次部門に雇用されている労働者 1 人当たりの補助金である（正確には，$(R_1 - p_1 x_1)$ として定義される）．明らかに，この事例では正の補助金が存在する．というのは，2 次部門の労働者は給付金をもらい，そして保険料を支払っていないからである．補助金は，1 次部門に属する労働者 1 人当たり 1710 ドルになることがわかる（ここでは私は，金額の単位は 1000 ドルとしている）．この表からは明らかではないが，例証された事例において，EOp 政策下では，*LH*，*LL* および *HH* の労働者はすべて 1 次部門に加わり，一方，*HL* の労働者のみが訓練を受けない．実際のところ，この事例では，競争的な保険下でも，労働者の選択は同一になる．

この表で続いて，期待厚生の分布は，EOp 政策下よりも競争的保険下で，より大きな分散を有することに注目しよう．とくに，労働者の 3 つの「最上位の」種類（*LL*，*LH* および *HH*）は，EOp 政策下で，競争的保険政策より

表 10.1　$(p_1, p_2) = (.05, .20)$ と $(t_1, t_2) = (1, 2)$ に対する EOp 失業保険

x_1	R_1	x_2	R_2	1 次部門から 2 次部門への補助金
45.8	4.2	20.0	0.0	1.71

	LH	LL	HH	HL
EOp の期待効用	35.8	25.8	20.8	20.0
競争の期待効用	37.5	27.5	22.5	16.0

も低い効用を得て，そして最下位の種類（HL）は，EOp 政策下でより高い効用を得る．この事実についての私の解釈は，EOp 政策は，競争的保険政策が与える「才能への報酬」を減じているというものである．私が考えるに，この解釈は，次の実験で裏付けられるだろう．

2 番目の実験において，パラメーターは，t_H を 1.3 に低めたことを除いて，表 10.1 と同一である．したがって，表 10.2 の事例では，表 10.1 におけるよりも，才能の格差が小さい．表 10.2 と表 10.1 における結果の違いは著しい．最初に，1 次部門に属する労働者は失業に備えて完全な保険に入っている[訳注 6]が，彼らは保険料を支払っていない．2 次部門に属する労働者もまた，完全な保険に入っているが，彼らは比較的高額な保険料（彼らの総所得の 30 パーセントを超える）を支払っている．今回は補助金が，2 次部門から 1 次部門へ移転し，1 次部門に属する各労働者は 2500 ドルの補助金を受け取る（この事例においては，EOp 下および競争的保険下の両方で，LH および LL の労働者のみが 1 次部門に加入することがわかる）．

表 10.2 においては，競争的保険政策下よりも，EOp 政策下で，より大きな効用の分散がある．したがって，**EOp 政策は，競争市場よりも，より平等主義的になるだろうということが，一般に真となるわけではない**．しかし，2 つの表の間の唯一の変化は，表 10.2 において，才能の格差がより小さいことである．これは表 10.1 において競争的市場の場合に，より大きな効用の分散が

訳注 6　ここで「完全な保険」とは，失業時と就業時の所得が同一になるような保険のこと．

表 10.2　$(p_1, p_2) = (.05, .20)$ と $(t_1, t_2) = (1, 1.3)$ に対する EOp 失業保険

x_1	R_1	x_2	R_2	1 次部門から 2 次部門への補助金
50.0	0.0	13.5	6.5	−2.50
		LH	LL	HH	HL

	LH	LL	HH	HL
EOp の期待効用	34.6	30.0	13.5	13.5
競争の期待効用	32.1	27.5	16.0	16.0

あることは，「才能への報酬」に起因するという，私の先述の主張の基礎を形成する．表 10.2 の解釈は以下のようになる．今や非常に小さい才能の格差しかないが，依然として「努力」（すなわち，α のパラメーター）における大きな格差が存在する．EOp は才能の格差ではなく，努力の格差に報いることを考える．なぜならば，この事例において，才能の格差は小さく，労働者の行動における（すなわち，訓練を受けるか否かの選択における）違いの「大部分」は努力に起因し，有利性において引き出される違いは，EOp 政策下では調整されるべきではない．したがって，EOp がこの事例において大きな効用の違いを容認することは，驚くことではない．競争的な場合よりも効用の違いが大きくなる――これはいくぶん驚きである――理由についての直観を，私は有しない．さて，2 次部門から 1 次部門の労働者へ移転される補助金に注目しよう．1 次部門の労働者は，本質的に，より努力を尽くしている人々であり（というのは，才能の違いは小さいので），高い努力の諸個人に報いるのが，EOp のやり方である．

表 10.3 で提示される 3 番目の例においては，1 次部門で失業する確率が 2 倍になり 0.10 になることを除いては，すべてのパラメーターは表 10.2 と同一である．表 10.2 の事例から表 10.3 への変化は，1 次部門に属する労働者にとっての不運――彼らの失業率の増加――である．しかし，労働者の個人的な特性は何も変わらない．EOp 政策は，1 次部門の労働者が 2 次部門の労働者から受け取る 1 人当たり補助金を，4730 ドルに増加させることによって，この変化に対応する．労働者のタイプの分布は，ここでは表 10.2 と同一であることがわかる．すなわち，LH および LL の労働者のみが訓練を受ける．

表 10.3　$(p_1, p_2) = (.10, .20)$ と $(t_1, t_2) = (1, 1.3)$ に対する EOp 失業保険

x_1	R_1	x_2	R_2	1次部門から2次部門への補助金
49.7	0.3	11.3	8.7	−4.73

	LH	LL	HH	HL
EOp の期待効用	34.3	29.7	11.3	11.3
競争の期待効用	29.6	25.0	16.0	16.0

表 10.4　$(p_1, p_2) = (.05, .20)$ と $(t_1, t_2) = (1, 2.4)$ に対する EOp 失業保険

x_1	R_1	x_2	R_2	1次部門から2次部門への補助金
45.8	4.2	20.0	0.0	1.71

	LH	LL	HH	HL
EOp の期待効用	37.4	25.8	25.0	20.0
競争の期待効用	39.2	27.5	26.7	16.0

最後の実験では，今や才能の格差は以前よりもはるかに大きく，$t_H = 2.4$ であることを除いては，パラメーターは表10.2のとおりである．この事例においては，EOp政策は，労働者の部門選択における格差を，主として彼らの才能の格差に起因するとみなし，そしてこれを補償されるべきものとみなす．したがって，表10.4が示すとおり，2次部門の労働者は完全な保険を受け取り，保険料を支払わない．ここでは，EOpおよび競争の両方の体制下で，HLの労働者のみが2次部門に加入することがわかる．1次部門の労働者1人当たり1710ドルの補助金が2次部門に対して支払われ，それは2次部門の労働者1人当たり3990ドルの補助金となる．ところで，表10.1の事例におけるように，厚生の分散は，EOp体制下よりも，競争体制下で，より大きくなる．

要約すると，EOp政策は，努力に起因するのではなく才能に起因する格差を平準化するという機会の平等の目的を，不完全にしか遂行できないということに注目しなければならない．なぜならば，才能も努力も，政策によって明示的に識別することができないからである．すなわち，保険政策が唯一，依拠できる行為は，労働者による部門選択である．最後に注記すべきは，私がここで考察した4つのすべての事例において，労働者の部門間の分配はEOp下および競争的保険市場下で同一であったことである．結果として，**GNPは2つの体制下で同一となるだろう**．したがって，少なくとも，これらの事例ではEOp政策の遂行は，産出(output)の犠牲を伴わずになされる．この犠牲を伴わないということは，EOp政策が実行されるときに，事実となるとは限らないが，事実となる場合もあることをこれらの例は示している．

本章の始めに，私は2つめの可能なアプローチについて言及した．そこにおいては，計画者は有利性を，期待効用ではなく，事後的な効用——つまり，失業が襲ったあとの効用として定義される．これがなぜ，魅力的なアプローチになりうるのだろうか．いったんある部門に参入する決心をすれば，失業するかしないかは，完全に当人の制御を超えた境遇の事柄であると述べられるかもしれないからである．2番目のアプローチにおいて，計画者はある有利性関数 $\bar{v}^t(\alpha, x, R, E)$ を用いるだろう．ここにおいて，(x, R) は政策であり，E は労働者が雇用されるか失業するかに依存して，それぞれ1ないし0に等しくなる．$\bar{v}^t(\alpha, x, R, E)$ は，特性 (α, t) を持つある労働者が，所与のある政策 (x, R) に直面したときに最適化を行い，そして最終的に雇用状態 E を享受する際の事後的な厚生である（たとえば，失業する1次部門のある労働者にとっては，$\bar{v} = -(\alpha/t) + x_1$ であり，1次部門で雇用されているある労働者にとっては，$\bar{v} = w_1 - R_1 - (\alpha/t)$ であり，失業する2次部門のある労働者にとっては，$\bar{v} = x_2$ である）．ある給付金政策 (x, R) に直面して，各労働者は，期待効用アプローチの場合と同様に，期待効用を評価することによって訓練するか否かの選択を行うが，社会はもはや，期待効用を考慮すべき有利性とはみなさない．

さて，EOp目的関数は，以下のようになる．

(10.5)
$$\max_{x,R}\{(f_{LL} + f_{LH}) \min_{t,E} \bar{v}^t(\alpha_L, x, R, E) + (f_{HL} + f_{HH}) \min_{t,E} \bar{v}^t(\alpha_H, x, R, E)\}.$$

「タイプ」——つまり，境遇からなる特性のベクトル——は，今や才能（t）および雇用状態（E）からなり，2 次元であることに注意しよう．前と同様に，唯一の意志変数は α である．したがって，(10.5) における各最小化の演算子は 4 つの変数を有する．

有利性のこの解釈のもとで，上述のように，われわれは EOp 政策について解くことができるだろう．すなわち，解は一組の線形計画問題を解くことを内含し，（その中から）最大値を生み出す政策をとるだろう．しかし，ここでは私はそうはしないつもりである．実際のところ，もし当該の諸個人が彼らの意思決定において期待効用を最大化しているとわれわれが信ずるならば，事後的な効用を適切な有利性の解釈としてみなすことを私は一般に擁護しない．というのは，期待効用を最大化することによって，労働者は失業の危険を考慮に入れているだろうし，もしわれわれが彼らのリスクに対する姿勢を尊重したいと思うならば，そのとき，計画者はあたかも彼らの有利性が事後的な効用によって適切に測定されているようにふるまうべきではない．私は以下のように要点を述べることができる．すなわち，もし，ある人のリスクに対する姿勢は，彼女の境遇よりもむしろ，彼女の自律的な意志の一側面であるという見解をわれわれが受け入れるならば，そのときわれわれは諸個人にそれらの姿勢のコストを負わせるべきであり，結果的に，有利性を期待効用として解釈するべきである．これに反して，もし，リスクに対する姿勢は境遇の一要素であるとわれわれが考えるのであれば，そのときわれわれは「リスク性向」を成分に含めるようにタイプを定義するべきである．しかし，両方の場合において，有利性は事前的な効用として解釈されるべきである．

本章で私が詳細に検討した例においては，この問題は鮮明なやり方で提起しえない．というのは，すべての諸個人は，貨幣所得におけるリスクを受け入れる同一の性向を有すると仮定されている——彼らはすべて，リスク中立的である——からだ．もし諸個人が異なるリスク回避的な特性を有するならば，そのとき，われわれがそれらの性向をタイプの 1 つの次元とみなす（そして，それゆえに，異なるリスク性向に起因する程度に応じて，帰結を調整する）ことを望むか，ないしは，自律的意志の 1 つの次元とみなすことを望むか，という問題が生じるだろう．しかし，リスク性向は境遇の一要素であるとわれわれがみなす場合においてさえ，有利性を事後的な効用として解釈することが正しいだろうとは私は思わない．というのは，もし計画者がそうするのであれば，それは事実上，諸個人の厚生の構想を無視することになるだろうからである．そうすることの１つの帰結は，計画者が，労働者が全員一致で他の実行可能な政策よりも劣っているとみなすかもしれない政策を提示しうるということだろう．

これらの考慮にもかかわらず，たとえ諸個人が貨幣所得においてリスク中立的であったとしても，本章で考察された４つの事例において，EOp 政策が，雇用と失業という２つの可能な状態上での，完全所得平準化を果たすことに注目するのは，興味深いことである．ゆえに，社会は，もし有利性の期待効用解釈を適用するのであれば，窮乏する労働者も存在するであろうということを案じる必要はない．もちろん，窮乏が失業状態において所得を受け取れないことの帰結である場合には，労働者は失業状態のもとの自分自身を護るために，十分にリスク回避的となるとわれわれは考えることができる．本章で私がしたように，労働者は所得においてリスク中立的であると仮定することは，事実上，労働者は失業した場合の代替的な所得源を有していると仮定することでもあり，これはここでは所与とみなされる．というのは，さもなければ，効用関数は低所得水準に対する非常に高い限界効用を示すと，われわれは仮定するかもしれないからである．

現在の失業保険が，個人の厚生と有利性との差異化を勧めるものとはなっていないとしても，パターナリスティックなアプローチが要求される類の社会政策が明らかに存在するだろう．たとえば諸個人が，持つことを望まない選好——中毒が適例である——を有するときなどである．もしわれわれが，薬物中毒からの更生に関する機会平等化の問題を考えていて，そこにおいて，中毒が人間の制御を超えた社会的要因の帰結であり，人間の制御を超えた中毒への肉体的な性向の帰結であり，人間の制御の範囲内にある意志の力の帰結であるならば，当該個人が，薬物を摂取するか否かの決定において，他の選好を用いる可能性もある一方で，給付機関にとっては，有利性を事後的な厚生として選択することは，おそらく適切であろう[18].

本書において，社会は，当該人口における諸個人が最大化している厚生とは異なった有利性を一般に選択する，という立場を私はとる．私はこれが適切である場合，および，そうでない場合について，詳しく調べていない．たとえば，第8章で詳しく検討された肺ガンの事例において，社会の有利性についての解釈と，諸個人が最大化する厚生の解釈は異なっている（なぜならば，そこで定義されたように，喫煙は有利性に関してはマイナスに関与するのみであるが，厚生に関しては，プラスマイナス両面で関与する．さもなければ，誰も喫煙しないだろう）．

18　この例はカルメン・ベヴィアが私に提案したものである．

第 11 章

アメリカにおける教育財政の機会平等分配

第7，8，9および10章では，どのように機会の平等(EOp)メカニズムが作動するかについての読者の意識を高めるために，原型となるさまざまな問題について分析した．本章では，ある最も典型的な図式のEOp問題についての一般解を与える．それから，アメリカ合衆国における黒人男性と白人男性の間の，教育的資源の分配を実証的に計算するため，それを応用しよう．教育的資源の分配は将来の稼得能力に関する機会を平等化すると見込まれる．

最も典型的な図式としてのEOp問題は，ある資源のある固定量を，頻度$\{p^t\}$に従う人口分布を構成するT個のタイプの諸個人間で分配することである．これを以下のようにわれわれは定式化することができる．

$$(11.1)\qquad \max_{(x^1,\ldots,x^T)}\int_0^1 \min_t v^t(\pi,x^t)d\pi$$
$$s.t.\quad \sum p^t x^t = R.$$

ここで，Rは，有利性の獲得につぎ込まれる，資源の1人当たり社会的賦存量である．(4.2a)の式では，配分ルール$\phi^t(e)$は，定値関数x^tであった．したがって，所与のタイプに属するあらゆる個人は同一量の資源を受け取ることになる．

本章では，関数v^tがπについて線形であり，x^tについて凹である特殊な場合について，(11.1)を解く方法を示す．今後は，$\{v^t\}$がこれらの性質を有すると仮定しよう．

関数$V(\pi;x):=\min_t v^t(\pi,x^t)$は，関数$v^t(\pi,x^t)$の下方包絡線である．もし(11.1)の解が，すべてのtに関して$x^t>0$を伴うのであれば，そのとき，それぞれの関数v^tは，ある区間において，$V(\cdot)$と交わる——というのは，もし，あるtについて，すべてのπに関して$v^t(\pi,x^t)>V(\pi)$であるならば，そのとき，タイプtから他の諸タイプへ，われわれはさらなる資源移転を行うことができ，したがって，(11.1)における目的関数の値が増加する（v^tは連続関数であり，x^tについて単調増加であると私は仮定している）．問題を単純化するために，内点解となる（すべてのtに関して$x^t>0$である）ように，問題を限定しよう．図11.1は，関数v^tがπについて線形であるときの，3つ

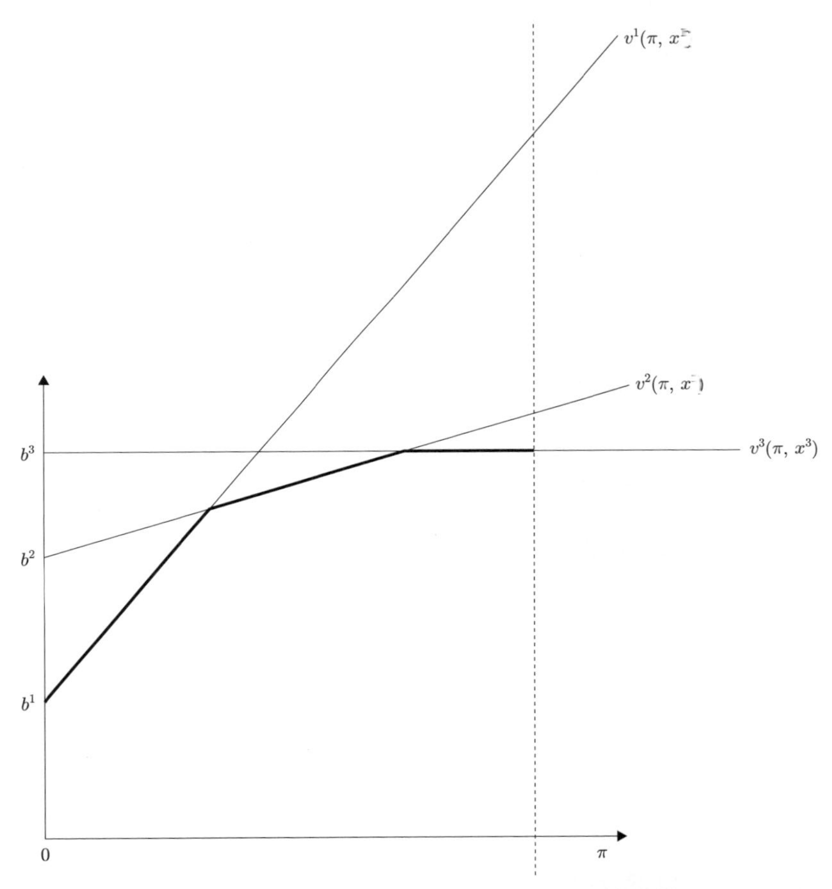

図 11.1　$T = 3$ に対する EOp プログラムの目的関数

のタイプを図示している．

図の中の太線は，ある固定されたベクトル x に関する，$V(\pi; x)$ のグラフである．関数 v^t は π について線形であるので，図示されているように，各々は x の最適値上で，下方包絡線とちょうど1つの区間だけ交わる．最適値上では，適切な再指標化のもとで，以下に表されるような，多数の $\pi_1, \pi_2, \ldots,$ π_{T-1} が，$[0, 1)$ 上に存在することになる．

$$\pi \in [0, \pi_1] \text{ に関して } v^1(\pi, x^1) = V(\pi; x)$$
$$\pi \in [\pi_1, \pi_2] \text{ に関して } v^2(\pi, x^2) = V(\pi; x)$$
$$\vdots$$
$$\pi \in [\pi_{T-1}, 1] \text{ に関して } v^T(\pi, x^T) = V(\pi; x).$$

とくに，以下の方程式が得られる．

$$
\begin{aligned}
v^1(\pi_1, x^1) &= v^2(\pi_1, x^2) \\
v^2(\pi_2, x^2) &= v^3(\pi_2, x^3) \\
&\vdots \\
v^{T-1}(\pi_{T-1}, x^{T-1}) &= v^T(\pi_{T-1}, x^T).
\end{aligned}
\tag{11.2}
$$

解 $(x^1, \ldots, x^T)$ における (11.1) の値は，

$$\int_0^{\pi_1} v^1(\pi, x^1)d\pi + \int_{\pi_1}^{\pi_2} v^2(\pi, x^2)d\pi + \cdots + \int_{\pi_{T-1}}^{1} v^T(\pi, x^T)d\pi$$

である．さて，x^1 を $x^1 + \delta$ へと増加させ，かつ，同様に，x^2 を $x^2 - (p^1\delta/p^2)$ へと減少させるような，小さな摂動について考えよう．そのような摂動は実行可能である（つまり，予算制約を満たす）．以下のような関数を定義しよう．

$$
\begin{aligned}
\Theta_1(\delta) = &\int_0^{\pi_1(\delta)} v^1(\pi, x^1 + \delta)d\pi + \int_{\pi 1(\delta)}^{\pi 2(\delta)} v^2\left(\pi, x^2 - \frac{p^1\delta}{p^2}\right)d\pi \\
&+ \int_{\pi_2(\delta)}^{\pi_3} v^3(\pi, x^3)d\pi + \cdots + \int_{\pi_{T-1}}^{1} v^T(\pi, x^T)d\pi
\end{aligned}
\tag{11.3}
$$

ここにおいて，$\pi_1(\delta)$ および $\pi_2(\delta)$ は，$v^1(\cdot, x^1 + \delta)$ と $v^2(\cdot, x^2 - (p^1\delta/p^2))$，および $v^2(\cdot, x^2 - (p^1\delta/p^2))$ と $v^3(\cdot, x^3)$ が交わる新しい点である．$\Theta_1(0)$ はプログラム (11.1) の値なので，ゼロは $\Theta_1(\delta)$ の極大値でなければならない．したがって，$\Theta_1'(0) = 0$ となる．$\Theta_1(\delta)$ を δ について微分し，導関数をゼロに等し

いと置くことで，以下の式が得られる．

$$\frac{\int_0^{\pi_1} \frac{\partial v^1}{\partial x}(\pi, x^1)d\pi}{\int_{\pi_1}^{\pi_2} \frac{\partial v^2}{\partial x}(\pi, x^2)d\pi} = \frac{p^1}{p^2}. \tag{11.4}$$

訳注 7

訳注 7　$$\Theta_1(\delta)=\int_{\pi_0}^{\pi_1(\delta)} v^1(\pi, x^1+\delta)d\pi+\int_{\pi_1(\delta)}^{\pi_2(\delta)} v^2\left(\pi, x^2-\frac{p^1\delta}{p^2}\right)d\pi + \int_{\pi_2(\delta)}^{\pi_3} v^3(\pi, x^3)d\pi+\cdots+\int_{\pi_{T-1}}^{1} v^T(\pi, x^T)d\pi$$

を，δ について微分すると，

$$\begin{aligned}\frac{d\Theta_1}{d\delta} &= \int_0^{\pi_1(\delta)} \left(\frac{dv^1(\pi, x^1+\delta)}{d(x+\delta)} \cdot \frac{d(x^1+\delta)}{d\delta}\right)d\pi \\ &\quad + \int_{\pi_1(\delta)}^{\pi^2(\delta)} \left(\frac{dv^2\left(\pi, x^2-\frac{p^1\delta}{p^2}\right)}{d\left(x-\frac{p^1\delta}{p^2}\right)} \cdot \frac{d\left(x^2-\frac{p^1\delta}{p^2}\right)}{d\delta}\right)d\pi \\ &= \int_0^{\pi_1(\delta)} \left(\frac{dv^1(\pi, x^1+\delta)}{d(x+\delta)} \cdot 1\right)d\pi \\ &\quad + \int_{\pi_1(\delta)}^{\pi_2(\delta)} \left(\frac{dv^2\left(\pi, x^2-\frac{p^1\delta}{p^2}\right)}{d\left(x-\frac{p^1\delta}{p^2}\right)} \cdot -\frac{p^1}{p^2}\right)d\pi.\end{aligned}$$

ここで，$\Theta'(0)=0$ より，

$$\begin{aligned}\lim_{\delta\to 0} &= \int_0^{\pi_1(\delta)} \left(\frac{dv^1(\pi, x^1+\delta)}{d(x+\delta)}\right)d\pi \\ &\quad - \frac{p^1}{p^2}\int_{\pi_1(\delta)}^{\pi_2(\delta)} \left(\frac{dv^2\left(\pi, x^2-\frac{p^1\delta}{p^2}\right)}{d\left(x-\frac{p^1\delta}{p^2}\right)}\right)d\pi = 0\end{aligned}$$

と書くことができる．これを計算すると，

$$\begin{aligned}&\int_0^{\pi_1} \frac{\partial v^1}{\partial x}(\pi, x^1)d\pi = \frac{p^1}{p^2}\int_{\pi_1}^{\pi_2} \frac{\partial v^2}{\partial x}(\pi, x^2)d\pi \\ \Longleftrightarrow &\frac{\int_0^{\pi_1} \frac{\partial v^1}{\partial x}(\pi, x^1)d\pi}{\int_{\pi_1}^{\pi_2} \frac{\partial v^2}{\partial x}(\pi, x^2)d\pi} = \frac{p^1}{p^2}\end{aligned}$$

が導かれ，これは (11.4) に等しい．

同様に，以下を定義する．

$$\Theta_2(\delta) = \int_0^{\pi_1(\delta)} v^1(\pi, x^1 + \delta) d\pi \\ + \int_{\pi_1(\delta)}^{\pi_2(\delta)} v^2(\pi, x^2) d\pi + \int_{\pi_2(\delta)}^{\pi_3(\delta)} v^3\left(\pi, x^3 - \frac{p^1\delta}{p^3}\right) d\pi \\ + \int_{\pi_3(\delta)}^{\pi_4} v^4(\pi, x^4) d\pi + \cdots + \int_{\pi_{T-1}}^{1} v^T(\pi, x^T) d\pi,$$

これは下方包絡線の最初および3番目の線分の摂動に対応する変分である．再び，$\Theta_2'(0) = 0$ が導かれる．これは，

$$\frac{\int_0^{\pi_1} \frac{\partial v^1}{\partial x}(\pi, x^1) d\pi}{\int_{\pi_2}^{\pi_3} \frac{\partial v^3}{\partial x}(\pi, x^3) d\pi} = \frac{p^1}{p^3} \tag{11.5}$$

を含意する[訳注 8]．同様の方法で，$T-1$ 個の1階条件をわれわれは導き出すことができる．

$$\frac{\int_0^{\pi_1} \frac{\partial v^1}{\partial x}(\pi, x^1) d\pi}{\int_{\pi_1}^{\pi_{t+1}} \frac{\partial v^{t+1}}{\partial x}(\pi, x^{t+1}) d\pi} = \frac{p^1}{p^{t+1}}, \qquad t = 1, \ldots, T-1,$$

ただし，$\pi_T \equiv 1$ である．これらの $T-1$ 本の方程式に，(11.2) において表示された $T-1$ 本の方程式を加え，予算制約を加えると，$2T-1$ 個の未知数 $x^1, \ldots, x^T, \pi_1 \ldots, \pi_{T-1}$ についての $2T-1$ 本の方程式を構成する．これらの $2T-1$ 本の方程式は，(11.1) の（特異でない）内点解を持たなければならない[19][訳注 9]．

最後に，v^t が x に関して凹であるときはいつでも，(11.1) の目的関数が，ベクトル x の凹関数であることに注意しよう（これは，最小値演算子が x に

訳注 8　(11.5) は，(11.4) と同様に導かれる．

19　特異解とは，ある関数 v^t が，下方包絡線とただ1点において接するようなものである．われわれはこの可能性を無視しても差し支えない．

関して凹性を保ち，かつ，積分が線形演算子であることから従う）．したがって，もし，私が導いた1階条件が満たされるようなある点 $(x^1, \ldots, x^T, \pi_1 \ldots \pi_{T-1})$ をわれわれが見つけるならば，そのとき，プログラム(11.1)の大域的な極大値をわれわれは見つける．

解を完全に特徴づけるために残されているのは，$\{v^t\}$ が下方包絡線と交わる度数を決定することだけである．簡単化のため，ここでは記述しないつもりだが，これを決定するためのあるアルゴリズムが存在する[20]．

将来の稼得力に関する機会を平等化するための，子供達の諸タイプ間の教育的資源の分配を計算する実証プロジェクトに，ジュリアン・ベッツと私は着手している．この研究の予備的な結果を記述しよう．全国若年者縦断調査(National Longitudinal Study of Youth: NLSY)のデータセットの第2群を用い，若年男性を調べた．われわれは若年男性を，黒人と白人のただ2つだけに分割した（$T = 2$）．$v^t(\pi, x)$ は，タイプ t の「努力」の π 番目の100分位に位

訳注9　脚注19で言及されている特異解は以下のような状況を指す．

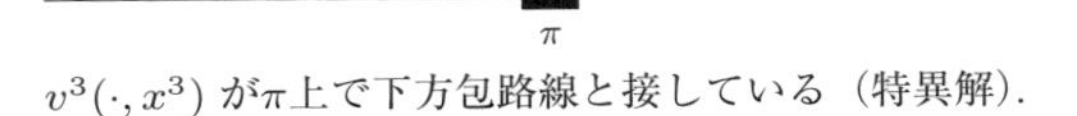

$v^3(\cdot, x^3)$ がπ上で下方包路線と接している（特異解）．

20　注目すべき手がかりは，v^t が π に関して線形であるゆえに，下方包絡線における諸線分の度数は，諸関数 v^t の垂直軸との交差の度数と同一であるということだ（図11.1を見よ）（たとえば，下方包絡線上の最初の線分は，垂直軸と最も低い位置において交差するような v^t 関数に帰属する）．先述のアルゴリズムは，この事実を活用する．

置し，学生1人当たり教育支出が1年につき x ドルである学区に属していた男性（30歳）の，週単位の稼得の自然対数である，とわれわれはみなす[21]．われわれは努力を，学校を修了した年数によって測定した（したがって，ある個人は，彼のタイプにおける教育修了の年数の**分布**については責任を負わないだろうけれど，その分布のどこに彼が位置することを「選ぶ」かについて責任を負うだろう）．$p^{\mathrm{W}}=0.85$ および $p^{\mathrm{B}}=0.15$ をわれわれは採用した．

最初の段階は，計量経済学的に，関数 v^t を推定することである．これらの関数は以下の形状をとるとわれわれは仮定した．

$$v^t(\pi,x)=(a_{1t}x+a_{2t})\pi+b_{1t}x+b_{2t}. \tag{11.6}$$

v^t が，π について線形であり，x について線形であることに注意すると，私が上で計算した1階条件は，内点解の必要十分条件である．

各個人に1つの π の値を割り当てるために，われわれは，所与のタイプに関して，観察された支出 x の区間を小さな部分区間に分割し，各部分区間内で，部分区間内の他の人と比較した場合の教育修了年数に基づいて，諸個人に π の値を割り当てた．したがって，この例における，あらゆる個人 i は，4つのプロファイル $(type_i, wage_i, x_i, \pi_i)$ で表される．$t=\mathrm{B},\mathrm{W}$ に関して，係数 a_{1t}，a_{2t}，b_{1t} および b_{2t} を，最小二乗回帰によってわれわれは計算した．結果は表11.1に示す．

1つめの回帰で，係数 a_{1t} の値が0とは異なると有意には言えなかったので，0の値をわれわれは割り当てた．教育年数に対する稼得の弾力性は大きい（a_{2t} の値が大きいことに反映されている）が，1人当たり年間支出の増加効果は小さい（b_{1t} の値）ことに注意しよう．アメリカ合衆国において，教育支出に対する稼得の正の弾力性が大きいことが統計分析で示されないのは周知の事実である（概観および分析のためには，Betts(1996)を参照せよ）．

本章の前半の最適化分析に従い，3つの未知数 x^{W}，x^{B} および π_1 について

21　稼得の対数化は，稼得の厚生値を捉える1つの試みにおける有利性の解釈であると，われわれはみなした．労働－余暇の選択によって汚染されていない稼得能力の測度を捉えるために，年単位の稼得よりもむしろ，週単位の稼得をわれわれは調べた．

表 11.1　(11.6) 式に対する回帰係数と標準エラー

	a_1	a_2	b_1	b_2
黒人	0.0	.331108	.000130	9.993
		(.028)	(.00005)	(.032)
白人	−.000317	.443926	.000326	10.213
	(.000007)	(.043)	(.00004)	(.025)

表 11.2　黒人男性と白人男性に対する EOp の教育支出

R	x^{W}	x^{B}	π_1
\$600	\$254.54	\$2,557.58	.785
800	467.55	2,683.90	.785
1,000	680.55	2,810.23	.785
1,200	893.55	2,936.55	.785

の，3 本（つまり，$2T-1$ 本）の関連する方程式をわれわれは解いた．ここにおいて，x^{W} は，EOp 政策によって白人の学生に費やされる最適な 1 人当たり支出であり，同様に x^{B} は黒人のそれである．表 11.2 は，さまざまな R の値に対する解を提示している．

NLSY の標本の中の若年男性が中等学校に通っていた 1960 年代中盤において，アメリカ合衆国における 1 人当たり教育支出は，全国的におおむね 600 ドルであった．表 11.2 によると，将来の（30 歳での稼得の対数によって測定されるものとしての）稼得能力に関する機会の平等化を達成するためには，黒人の教育には，白人のおおむね 10 倍の投資がなされなければならなかった．今日では，1 人当たり実質公立学校支出は，もしかすると 2 倍になったかもしれない．そうだとすると，モデルの係数が変化しないと仮定すれば，1 年間につき 1200 ドルの 1 人当たり学生支出において，おおむね 900 ドルが各白人学生に費やされるべきであり，2900 ドルが各黒人学生に費やされるべきである．

図 11.2 において，$R = 600$ に関して，最適値 x^{W} および x^{B} における，関数 $V^{\mathrm{B}}(\pi, x^{\mathrm{B}})$ および $v^{\mathrm{W}}(\pi, x^{\mathrm{W}})$ を図示する．図 11.2 から，最適値において，黒人および白人の計画は，事実上，すべての π に関して，かなり接近しているということが，読者にはわかるだろう．白人の曲線は，$\pi < 0.785$ において下方包絡線 $(V(\pi; x))$ 上と一致し，黒人の曲線は，$\pi > 0.785$ において下方包

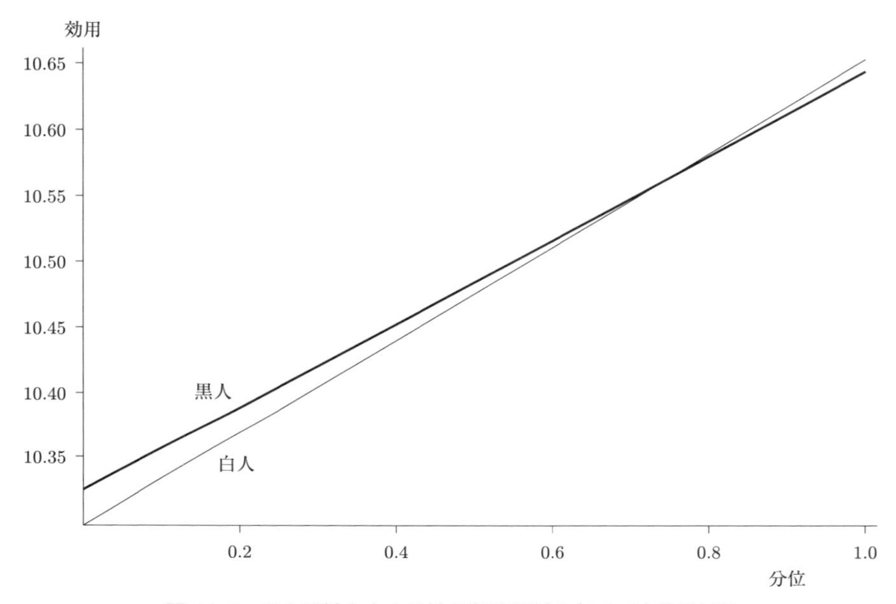

図 11.2　黒人男性と白人男性の週稼得賃金（セント）自然対数

絡線と一致する．

表 11.2 における数字は，控えめに言っても，劇的である．それらは割り引いて受け取られなければならない．というのは，推奨される 1 人当たり投資は，しばしば観察される投資の範囲外にあるので，線形回帰はそれらの水準では頑健性があるわけではない．確実に言えることは以下のとおりである．すなわち，1960 年代中盤において将来における稼得力に関する機会の平等化をするためには，より多大な量が各白人の学生に対してよりも，各黒人の学生に対して，費やされるべきであったということだ．

表の中の，x^{W} および x^{B} における大きな違いは，2 つの統計的事実の同時発生に起因する．1 つめは，1 人当たり教育支出の所与の各水準で，黒人および白人の稼得に大きな違いがあるということだ．2 つめは，上でとくに述べた事実であるが，支出に対する稼得の弾力性が小さいことである．しかし，前の段落の 2 つめの文における補足説明にもかかわらず，ここで述べられている機会の平等の理論が，社会をただ 2 タイプだけに分割した場合でさえも，多大な量の補償的な支出を要請することは，特記に値する．黒人－白人のタイプ分割においては，諸個人は暗黙的に，将来の稼得に対する彼らの家庭的背景や彼らの IQ などの影響に対して，これらの特性が「黒人」ないし「白人」であることから捉えられる範囲を除いて，責任を負う（たとえば，もし高い IQ の学生が，低い IQ の学生よりも長い年数の間，学校に通うならば，以下のことが言えるだろう．すなわち，これは，前者がより大きな程度の努力を費やしたことを示し，それは EOp 政策によって補償されるだろう，と）．将来の研究では，通学年数とは異なる努力の指標，および，教育財政とは異なる教育的資源の指標（たとえば，クラスの大きさ）を用いて，標本をより多くのタイプに分割することを，ベッツと私は計画している．

方程式 (11.6) の推定と同様に，(11.6) 式の項に追加して，π^2 の項を有する v^t の特定化を推定したことについて，私は特記しておく．v^t 関数はしたがって，もちろん π についての 2 次方程式であり，それゆえ (11.1) の解についての単純な分析はもはや保持されない——v^t 関数が下方包絡線と確実に 1 回交わる場合は，その必要はないが．しかし，分析はまだ可能である．というのは，上で導かれた 1 階条件は，一般的である（すなわち，それらは π に関する v^t の線形性には依存していない）．2 次の定式化においては，v^{W} は v^{B} と最適値で 2 回交わることがわかる！　$R = 600$ に関する最適値で，x^{W} および x^{B} の値は，表 11.2 の中でのそれらの値とは異なるが，その違いは 1 ドル以下である．したがって，(11.6) の線形の特定化で処理することに深刻な害はないと，われわれは感じる．

EOp アプローチは，許容不可能な程度まで生産量を減らすだろうと批判されやすい．この可能性を検証するために，$R = 600$ の場合の 2 つの筋書きのもとでの平均（国内）賃金を，私は計算した．1 つめの筋書きは，教育的資源がすべての生徒に等しく分配される場合である（機会の平等が何を要請するかについての伝統的な解釈）．そして，2 つめは，表 11.2 の最初の行に従って，教育的資源が分配される場合である．教育支出が x^1 および x^2 での（30 歳の男性の）平均賃金は，定義より，

$$p^1 \int \exp[v^1(\pi, x^1)]d\pi + p^2 \int \exp[v^2(\pi, x^2)]d\pi$$

である．等量支出（1 学生当たり 600 ドル）から，機会平等支出への移動において，平均賃金はたった 1.4 パーセントしか落ち込まないことを私は発見した（ここでは，黒人労働者および白人労働者の年齢の分布が同一であると仮定している．もし白人労働者が概して年長である傾向があれば，そのとき，賃金所得の損失は，ここで示したよりも大きくなるだろう．なぜならば，賃金は年齢に伴って上昇するからである）．これは，人種を横断した稼得能力に関する機会の平等化をするための，生産量の損失という許容可能な代価であると考えられるだろう．

本章の分析は，タイプの違いに基づく教育支出をいかにして遂行するべきかについて，問題を未解決のままにしている．これは，大部分において，政治的な問題である．もちろん，もし社会が，ここで提唱される類の EOp 政策を遂行することに同意する局面に到達するとしたら，どのように遂行するかについての政治的問題は，大部分解決済みであろうと考えるに違いない．

ここで提唱された，差異化された教育的投資を，バウチャーの発行——これはおそらく黒人および白人の両方からの批判をもたらすだろう——によってではなく，各学校に学校内の学生のタイプの分布に応じて支給することによって遂行することを，私は提案したい．したがって，もし $R = 600$ ならば，半分が白人で半分が黒人である学校は，学生 1 人当たりにつき約 1400 ドルの予算を受け取るだろう（254 ドルおよび 2557 ドルに充当する加重平均）．おそらく，学校はその予算を，その校内で，多かれ少なかれ平等主義的な方法で費やすだろう．もし学校間の学生移動が許容されるならば，このアプローチが学校を集約する傾向があるのも，もっともである．というのも，有利な白人の子供達が，多くの資源がある中心市街地の学校に移動するからだ．

要約すれば，アメリカ合衆国の男性の人口を，ただ 2 タイプだけに分割した場合，将来の稼得能力に関する機会を平等化する手段として教育支出を用いる EOp 政策は，白人の学生よりも黒人の学生に，より莫大な支出を費やすことを要請する．これは，驚くべき両刃的性質を持った統計的事実の一例である．統計的事実の１つめの刃は以下のようなものである．すなわち，教育支出に対する将来の稼得の弾力性は非常に小さく現れ，このことは，学校に対する国家支出をさらに増加させることに対して保守的な観察者が異議を唱える理由とされてきた．この事実の２つめの刃は，EOp 政策のもとで，莫大な量がそれゆえに不遇な学生に費やされるべきだというものである．換言すれば，さらなる統計分析により，もし教育的支出が，実際のところ，将来の稼得に対して，現在考えられているよりも大きな影響力を有することがわかれば，そのとき，EOp 支出におけるタイプ間の格差は縮小するだろう．というのは，白人の学生から黒人の学生への基金の移転が，より迅速に，前者の将来の稼得を減少させ，後者のそれを増加させるだろうからである．他の興味深い結果は，総賃金勘定によって測定される「効率性」は，EOp 政策下ではほとんど侵害されないだろうということだ．

第 12 章

機会平等化の適用範囲と程度

プロのバスケットボール・チームに能力不足の選手——彼らは非常に懸命に努力する——を一定数入団させるために，機会の平等原理を適用するべきだろうか？　バスケットボールの選手採用に機会平等化(EOp)政策が適用されるとしたら，能力不足であるという事実はその人の制御を越えた特性であり，むしろ環境とみなしたほうがよいことになる．医師免許試験で不合格になった人々であっても，一生懸命に努力しており，しかも，不遇な社会的背景を持つ場合には，外科医としてのライセンスを与えられるべきなのだろうか．機会の平等原理が適用されるとしたら，この両方の問いに肯定的な答えを与えることになるだろう．しかし，私はこれらのケースに機会の平等原理を適用することは支持しない．それでは，機会の平等原理を適用することが妥当な範囲とはどのようなものだろうか．

機会の平等について２つの概念を区別することが重要である．第１は，私が本書を通じて展開しようとしている概念である．第２は，機会の平等は能力主義(meritocracy)を実行するために必要なものの一部であるという，広く知られた見解である．第２の見解は，個々人はメリットに応じて，——J. R. ルーカスが言うように，各地位の業務の遂行に適した属性に応じて——，社会の各地位にリクルートされるべきだとする．この見解によれば，「平等な機会」は非識別政策を意味することになる．すなわち，それは，ある地位に適したメリットを持つ人が，その地位が要求する業務の遂行とは関係のない属性を理由に，候補者リストから排除されないことを保証する．この見解に従えば，地位を求める候補者がそれまでに発揮した努力はそれ自体まったく無関係となる．むろん，発揮された努力は，その地位に必要な属性を発展させるための手段になるかもしれないが，最終的に重要なのはそれらの属性の水準と質なのであって，発揮された努力それ自体ではない．第１章で，私はこの第２の機会の平等概念を**非識別原理**(nondiscrimination principle)と呼んだ——メリット原理と呼ぶこともできるだろう．そして，私が詳述してきた（競技場を平準化する）原理を**EOp 原理**と呼び続けることにしよう．

EOp 政策が資源（教育，健康，所得）をめぐって競争する個々人に発生する有利性のみを目的とするのに対して，非識別原理またはメリット原理は，それら競争者達の有利性水準のみならず，彼らが生産するものを消費する人々の厚生にも関心を向ける．バスケットボール選手は観客達が消費するゲームを生産し，外科医は患者が消費する虫垂切除手術を生産する．もし，医師の免許交付にEOp政策が適用されるとしたら，ある意味で医師希望者の志望の充足に一義的な重点を置いていることになり，非識別原理が適用されるのであれば，患者の生の充実を重視していることになる．むろん一般的には，地位を所望する人々と彼らが奉仕する人々両方の有利性または厚生に関心を寄せなければならない．EOp政策を適用する範囲と程度を制限することによってこそ，奉仕される人々の厚生に目が向けられるのである．

議論を進める前に次の点は強調しておかねばならない．コミュニティにとっての分配的正義の理論を採用せずして，EOp政策の適用範囲を適切に確定することはできないだろう．これまでの私の目的は，次の3つの決定がなされた場合に，EOp政策がどのような内容となるかを記述することであった．すなわち，問題となっている状況にEOp政策を適用すること（適用範囲），タイプを定義する環境の集合がすでに決定されていること，問題となっている状況において機会の平等化のために社会が投入できる資源の量が確定していること（程度）である．これらのうち，3つ目についてはすでにコメントしてきた．いくつかの状況では，EOp構想が自ら財源を捻出できるであろうから，機会の平等を遂行するための資源を社会が別に用意しておく必要はない．第8章の健康保険の例や第10章の失業保険の例が，これに該当する．これらのケースでは，被保険者集団の内部で給付の支払いが行われることによって，EOp原理が実行される――社会の残りの部分によって資源が別に確保される必要はなかった．対照的に，第9章および第11章の教育の例では，すでに社会が，その子供達の教育のために，一定量の資源を確保しているという想定から議論を始めた．私の主張は，その資源量がどの程度であるべきかを確定するには，そのコミュニティ全体にとっての分配的正義の理論が要請される，ということである．というのも，ある社会において，現代世代の成人の消費と――たとえば教育が論点である場合には――その子供達の教育水準，すなわち次期の成人の充足の程度とは，いくらかトレードオフの関係にならざるをえないからである．

たとえば，以下の分配的正義の理論のいずれをも支持するような人がいるかもしれない．(1) 一定程度，子供達の機会を平等化することを条件として，さらなる資源配分は市場で行われるようにする．(2) 各世代の子供達にとっての機会を一定程度，平等化することを条件に，その先の M 個の世代の平均効用を最大化するように資源を配分する．(3) その先の M 個の世代のすべての人々の間で，所得（または厚生）機会の最小水準を最大化する．もちろん，他の正義の理論をリストに入れることも可能だ．私が言いたいのは，単純に次のことである．多様な理論は，それぞれ多様な領域（健康，雇用，教育）で，機会の平等化を処方するだろうが，いずれにしても機会の平等の適用領域と機会が平等化される程度（それは社会が目的に合うように配分する資源量によって決められる）は，そのような（分配的正義の）理論なしには演繹されえないということである．

正確に言うと，機会が平等化される**程度**は，(4.2a) で与えられたプログラムの解のもとでの目的関数の値によって測られる．社会がその問題に投入する資源が多ければ多いほど，その最適解における目的関数のサイズ，すなわち EOp プログラムの値は大きくなる．機会の平等化の程度を測定する際に EOp 目的関数の値を用いる理由は，私の定式においては，平等そのものではなく，最小の，または最悪の機会しか持たない人の機会を最大化することに関心が寄せられるからである．そのようなわけで，「機会が平等化された程度」という言い方は誤りである．より適切な表現は，「機会の平等プログラムが実行された程度」である．

冒頭で述べたように，本書で私は多元主義を心がけてきたが，それは私がある特定の分配的正義の理論に依拠して議論を展開するつもりはないという意味である．そうではなくて，機会の平等が含意すると私が思うものを記述するつもりである．多様な正義の理論の支持者は，それぞれ支持する一般理論が機会の平等化を処方する際に，私の議論を適用するかもしれない．たったいま私が述べたことを前提とするなら，本章のタイトルが示す問いに，厳密な仕方で答えることはできないことになる．それでも，今日の民主主義的な先進産業諸国において政治的に現実的だと思われる EOp 原理の領域と非識別原理の領域の境界を描く経験則(a rule of thumb)を提起しようと思う．この経験則は，そのような多数の——すべてではないとしても——社会の多くの——すべてではないとしても――市民が承認する類いのトレード・オフと整合的であると思われる．

私が提案するのは，問題となっている有利性が，ある地位（職やキャリア）をめぐる競争に必要な属性(attribute)の習得である場合には，EOp 原理が適用される，ということである．しかし，社会における特定の地位をめぐる競争においては，非識別原理が適用される，ということである．

これを詳しく述べよう．医療教育を受けることは特定の地位をめぐる競争に必要な有利性である．私は，メディカル・スクールの入学試験に EOp 原理を適用することは支持する．しかし，外科医になるということはある地位をめぐる競争を伴っている．私は外科医の免許交付とその雇用においては非識別原理を適用する．このルールのもとでは，不遇な個人が，一生懸命に努力したものの試験に通らなかったとしたら，免許を得ることはないし，標準的な属性を欠く外科医を雇うように病院が強いられることはない．

私はプロのバスケットボール選手の採用に EOp 原理を適用することには賛成しない．しかしながら，高校のバスケットボール選手，または大学のバスケットボール選手の採用においては（能力不足の人々に）EOp 原理が適用されるよう提案する．というのも，これらのチームは部分的には社会における地位――プロのバスケットボール選手か，もっとありそうなものとして，コーチや運動系の人員――をめぐる競争に向けて個々人をトレーニングしているからである．

私の提案に対しては2つの一般的な批判が予想される．「右翼的」批判は，私の提案では EOp 原理の適用範囲が大きすぎて非識別原理のそれが小さすぎるというものであり，「左翼的」批判は，非識別原理の適用範囲が大きすぎて EOp 原理のそれが小さすぎるというものである．これらの批判を詳述しよう．

私が右翼的批判と呼んだものは，EOp 原理の適用は社会的な非効率を生み出すという見解に基づいている．彼らは，地位をめぐる競争に必要な一般的属性の形成と，地位をめぐる競争とが，区別できるものではないと主張する．もしわれわれが不遇な背景を持つ個々人の教育に多く支出するとしたら，高い才能を持つ個々人への支出はそれに応じて少なくなり，結果として，高い水準の才能と訓練を要する社会の重要な地位に就ける人間は少なくなるだろう．メディカル・スクールの入試にEOp原理を適用することは医師免許試験に合格できる候補者を減らしてしまうことになるのである．また，一定数の外科医が必要とされる場合には，試験の合格基準を下げることになり，最終的には外科医の全体的な質の低下を招くことになる．もっと言えば，教育または訓練のあらゆるレベルにおいて，EOp原理は社会の資源を浪費し，そのために，経済の成長にとって必要な，あるいは高品質の財・サービス群を提供するために必要な，よく訓練されて高い能力を持つ諸個人のプールを減らしてしまうことになる．中等教育(secondary schooling)の期間を通して，すべての個人に同等な量の教育的資源を供給すれば，社会は機会平等化の義務を十分果たしたことになる．それ以上の訓練のための地位をめぐる競争は，非識別原理によるべきである．同様に，健康保険にEOp原理を適用することは非効率である．健康保険は競争的で私的な市場によって供給されるべきなのである．

左翼的批判者は，非識別原理とEOp原理についての私の切り分けが提供する以上に，社会は不遇な諸個人に責任を負うと主張する．一定の社会的に不遇なタイプの成員に外科医職を代表させることは非常に重要なので，そのタイプに対しては試験において異なる（より低い）基準を設定すべきである．そのタイプの成員に外科医職の地位を獲得させておくだけで，そのタイプ出身の若者が医療系のキャリアを目指して自己訓練する希望を持つことになる（ロール・モデル効果）．これによって一部の患者の受ける医療の質が低下するとしても，不遇なタイプの成員達は，そのタイプの定義上，彼らに答責性を負わせることのできない環境ゆえに不遇なのだということを想起してほしい．そうすれば患者達は，そうした質の低下を，彼らに対して社会的責任を負うことの一部であるとみなすべきなのである．

ロール・モデル効果を主張するとき，左翼的批判者は個々人の不遇性の原因が社会的なものか生来のものかを区別することになるだろう．その原因が社会的である場合，ロール・モデル効果はほぼ間違いなく重要となるが，それが生まれつきのものである場合，そうは言えない．たとえば，左翼的批判者が次の理由で，社会的に不遇な背景を持ち，普通の基準では試験に合格できない医師も一部，免許を交付されるべきだと主張することはありうる．すなわち，彼らが専門職につけたことにより，同様の背景を持つ子供達の一部が医師になる希望を持ち，結果的に，彼らのメディカル・スクールの修了時には，特別な扱いなしに試験に合格する可能性が開かれる，という理由である．このとき，EOp 原理の適用によって生じる外科医の質の低下は一過的なものに終わるだろう．それとは対照的に，生まれつき知能の低い子供達が通常の基準で審査に合格することはないという理由で，彼らもまた試験において特別扱いを受けるべきだ，と主張することは難しい．このように，社会的なものか生得的なものかという区別は，是正の成功を左右する決め手となる．ただし，左翼的批判者がこの区別を適用しないケースも存在する．私が思い浮かべるのは次のような左翼的批判の主張である．すなわち，たとえ標準以下の製品またはサービスしか生産できないとしても，一生懸命働くとしたら，精神的にハンディキャップを持つ人もまた，何らかの職で——たとえば熟練をあまり要しない職で——雇用されるべきだ，と[22]（これは地位をめぐる競争に EOp 原理を適用する一例である）．右翼的批判者は社会的非効率を理由にそのような雇用には反対するであろう．

すでに述べたように，コミュニティにとっての分配的正義の理論を明示的に採用することなく，3 つの立場（私の提案，より右翼的な主張，より左翼的な主張）の間でいずれに軍配をあげるかを判断することは私にはできない．ただ，私には権利に関する決定的議論——たとえば，市場で供給されうる医療に関して患者は一定水準の熟達を享受する権利を持つといった議論——が存在するとは思えない．

22　ここで重要な区別がさらに出てくる可能性がある．つまり，標準的な製品を生産するが障害のない労働者よりもゆっくりとしか生産できない障害のある労働者と，標準以下の製品しか〔かつゆっくりとしか〕生産できない障害のある労働者，という区別である．前者のケースで，障害のある労働者が相応に低い賃金しか受け取らないとしたら，社会的非効率はまったく存在しない．もし，社会が用意する私的雇用主への補助金を通じて，障害のある労働者が標準賃金を受け取るとしたら，少なくとも狭い意味では社会的非効率が生じることになる．もし障害のある労働者が標準以下の製品しか生産せず，しかも標準賃金を受け取るとしたら，その場合にも社会的非効率が存在する．しかしながら，社会は後者の非効率よりも前者の非効率をよりマシだとするであろう．というのは，第 1 の種類の非効率においては，社会的コストはより匿名性を持つ (すべての消費者が補助金制度に対して広く薄く貢献する) のに対して，第 2 のケースでは標準以下の製品というコストがごく限られた消費者に偶発的に重くのしかかるからである．

先に主張したように，私のEOp原理の適用範囲に関する提案は，多くの民主主義的な先進産業諸国で大部分の市民が支持するであろう見解と整合的であるように意図されている．具体的には次のような見解である．第1に，相対的に能力の低い個人が地位を占めることの社会的コストは，それらの個人がその地位から得る便益よりも大きなものになる．そして第2に，不遇な諸個人が教育と訓練から得る便益，そして不遇な人々に対する教育と訓練から結果的に生じる社会的便益は，その状況でEOp原理を適用することから生じる逸失機会の一時的な社会的コストを凌ぐほど大きい．次のことは強調しておくべきであろう．わたしは，――その可能性は十分にあるとは思うが――これらの費用便益の推定に際して功利主義的計算が用いられることを前提としてはいない．また，わたしは，自らの〔EOp原理と非識別原理の範囲の〕切り分けを，個人的権利によってではなく，(それによって費用便益の計算が可能となるような) 何らかの社会厚生関数を参照することによって正当化する．

このような一般市民の見解に対する私の評価は，部分的には，アファーマティブ・アクションについてのアメリカの経験――正確に言えば，その経験の1つの特殊な側面――に基づいている．アファーマティブ・アクション政策がアメリカで攻撃に曝されているのは，職をめぐる競争にそれを適用することと，大学入試や高等教育プログラムに適用すること，この両方においてである．しかし，この2通りの適用に対する攻撃にはその質において重要な違いが存在する．地位をめぐる競争に関して，アファーマティブ・アクションへの攻撃が主張するのは，最も有能な候補者が職獲得競争に勝つべきだということであるが，大学入試に関しては，人種が個々人の不利性を測る適切な尺度ではないということである．カリフォルニア大学系列のアファーマティブ・アクション入試政策撤廃を成功させたキャンペーンで先頭に立ったカリフォルニア大学レージェント校のワード・コネリイ(Ward Connerly)でさえ，低い社会経済的地位の生徒のための特別扱いの入学を支持すると述べている[23]．このように，大学入試における機会の平等政策への攻撃は，その原理の適用に対してではな

23 コネリイは，「特別な入試を行う際に，カリフォルニア大学は人種ではなく経済的地位や他の真正な困難を用いるべきだ」と語った．*Sacrament Bee*, May 20, 1995, p. B1.

く，境遇集合の画定に向けられているのである．

対照的に，職獲得競争におけるアファーマティブ・アクションへの批判はその原理自体に向けられており，本章の言葉で言うなら，非識別原理をこそ適用すべきであると主張している．アファーマティブ・アクションに対するこれら 2 つの批判が非常に異なるものであることは明白である．教育と訓練に関するかぎり，競技場の平等化原理に疑義が呈されることはないが，職の占有に関しては疑義が生じるのである．

要約すると，そのコミュニティに適した分配的正義の理論なしには，EOp 政策を適用する範囲も程度も演繹することはできないと私は思う．その多くがそうであるように，正義の理論が何らかの社会厚生関数の最大化を内包するとしたら，EOp 原理を適用することの純便益は，さまざまな適用範囲とさまざまな程度のもとで計算可能となる．厚生と有利性の水準に関して，ある人の分配的正義論がどんなトレードオフ関係を承認するかが，最終的には，EOp の適用範囲と程度を指定するはずである．

第 13 章

どの程度まで機会を平等化すべきか

本章では，前章において提起された問題を詳述する．具体的に述べるため，1つの社会における子供達の将来の稼得能力に関する機会の平等を取り上げる．ここにおいて資源とは教育財政であり，それをもって機会を平等化すべき装置が教育システムである．タイプの集合，すなわちその社会の子供達の直和分割が存在し，その各分割には，ある特定の境遇の集合を有するすべての子供達が属している．目的は，各タイプ内の将来の稼得能力の分布が可能な限り同一になるように，教育的資源を諸タイプ間に配分することである．当然，いかにして分布の近さの測定を選択するかに関する，何らかの許容範囲が存在するだろう．第4章において私が提案したある特定の定式は，分配に対する，ある種のマキシミン演算子である．

ここで考える機会をどの程度までわれわれは平等化するかという問題は，2つのさらなる問題に細分される．すなわち，(1) 社会はどれくらいの財政を教育のためにとっておくべきか，および，(2) その予算が与えられたとき，不遇なタイプに対してどのくらい徹底的に補償がなされるべきか，である．目下のところは，この2番目の問題に私は集中する．総教育予算を所与として，可能な限り完全に機会を平等化することは，不遇なタイプの子供達に，その1人当たり予算よりはるかに多くを費やすことを要請するかもしれない．その政策のコストとは，子供達のすべてのコーホートにおけるスキル生産高の平均水準が——ここにおいて，スキルは教育の産出物である——，より恵まれたタイプ出身の子供達により多くが費やされた場合よりも少なくなることである．その結果，このコーホートの構成員が成人して労働力に加わったときに生産する財およびサービスは，もし補償プログラムがより徹底されていなかった場合に生産されたであろうものよりも，より少ないか，ないしは，より品質が劣るだろう．したがって，「社会」は，結局は以下のようにして，その機会平等化政策のコストを負うかもしれない．すなわち，全体として，機会平等化政策がなされなかったとしたら，消費できたであろうものよりも劣等な財およびサービスの束を消費することになる[24]．

---

24 私は社会をカッコでくくった．なぜならば，社会の構成員のなかには利益を得る人々もいれば，失う人々もいるだろうからである．

前章で描写された例の要点を繰り返すために，メディカル・スクールの入学許可において，ある機会平等化政策をわれわれが遂行することを想像しよう．とくに，通常の入学試験では合格しないが，その試験において彼らのタイプ内でトップの成績であるような，不遇性を抱える学生達のある一定数に，われわれは入学許可を与える．さらに，その社会は，外科医認定試験は機会平等化政策の範囲内ではないと決めるとしよう．これは言い換えると，ある候補者が外科医試験に合格するかどうかの判断において，タイプに関する酌量は一切なされないということだ．

それにもかかわらず，もしその社会がある固定数の外科医を必要としているならば，そして，メディカル・スクール入学許可の段階で機会平等化政策が存在したならば，そのとき，要請された数の外科医を認定するために，ゆくゆくは，外科医試験の合格に関する基準を低下させる必要があるかもしれない．(外科医認定委員会が正確に要請された能力を試験すると仮定すると）結果として，外科医の平均的な質は下がることになるだろう．消費者は，メディカル・スクール入学許可の時点における機会平等化政策に付随するコストを，後から支払う．メディカル・スクール入学許可は機会の平等の要素を組み込むべきであると社会が決定したと仮定して，どの程度までそのような政策がとられるべきであろうか．

先に私が述べたように，この問題に答えることは，全コミュニティにとってのある分配的正義の理論を要請する．機会の平等は，異なった形で功利主義および資源平等主義のそれぞれの理論の構成要素となるのももっともだ．しかし，問題は，なおいっそう繊細になるかもしれない．

さて，これらの点を例示する1つのモデルを私は設計しよう．問題の範囲を，上で指示したとおり正確に定めるモデルである．すなわち，機会平等化政策の範囲と，その遂行に対して配分されるべき資源量の両方は，決定されている．諸タイプ間での資源の分配のみが，当該の問題である．

特定化のため，この社会は x および y と呼ばれる2つの財を，生産および消費しているとする．この社会の子供達は，労働力市場に参入する前に，努力を異なったかたちで適用しながら資源を利用することで，スキルを身につける．2つのタイプ A（有利）および D（不遇）が存在する．D の構成員は，努力を一定とするならば，A の構成員と同じスキル水準に到達するために，より多くの教育的資源を必要とする．x 財も y 財も，線形生産関数によって生産され，その唯一の投入物は労働である．x 財は，均質的な財で，その質はそれを生産する労働者のスキル水準から独立である．しかし y 財の質は，それを生産する労働者のスキルに緊密に依存している．y 産業における賃金は，x 産業における賃金より高い．

機会平等化政策は教育的過程においてのみ適用されるものとする．労働者が雇用される時点では，人のタイプは無関係である．問題となるのは人のスキルだけである．いったんスキルが人々に取得され，労働市場が開放されると，雇用がメリット主義的[25]で非識別的となる市場経済をわれわれは持つことになる．これは私が第 12 章において勧めた手順であることを思い出そう．

消費者は，彼らが消費する両財の数量と，y 財の質から，効用を引き出す．機会平等化教育政策にわれわれが従事する程度に応じて，比例的に A の子供達よりも D の子供達により多く教育的資源を学校でわれわれは費やすことになり，社会におけるスキルの分布は悪化し，そして，ゆくゆく生産される y 財の質は低下し，それゆえ，消費者が y 財から引き出す厚生は，全体として，低下するだろう．われわれの任務は，そのトレードオフについて詳しく調べることである．

さて，特定化のために以下の仮定をおく．子供達の連続体が存在する．割合 α はタイプ A に属し，割合 δ はタイプ D に属し，$\alpha+\delta=1$ である．x 財および y 財の生産関数は，線形関数

$$x = L, \qquad y = 2L \tag{13.1}$$

によって与えられる．ここで L は雇用されている労働量である．さらに，もし y 財の 1 単位分の生産に雇用されている人々の平均スキル水準が e ならば，そのとき，その 1 単位分の質は

25　メリット主義とは，先に私が述べたように，地位はスキルに基づいて割り当てられ，タイプおよび努力に基づいて割り当てられるのではないことを意味する．

(13.2)　　$\sigma = qe$

で与えられ，ここにおいてqは正の定数である．企業は，異なる質のy財を何単位分でも生産できると仮定されている．

成人したとき，個人は，いかなる（非負の）量のx財でも消費しうる．彼女は0ないし1単位のy財を消費することができ，y財の質を選ばなければならない（すなわち，彼女は1つの質のみを消費することができる）．彼女の効用関数は，

(13.3)　　$u(x, \sigma) = x + v(\sigma)$

である．以下の条件をわれわれは要求する．

（i）vは，単調増加な凹関数であり，
（ii）$v(0) = 0$.

慣例により，y財から得られる個人の効用は，もし彼女が0単位を消費したならば$v(0)$であり，もし彼女が質σの1単位を消費したならば$v(\sigma)$である．

教育的資源の1人当たり量$\overline{x}$が，この世代の子供達に配分されている．政策変数は，諸タイプ間におけるその分配である．もし，1人当たりx_0がDの子供達の教育に配分されるならば，1人当たりx_1がAの子供達の教育に配分されることになる．ただし，

(13.4)　　$x_1 = \dfrac{\overline{x} - \delta x_0}{\alpha}$

である．各タイプ内においては，教育的資源は等しく分配される．

Dタイプの間のスキルの分布は，x_0についての関数になるだろう．それを描写する確率測度を$F_D(\cdot, x_0)$と示す．$F_D(\cdot, x_0)$の台は，非負の実数，すなわち$\mathfrak{R}_+$から成る．あるタイプに属する異なる個人は，異なる努力水準を適用した結果，異なるスキル水準を取得する．Aタイプにおけるスキルの分布は，$F_A(\cdot, x_1)$で示される．

われわれは以下のことを仮定する．

（iii）各タイプ $J = A, D$ に関して，$x' > x$ ならば，$F_J(\cdot, x')$ は $F_J(\cdot, x)$ に対して1次確率的に優越する (FOSD).
（iv）すべての $x > 0$ に関して，$F_A(\cdot, x)$ は $F_D(\cdot, x)$ に対して1次確率的に優越する (FOSD).

(FOSD は，「1次確率的優越(first order stochastically dominates)」を表す．)
このことは，タイプ内におけるスキルは教育支出によって増加し，そして A タイプは D タイプよりも，教育的資源のスキルへの変換においてより有能であるということを意味する．

ここで，労働力のスキルの総分布 F が**所与の**もとでの，市場経済の均衡をわれわれは定義する．われわれは $F = \alpha F_A + \delta F_D$ であると考えるが，この分解は均衡の定義とは無関係である．

均衡とは，

（1）所与のスキル水準を有するすべての労働者の，x 産業ないし y 産業のどちらか一方への配分，
（2）さまざまな質 σ を伴う y 財についての，$p(0) = 0$ となるような非負の価格関数 $p(\sigma)$,
（3）さまざまなスキル水準 e の労働者たちに関する，非減少的な賃金関数 $w(e)$,
（4）各スキル水準 e の労働者の消費 $x(e)$ および $\sigma(e)$,

からなる．

x 財の価格を1（ニューメレール）としよう．E_x は x 産業において雇用されているスキル水準の集合であり，同様に E_y は y 産業のそれである．したがって，

（i）以下の条件を満たすような，あるスキル水準 e^* が存在する．

$$E_y = \{e > e^*\}, E_X = \{e \le e^*\}.$$

（ii）(a) すべての e に関して，$p(qe) = \frac{1}{2}w(e)$，および，

(b) すべての $e \le e^*$ に関して，$w(e) = 1$.

（iii）すべての e に関して，$(x(e), \sigma(e))$ は，以下の問題の解である.

$$\max x + v(\sigma)$$

$$s.t.\ x + p(\sigma) = w(e).$$

（iv）$\int_{E_x} dF(e) = \int x(e)dF(e)$.

（v）$\int \Delta(e)dF(e) = 2\int_{E_y} dF(e)$,

$$\text{ただし，} \Delta(e) = \begin{cases} \text{もし}\sigma(e) = 0\ \text{ならば}, 0 \\ \text{もし}\sigma(e) > 0\ \text{ならば}, 1. \end{cases}$$

（vi）$\int \sigma(e)dF(e)/\int \Delta(e)dF(e) = q\int_{E_y} edF(e)/\int_{E_y} dF(e)$.

条件（i）は，x 産業は e^* 以下のスキル水準の労働者を雇用することを示す．条件（ii）の (b) は，x 財を生産する利潤最大化企業は，その利潤がつねに0であるゆえ，いかなる量でも生産することを示す．条件（ii）の (a) は，y 企業は，いかなる労働者の集団でも雇用して利潤を最大化することを示す．すなわち，その利潤はつねに0である．条件（iii）は，すべての個人は彼らの消費選択において効用を最大化していることを示す．条件（iv）は，x 産業における労働需要はちょうど労働供給 E_x に合致することを示す．条件（v）は，y 産業における労働需要はちょうど労働供給 E_y に合致することを示す．条件（vi）は，消費者に需要される y 財の質は，ちょうど y 産業によって供給されていることを示す．最後に，各労働者は働くべき産業を最適に選択していることをとくに述べる．$w(e)$ は，非減少関数であるゆえに，y 産業における労働者は x 産業に移動することを望まないということにだけ注意する必要がある（したがって，ある労働者はつねに，スキルを落とすことはできるが，それを上げることはできない）.

つぎに，この経済における均衡を私は計算する．均衡が一意であるかどうかを重要視するつもりはない．均衡の計算は以下のような結果となる．

(a) $e^* = e_M$ であり，ここにおいて e_M は F の中位数である．

(b) 以下の 2 つの方程式を解くような，ある正の数の組 (p, σ^*) が存在する．

$$v'(\sigma^*) = p,$$
$$p \cdot \int_{\sigma^*/2q}^{\infty} (2qe - \sigma^*) dF(e) = \frac{1}{2}$$

(c) $w = 2pq$ と定義し，$w(e)$ を以下のように定義する．

$$w(e) = \begin{cases} we & (e > e^* \text{に関して}) \\ 1 & (e \leq e^* \text{に関して}). \end{cases}$$

また，$p(\sigma)$ を以下によって定義する．

$$p(\sigma) = \begin{cases} \frac{1}{2} w(\sigma/q) & (\sigma > qe^* \text{に関して}) \\ \frac{1}{2} & (\sigma \leq qe^* \text{に関して}). \end{cases}$$

(d) $e \geq \frac{\sigma^*}{2q}$ に関して，

$$\sigma(e) = \sigma^* \quad \text{かつ，} \quad x(e) = we - p\sigma^* \text{であり，}$$

$e_M < e \leq \frac{\sigma^*}{2q}$ に関して，

$$\sigma(e) = 2qe \quad \text{かつ，} \quad x(e) = 0 \text{ であり，}$$

$e \leq e_M$ に関して，

$$x(e) = 0 \quad \text{かつ，} \quad \sigma(e) = \frac{1}{p} \text{である．}$$

くわえて，以下の条件が適用されることをわれわれは要請する．

(C1)　$\frac{1}{p} < \sigma^*$,

(C2)　$\frac{1}{2} + v(qe^*) < v\left(\frac{1}{p}\right)$,

(C3)　$v\left(\frac{1}{p}\right) > 1$，および

(C4)　$we^* \geq 1$.

（C1）から（C4）を満たす値$\{e^*, w, p, \sigma^*\}$があり，そして（a）から（d）で特定化された関数$\sigma(e)$，$x(e)$，$p(\sigma)$，$w(e)$があると仮定しよう．これらが均衡を構成することをわれわれは確認しなければならない．証明を読み飛ばしたい読者は，証明終わりの印まで進んでほしい．

証明：最初に，利潤最大化についてわれわれは証明する．x企業は，$e \leq e^*$の労働者を雇用する限り，利潤は0である．というのは，彼らの賃金は1であり，生産物の価格は1である（そして，$x = L$である）からだ．他のいかなる労働者を雇った場合でも，利潤は負になる．したがって，労働者の集合E_xをx企業に割り当てることは，利潤最大化配分である．y企業は，いかなる労働者の集団でも雇用することができ，利潤は0である．これは，（c）において特定化された賃金関数および価格関数に従う［もし企業がスキル水準$e > e^*$の労働者を1人雇用すれば，その労働者は2単位の質qeのy財を生産することに注意しよう．なぜならば，$p(qe) = w(e)/2$であり，企業は取引において利潤0となるからである．類似の議論が，$e < e^*$でも適用される］．

つぎに，（d）で与えられた配分において，あらゆる消費者が効用を最大化していることをわれわれは証明する．最初に，（c）より，$\sigma > qe^*$に関して，$p(\sigma) = p\sigma$であることに注意しよう．

所得Iのある消費者にとっての消費最大化は以下のように表すことができる．

$$\max I - p(\sigma) + v(\sigma)$$
$$s.t.\ I - p(\sigma) \geq 0.$$

p および σ^* の定義より，区間 $[0, \sigma^*)$ において $v(\sigma) - p\sigma$ は増加的であることに注意しよう．

スキルに基づき，諸個人の定義域を3つの領域にわれわれは分割し，各々に関して順番に，要求される消費を確証する．最初に，$e \leq e^*$ である．これらの労働者の所得は1である．したがって，彼らの最大化プログラムは以下のようになる．

$$\max v(\sigma) - p(\sigma)$$
$$s.t.\ p(\sigma) \leq 1.$$

最初に，これらの主体は1単位の y 財を消費する（すなわち，$\sigma > 0$）と仮定しよう．これらの解については，2つの可能性がある．以下のいずれかになる．

$$\sigma = qe^* \quad かつ \quad x = \frac{1}{2},$$

となり，この場合，効用は $\frac{1}{2} + v(qe^*)$ である．ないしは，

$$\sigma = \frac{1}{p} \quad かつ \quad x = 0,$$

となり，この場合，効用は $v\left(\frac{1}{p}\right)$ である．1つめの場合分けは，区間 $\sigma \leq qe^*$ に制限された，消費者のプログラムの解であり，一方，2つめの場合分けは，区間が $\sigma > qe^*$ に制限された消費者のプログラムの解である［これを確認するためには，（C1）より $\sigma^* > \frac{1}{p}$ であることに注意し，$v(\sigma) - pq$ は区間 $[0, \sigma^*)$ において増加的であるという事実を用いよう］．

したがって，所得1の消費者は，もし彼女が1単位の y 財を消費することを選択するならば，（C2）によって保持されている

$$(13.5) \qquad \frac{1}{2} + v(qe^*) < v\left(\frac{1}{p}\right)$$

である限りにおいて，$\sigma = \frac{1}{p}$，かつ，$x = 0$ を選択する．最後に，（C3）より，$v\left(\frac{1}{p}\right) > 1$ であるから，この消費者は実際に，y 財の 0 単位の消費よりもむしろ，1 単位の消費を選択するのである．

第 2 に，e が区間 $\left(e^*, \frac{\sigma^*}{2q}\right)$ に存在する場合を考えよう．この消費者は 1 単位の y 財を消費すると仮定しよう．したがって，この消費者は，効用が $w(e) - \frac{1}{2} + v(qe^*)$ となる場合である

$$\sigma = qe^* \quad \text{かつ} \quad x = w(e) - \frac{1}{2}$$

を選ぶか，ないしは，効用が $v\left(\frac{we}{p}\right)$ となる場合である

$$\sigma = \frac{we}{p} \quad \text{かつ} \quad x = 0$$

を選ぶかの，いずれかである［再び，2 番目の場合分けは，区間 $\sigma > qe^*$ における消費者の効用の最大化である．これを確認するためには，$\frac{we}{p} < \sigma^*$ であるという事実を用いよう．このことは，この**場合**においては $e < \frac{\sigma^*}{2q}$ であるという仮定に従う］．

したがって，この消費者は，もし彼女が y 財を消費するならば，

$$(13.6) \qquad w(e) - \frac{1}{2} + v(qe^*) < v\left(\frac{we}{p}\right)$$

である限りにおいて，$\sigma = \frac{we}{p} = 2qe$，かつ，$x = 0$ を選択する．(13.6) を証明するために，(13.5) と (13.6) の両方は，以下の変形であることに注意せよ．

$$(13.7) \qquad v\left(\frac{I}{p}\right) - I > v(qe^*) - \frac{1}{2}.$$

ここで，I は主体の所得である．さて，(13.7) の左辺は，区間 $[0, p\sigma^*]$ におけ

る I に関して，I についての増加関数[訳注10]であることに注意しよう．この**場合**における最大所得は $w\sigma^*/2q$ であり，これは $p\sigma^*$ に等しい．この単調性の主張によって，(13.5) は保持される．したがって (13.6) は保持される[訳注11]．

最後に，この消費者は実際に1単位の y 財の消費を選択する．なぜなら，再び (13.7) の左辺の単調性を引き合いに出すことによって，$v\left(\frac{I}{p}\right) - I > v\left(\frac{1}{p}\right) - 1 > 0$ となるからである．

考察すべき第3のケースは，$e \geq \frac{\sigma^*}{2q}$ の場合である．同様の方法で，もしこの消費者が1単位の y 財を消費するならば，彼は，効用が $we - \frac{1}{2} + v(qe^*)$ と

訳注 10 $$\frac{\partial v\left(\frac{I}{p}\right) - I}{\partial I} = v'\left(\frac{I}{p}\right)\frac{1}{p} - 1.$$

ここで，I は $[0, p\sigma^*]$ の範囲を動くことより，
もし $I = p\sigma^*$ ならば，そのとき $v'\left(\frac{I}{p}\right) = v'(\sigma^*) = p$.
よって，$v'\left(\frac{I}{p}\right)\frac{1}{p} - 1 = 0$．したがって v の凹性より，

$$\forall I < p\sigma^*,\ v'\left(\frac{I}{p}\right) > v'(\sigma^*).$$

よって，$v'\left(\frac{I}{p}\right)\frac{1}{p} - 1 > 0$.
つまり，$\forall 0 \leq I \leq p\sigma^*$，$\frac{\partial v(\frac{I}{p}) - I}{\partial I} \geq 0$.
よって，$v\left(\frac{I}{p}\right) - I$ は，この範囲で増加関数となる．

訳注 11 (13.5) より，$v(qe^*) - \frac{1}{2} < v\left(\frac{1}{p}\right) - 1$.
また，$1 < p\sigma^*$ なので，

$$\forall 1 \leq I \leq p\sigma*, v\left(\frac{1}{p}\right) - 1 < v\left(\frac{I}{p}\right) - I.$$

$v\left(\frac{I}{p}\right) - I$ は，区間 $[0, p\sigma^*]$ 上で増加であることから，

$$\forall 1 \leq I \leq p\sigma^*, \quad v(qe^*) - \frac{1}{2} < v\left(\frac{I}{p}\right) - I.$$

とくに，$v(qe^*) - \frac{1}{2} < v\left(\frac{p\sigma^*}{p}\right) - p\sigma^*$
$= v\left(\frac{we}{p}\right) - we.$
したがって，$v(qe^*) - \frac{1}{2} < v\left(\frac{we}{p}\right) - we$
$= w(e) - \frac{1}{2} + v(qe^*) < v\left(\frac{we}{p}\right),$
となり，これは (13.6) に等しい．

なる場合である

$$\sigma = qe^* \quad \text{かつ} \quad x = we - \frac{1}{2}$$

を選ぶか，ないしは，効用が $we - p\sigma^* + v(\sigma^*)$ となる場合である

$$\sigma = \sigma^* \quad \text{かつ} \quad x = we - p\sigma^*$$

を選ぶかの，いずれかである．この消費者は，

$$-\frac{1}{2} + v(qe^*) < v(\sigma^*) - p\sigma^* \tag{13.8}$$

である限りにおいて，$\sigma = \sigma^*$，かつ，$x = we - p\sigma^*$ を選択する．しかし，不等式 (13.8) は，$I = p\sigma^*$ のときの (13.7) の変形であり，それゆえに同様に単調性の議論により従う．同様の方法で，この消費者は実際に y 財 1 単位の消費を選択する．

われわれは，(c) として与えられる価格のもとでの消費者の最大化問題の解は，(d) において特定化された配分として与えられることを確証した．

最後に，市場の精算(market cleaning)についてわれわれは詳しく検討する．上述の分析から，x 財に対する総需要は，$e \geq \sigma^*/2q$ を持つ消費者から生じることがわれわれにはわかる．その需要は，1 人当たりに置き換えると，$\int_{\sigma^*/2q}^{\infty}(we - p\sigma^*)dF(e) = p\int_{\sigma^*/2q}^{\infty}(2qe - \sigma^*)dF(e)$ である．したがって，これは x 産業における，1 人当たりの意味での，労働に対する総需要でもある(なぜならば，$x = L$ であるからだ)．さて，y 産業における，1 人当たりの意味での労働に対する総需要は，1/2 である．なぜならば，すでにわれわれが示したとおり，各市民は 1 単位の y 財を需要する（そして $y = 2L$ である）からである．したがって，均衡においては，条件（b）の第 2 式が述べるとおり，

$$p\int_{\sigma^*/2q}^{\infty}(2qe - \sigma^*)dF(e) = \frac{1}{2}$$

となる[訳注12].

人口の2分の1が，各々の産業において雇用されているので，スキルの低い部分をわれわれは x 産業に割り当てる．これはまさに（a）を達成するものである．つぎに，y 産業における労働者が，ちょうど需要される y 財の質を生産する能力を有していることをわれわれは示さなければならない（条件（vi））．y 財の質の需要の平均は，以下のようになる．

$$\begin{aligned}(13.9)\qquad &\int_0^{e_M}\frac{1}{p}dF(e)+\int_{e_M}^{\sigma^*/2q}(2qe)dF(e)+\int_{\sigma^*/2q}^{\infty}\sigma^* dF(e)\\ &=\frac{1}{2p}+2q\int_{e_M}^{\sigma^*/2q}edF(e)+\sigma^*\left(1-F\left(\frac{\sigma^*}{2q}\right)\right).\end{aligned}$$

供給される y 財の質の平均は，以下のようになる．

$$(13.10)\qquad q\int_{e_M}^{\infty}\frac{edF(e)}{\frac{1}{2}}=2q\int_{e_M}^{\infty}edF(e).$$

したがって，(13.9) および (13.10) の式が等しくなることを，われわれは証明しなければならない．（b）を用いると，(13.9) の項 $1/2p$ を置き換えて，以下のように書くことができ，

$$\begin{aligned}&\int_{\sigma^*/2q}^{\infty}(2qe-\sigma^*)dF(e)+\int_{e_M}^{\sigma^*/2q}2qedF(e)\\ &\quad+\int_{\sigma^*/2q}^{\infty}\sigma^* dF(e)=2q\int_{e_M}^{\infty}edF(e),\end{aligned}$$

訳注12　y 財の総需要：$\int_0^\infty dF(e)=1$，
y 財の生産関数：$y=2L$，
よって，$\int_0^\infty dF(e)=2L$，
$L_y=\frac{1}{2}\int_0^\infty dF(e)=\frac{1}{2}$（ただし，$L_y$ は y 産業への総労働需要）．
したがって，$L_x=1-\frac{1}{2}=\frac{1}{2}$．
ところで，$L_x=p\int_{\frac{\sigma^*}{2q}}^\infty(2qe-\sigma^*)dF(e)$．
以上より，$L_x=p\int_{\frac{\sigma^*}{2q}}^\infty(2qe-\sigma^*)dF(e)=\frac{1}{2}$ となり，
これは (b) を達成することが確証される．

要請されたとおりに，一致する．

これは，提案された配分および価格が均衡を構成することを証明する．

■（証明終）

次の段階は，モデルをシミュレートすることである．

$$q = \frac{1}{2} \quad \text{かつ} \quad v(\sigma) = 2a\sigma^{1/2}$$

と特定化しよう．測度 $F_D(\cdot, x)$ および $F_A(\cdot, x)$ は，以下の密度関数

$$f_A(e; x_1) = \lambda_A \exp(-\lambda_A e)$$
$$f_D(e; x_0) = \lambda_D \exp(-\lambda_D e)$$

によって与えられる指数関数であり，ここにおいて，

$$(13.11) \qquad \frac{1}{\lambda_A} = m_1 x_1, \quad \frac{1}{\lambda_D} = m_0 x_0, \quad m_1 > m_0$$

であるとわれわれは仮定する．$1/\lambda$ は指数分布の平均であるので，これは，あるタイプの平均スキル水準は，それらの構成員に費やされた教育量についての線形関数であるということを示す．さらに，もし $\overline{x}$ が社会的な1人当たりの教育に関する割当であり，1人当たり x_0 が D タイプに配分されているならば，そのとき，x_1 が A タイプに配分され，ここにおいて x_1 は (13.4) によって与えられることを思い出そう．

もし λ_A および λ_D が2つのタイプの間のスキル分布を特徴づけるならば，そのとき，社会におけるスキル分布は，

$$F(\cdot) = \alpha F_A(\cdot) + \delta F_D(\cdot)$$

という確率分布によって与えられる．したがって，均衡の特定化の（c）の部分で与えられた均衡方程式を

(13.12)
$$p = v'(\sigma^*)$$
$$p\left\{e^{-\lambda_A\sigma^*}\frac{\alpha}{\lambda_A} + \frac{\delta}{\lambda_D}e^{-\lambda_D\sigma^*}\right\} = \frac{1}{2}$$

として計算することができ，ここにおいて中間値 e_M は，

(13.13)
$$\alpha e^{-\lambda_A e_M} + \delta e^{-\lambda_D e_M} = \frac{1}{2}$$

によって与えられる（スキルを表す e と自然対数 e とがまぎらわしくなることをお詫びする）．あるパラメーター $(a, \alpha, \delta, \overline{x}, m_0, m_1)$ を選択して，さまざまな x_0 についての均衡をわれわれは計算することができる．

私は $a = 3$，$\alpha = 0.75$，$\delta = 0.25$，$\overline{x} = 0.20$，$m_0 = 1$，$m_1 = 2$ に関する，いくつかの結果について提示する．完全な機会の平等が生ずるのは，教育的資源が以下となるように分配されたときである．

(13.14)
$$m_0 x_0 = m_1 x_1.$$

なぜならば，この点において，2 つのタイプにおけるスキルの分布が一致するからである．これらのパラメーターに関して，(13.14) は，$x_0 = 0.32$，$x_1 = 0.16$ のときに生ずる．表 13.1 では，x_0 を 0.20 から 0.32 まで変化させたとき，さまざまな均衡値に何が起こるかについて提示した．$x_0 = x_1 = 0.20$ のとき，同一量の教育的資源をすべての子供達に対してわれわれはつぎ込む．

表 13.1 の各行は，行の第 1 成分において示された教育的資源の配分により生成されたスキルの分布 F に関して算出された，モデルの均衡の特性を提示する．各行の値はいずれも条件（C1）から（C4）を満たし，そうであるがゆえに，実際，これらの値は偽りなく均衡を構成する．表 13.1 において，σ_{lo} は x 産業の労働者によって消費される y 財の質であり，σ^* は，十分にスキルの高い諸個人のコーホートによって消費される y 財の質である．同様に，y 財の質 1 単位当たりの価格 p も提示している．

$x_0 = x_1 = 0.20$ から，$x_0 = 0.32$，$x_1 = 0.16$ の完全な機会の平等へとわれわれが進んでいくにつれ，D タイプの平均的な厚生（$\mathrm{wel_D}$）は増加し，A タ

表 13.1　教育的資源のさまざまな分配における均衡値

x_0	e_M	σ^*	σ_{lo}	p	$\mathrm{wel_D}$	$\mathrm{wel_A}$	avewel
0.20	0.231	0.427	0.218	4.589	3.149	3.944	3.746
0.22	0.231	0.415	0.215	4.655	3.21	3.888	3.718
0.24	0.231	0.404	0.212	4.719	3.276	3.83	3.691
0.26	0.229	0.394	0.209	4.779	3.349	3.771	3.666
0.28	0.228	0.385	0.207	4.836	3.426	3.712	3.641
0.30	0.225	0.376	0.204	4.89	3.507	3.653	3.617
0.32	0.222	0.368	0.202	4.942	3.593	3.593	3.593

イプの平均的な厚生は低下することが確認できる．機会の平等と，消費財の質との間のトレードオフは，σ^* および σ_{lo} の値の下落において明白である．機会が平等になるにつれて，生産される y 財の質の値域は，明らかに縮小する．実際のところ，機会が平等化されるとき，高いスキルを有する諸個人のコーホートが質の低い y 財を消費するだけではなく，スキル分布の下半分に属する人々にとっても同様である．というのは，彼らは x 産業において雇用され，質 σ_{lo} を消費するからである．それにもかかわらず，平均して，機会が平等化されるにつれて，不遇な諸個人の暮らしは良くなる．なぜならば，質の価格は上昇するけれども，y 産業で雇用されている不遇なタイプの割合は増加し，したがってより高い賃金を得るからである．y 産業において支払われる賃金の下限は pe_M であり，これは x 産業において支払われる賃金 1 よりも高いことに注意しよう．

さて，表 13.1 の最後の行が，事実上，考慮中の問題に関して，ある一定の 1 人当たり資源量を各タイプに対して割り当てるという制約のもとでの EOp 目的である（4.2a）の解を表していることに気がつく．このことは，すなわち，区間 [0.20, 0.32] における x_0 の値に関して，$\min[V^D(\pi; x_0), V^A(\pi; x_1)] = V^D(\pi; x_0)$ であることゆえである．ただし，$V^D(\pi; x_0)$ は，x_0 が D の教育に投資されている場合の，均衡における，タイプ D の努力分布の π 番目の 100 分位数に位置する個人の効用である（V^D および V^A の正確な定義についての以下を参照のこと）．したがって，（4.2a）の解は，

$$\max_{x_0} \int_0^1 V^D(\pi; x_0) d\pi$$
$$\text{ただし}, 0 \leq x_0 \leq 0.32,$$

となる．しかし，この積分は，ちょうど D タイプの平均効用を表しており，それは $x_0 = 0.32$ で最大化される（表13.1の「$\mathrm{wel_D}$」列の最後の行を参照のこと）．

われわれは，表13.1より，ある個人がどの程度機会の平等を提唱するかは，その個人の分配的正義の理論に依拠することを確認できる．最後の列は社会における平均厚生を提示する．したがって，功利主義者は表にある配分の中から選択することを強いられるならば，$x_0 = x_1 = 0.20$ を選択するだろう（もし彼女の功利主義が「形式的な」均等な教育機会についての何らかの条件によって制約されていなければ，A タイプにさらにより多くの教育的資源を配分することを彼女は好むかもしれない）．（4.2a）を解く機会平等主義者は，前の段落で示したとおり，$x_0 = 0.32$ を唱道するだろう．

表13.1において明白な「平等 – 効率のトレードオフ」への1つの対応は，すべての子供達に同一量の教育的資源を費やすが，所得税を通じて有利な人々から不遇な人々へ所得移転を行うということだろう．しかしながら，この移転は，以下の3つの理由から，道徳的なコストが小さくない．1つめは，所得税は，それ自身の非効率性をもたらすことだ．2つめは，このモデルでは表現されていないが，現実には，よりスキルの高い仕事（y 産業）で働くことから諸個人は自尊心を得ており，これは所得移転によって完全には置き換えられないということだ．そして3つめは，所得税は有利な人々から不遇な人々へ所得を移転するだけではなく，タイプ内で高い努力の諸個人から低い努力の諸個人へも所得を移転し，これは機会の平等の観点[26]からは，明らかに望ましいというわけではない．これらの理由から，所得税は万能薬とはならない．所得税

26 機会の平等の観点から，以下のことが言える．すなわち，ある所与のタイプにおいて，より多くの努力を費やす人々は，より少ない努力しか費やさない人々よりも，より良くなるべきである，と．しかし，どれくらい良いかは示されない．機会が平等化されていることを所与とした所得の市場的配分は，極端すぎるのではないか．

の利用を完全に拒否することが馬鹿げているのは疑いのないことではあるが.

シミュレーションの例では，構成上，明らかに，$x_0 = 0.32$ および $x_1 = 0.16$ において，将来の厚生に関する機会は平等化される．その平等化の最初のやっかいな1つの側面は，ここでは $x_0 = 0.20$ となる「平等な資源」配分のもとでよりも，社会によって生産される y 財の質が低下することである．厚生に関する機会に関心を持つ者達にとっては，この低下は重要ではない．財の性質が人間の厚生に及ぼす効果から離れて，財の性質それ自身の変化を嘆くのは，商品物神崇拝者か完全主義者だろう．表13.1の行を下に移るにつれて，より多くの不遇なタイプの構成員が外科医になる．その結果として，彼らの暮らし向きは，外科医の比較的高い賃金ゆえに良くなる．社会が受け入れる外科医の質は，平均して，以前より低くなるけれども．

しかしながら，表13.1の最初の行から最後の行に移動するにつれて，**諸個人**の厚生に何が起こるかをより正確に考察することは，われわれにとっての義務である．そのために，そのような移行にある各個人の経路が確認可能なことがわれわれには必要である．以下のことを仮定するのは妥当だろう．すなわち，いずれかのタイプに属する，ある所与の構成員は，そのタイプの人々の教育につぎ込まれる資源の賦与が変化しても，努力の分布（それゆえ，スキルの分布）上の相対的な位置を保ち続けるものとする．それゆえ，各個人を，0と1の間のある数 π をもって，われわれは同定できる．それは彼女の属するタイプのスキル分布における彼女の100分位数である．

D タイプにおける教育投資が1人当たり x_0 であるとき，$e_D(\pi, x_0)$ はそのタイプのスキル分布における π 番目の100分位数に位置する個人によって達成されるスキル水準であるとしよう．定義より，

$$\text{(13.15a)} \qquad \pi = F_D(e_D(\pi, x_0); x_0)$$

であり，ここにおいて，$F_D(\cdot; x_0)$ は，教育投資が x_0 のときの．D タイプのスキルについての累積分布関数である．同様の方法で，A タイプについての $e_{\mathrm{A}}(\pi, x_1)$ を，

$$\text{(13.15b)} \qquad \pi = F_A(e_A(\pi, x_1); x_1)$$

によって定義することができる．先に定義された指数分布をわれわれが取り扱っていることを思い出せば，$e_D(\pi, x_0)$ および $e_A(\pi, x_1)$ に関して，われわれは方程式 (13.15a) および (13.15b) において以下のように解くことができる．

$$e_D(\pi, x_0) = -m_0 x_0 \log(1-\pi)$$

および，
$$e_A(\pi, x_1) = -m_1 x_1 \log(1-\pi).$$

先に導かれた均衡配分の性質を用いれば，教育支出が x_0 のときの D タイプにおける π 番目の 100 分位数に位置する個人の効用を，

$$V^D(\pi; x_0) = \begin{cases} v(1/p), \quad e_D(\pi, x_0) \leq e_M \text{の場合} \\ v(e_D(\pi, x_0)), \quad e_M < e_D(\pi, x_0) < \sigma^* \text{の場合} \\ v(\sigma^*) + p(e_D(\pi, x_0) - \sigma^*), \ e_D(\pi, x_0) \geq \sigma^* \text{の場合} \end{cases}$$

として，ここで表すことができる．類似の定式が，間接効用関数 $V^A(\pi; x_1)$ でも適用され，それは教育支出が x_1 であるときの A タイプにおける π 番目の 100 分位数に位置する個人の効用を与える．

図 13.1 では，$x_0 = 0.20$ および 0.32 についての（すなわち，表 13.1 の最初および最後の行に対応する），関数 $V^D(\pi; x_0)$ のグラフを私は描いた．2 つのグラフの平らな線分は，x 産業で雇用された諸個人の効用に対応する．D タイプの努力分布の下半分において努力を費やす人々は，資源平等化（$x_0 = 0.20$）政策のもとよりも，機会平等化政策のもとでのほうが，悪くなることに注意したい．図 13.2 は，表 13.1 の最初および最後の行に対応する $V^A(\pi; x_1)$ のグラフを表す．A タイプのすべての個人は，資源平等化政策のもとよりも，機会平等化政策のもとでのほうが，悪くなる．シミュレーションにおいて，$\alpha = 0.75$ および $\delta = 0.25$ なので，このことは，資源平等化から機会平等化政策への移行において，人口の 87.5 パーセントは状態が悪くなることを意味する．完全機会平等主義政策の唯一の支援者は，不遇なタイプに属するより勤勉な半分の諸個人だけとなる．

もしこの経済において，完全機会平等主義政策をわれわれが遂行するならば，われわれは度を超すことになるかもしれない．度を超さない場合を仮定し

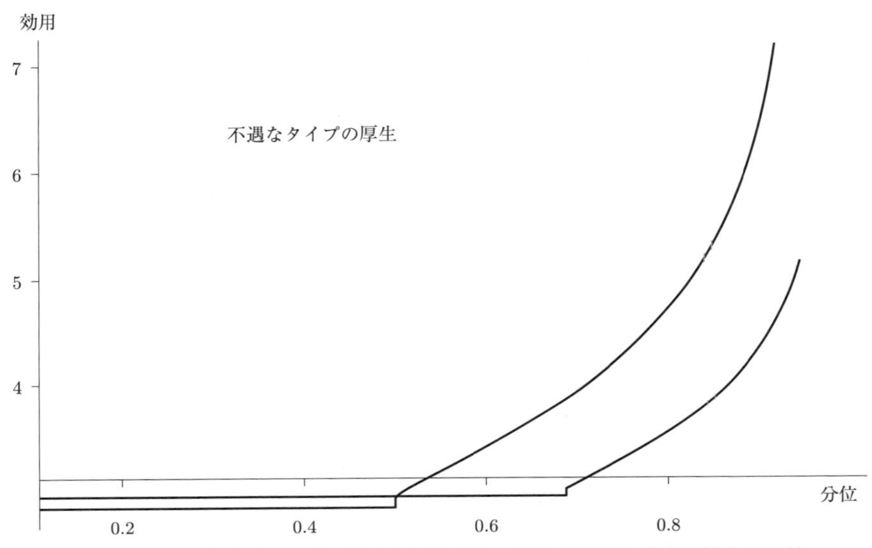

図 13.1　D タイプにおける個人の厚生水準，資源平等化と機会平等化の比較

よう——より具体的には，表 13.1 における 1 行目から 2 行目に移動するだけと仮定しよう．この場合において，以下のことがわかる．すなわち，A タイプに属するあらゆる人々の厚生は低下し，D タイプに属する人々のおおむね 65 パーセントの厚生が低下する．なぜならば，表 13.1 の 2 行目の均衡において，D タイプの約 65 パーセントが x 産業に雇用されたままであるからだ．もちろん，表 13.1 の 1 行目から 2 行目への移動に伴う厚生の変化は相当小さいが，この移動において社会における諸個人の 91 パーセントが厚生の下落をこうむる事例となる．

A タイプの構成員の厚生水準が私の描写した政策の変化において下落することについては，気にしなくてもよい．なぜならば，仮説より，それらの人々はその境遇から不公正に利益を得ているからである．しかし，D タイプのかなりの割合の人々の厚生水準の下落によって苦悩することになる理由を私はぜひ確認したい．この例の重要な定性的側面は，諸タイプ間における厚生に関する機会の平等化の追求において，不遇なタイプの構成員の厚生水準はすべて同

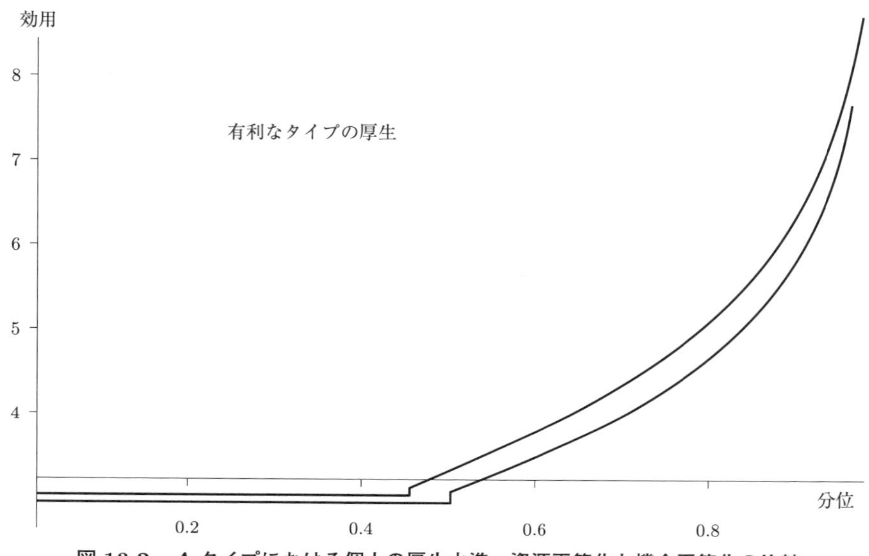

図 13.2　*A* タイプにおける個人の厚生水準，資源平等化と機会平等化の比較

じ方向に動くわけではないということだ．しかしながら，この非単調性は，境遇ないし運に起因するのではなく，いわばワルラス的配分メカニズムおよび指数分布の特異性に起因する．

結論として，繰り返しとはなるが，機会の平等の原理だけでは，程度の問題を解決するには不十分かもしれない．第 12 章で議論された問題に追加して，ある問題をこの章は提起した．すなわち，機会の平等の遂行は，一般的に不遇なタイプの構成員達の機会を高めるように設計されている．だが，その彼らのかなりの割合に，害を与えるかもしれないという問題である．機会平等主義に完全にコミットしている人はこう言うかもしれない．その通り，ある構成員達は，十分な努力を行使して機会を現実化することができずにいる，だが，資源平等から機会平等の教育的政策へと移行することで，不遇なタイプに属するあらゆる構成員の機会は**確かに**改善するのだ，と．私にとっては，機会平等主義的政策のもとで，不遇なタイプの人口の半数で実際には（厚生が）悪化するということは，依然として問題である．

第 14 章

アファーマティブ・アクション

われわれは，第９章と第11章でアファーマティブ・アクションの一例を見てきた．機会平等政策の実行は，おそらく，不遇なタイプ出身の子供達により多くの１人当たり資源を支出することを要求するだろう．だが，この政策は教育的資源の非効率的な使用を不可避的に伴うという通説は不正確である．というのも，（社会的に）最大化されるべきものが何か不確かだからである．たしかに，総生産が最大化されるべきものであるとしたら，不遇な子供達により多くの資源を支出することは非効率的であるかもしれない．しかし，最大化されるべきものが機会の平等の目的関数であるとしたら，そのような教育的資源の配分は非効率的ではない．簡潔に言えば，GNP 最大化の観点では非効率的であることが，機会平等化の観点では非効率的ではないかもしれないということである．機会の平等を目指している社会は，GNP 最大化を目指している社会よりも低いレベルの１人当たり GNP しか一般的には達成しないのは当然だという単純な点が，通説ではあまり理解されていないのである．

私は，アファーマティブ・アクションとは，社会政策において一部のタイプを他のタイプよりも好意的に扱うことであると定義する．ここでは，第２章で見たように，タイプは，個々人が咎責性を負わされるべきではないと社会がみなす，諸特性のベクトルについての特定の値として特徴づけられる個人の集団として定義される．この定義を念頭におきながら，アファーマティブ・アクションに関する通説を分析することは有益である．

第１の論点は，一般的に議論されるアファーマティブ・アクションの正当化の性質についてである．アファーマティブ・アクションは応報的正義(retributive justice)に基づいて，すなわち，彼らの祖先に対する不正な取り扱いを理由に，現在生きている彼らに補償するものとして，正当化されるのだと言われることがよくある．アファーマティブ・アクションの支持者達がこの主張を持ち出すことはそれほどないとしても，アファーマティブ・アクション批判者の多くはこの主張が彼らの正当化論拠であると受け取っている（アメリカのラジオ・トークショーを聞く人は皆，この論拠をあげたアファーマティブ・アクション批判を頻繁に聞いているはずである）．私が思うに，これはまずい議論である（より詳しくは Elster 1993 を見よ）．補償によって増大するのは誰の厚生なのだろうか．すでに死んでいる祖先の厚生でないことは確かである[27]．いまここで，現在生きている子孫の効用関数に祖先の厚生がかなりの重要性をもって入ってくるとすれば，そのような（現在生きている子孫に対する）好意的な扱いは正当化されると主張できるかもしれない．この前提のもとでは，子孫達は自身の制御を越えた事柄，つまり，彼らの祖先に対するひどい扱いのせいで，現在生きている他の個人よりも低い厚生しか得られないことになるからである．しかし，私はこの前提は不確かであると思う．奴隷の曾孫達への彼らの曾祖父母からの直接的な「消費」効果はおそらく非常に小さいものである（ここで私が言いたいのは，奴隷であった祖先の悲惨な生活を考える際に，その個人が感じる不効用のことである）．

しかし，無視できないのは，彼らの祖先達が奴隷であったことによって，いま生きている個々人の資源の利用可能性が受ける一般的な影響である．ある個人の祖先が奴隷であることは，**実際に**その人の「資源賦存」と因果関係を持つのか否かについては議論の余地があるだろう．だが，実際に因果関係を持つとすれば，子孫達の財産への直接的影響，子孫達の文化への直接的影響，子孫達の自尊心への直接的影響，その他の社会構成員による子孫達の扱い――これは彼らの稼得能力や自尊心に影響するかもしれない――への直接的影響，これらのいずれであれ，タイプの１つの次元として許容できるだろう．

言及に値する第2の論点は，「不遇な」タイプのメンバーが生産過程上で，ある地位を割り当てられたがために，その地位に関する生産性ではるかに勝っている他の人々が排除されてしまう類のアファーマティブ・アクションである．この論点は第12章ですでに論じている．

不遇なタイプ出身で相対的に低い能力の個人がある稀少な地位をあてがわれるとき，その不遇なタイプの人よりもその地位にもっとふさわしい個人が

27　しかしながら，すでに死亡した個人の厚生であっても，彼の死後に起こることによって変わってくる可能性があると主張する哲学的立場が存在する．厚生というものがその人の人生のプランが満たされる程度であるとしたら，その個人の死後しばらくはその程度は確定されないかもしれないので，そのようなこともありうる．たとえば，フランス革命の意義について問われたときに，周恩来が「それを語るのは時期尚早だ」と言ったようにである．

それを得るべきだった，ということがよく言われる．「もっとふさわしい」とは，2つの可能性の中の1つを意味している．すなわち，（i）排除された個人は，職をめぐる競争の勝者を排出したタイプよりも，もっと不遇なタイプの出身であったということ，あるいは，（ii）排除された個人は，その職を得た人よりも高い生産性を有するという意味で，その職への適性が高かったということ，のいずれかである．このパラグラフでは，（i）の意味での「もっとふさわしい」のみに関心を寄せる．（ii）の意味は次のパラグラフでの関心事とする．もし，排除された個人がより不利なタイプの出身であったとしたら，彼の異議申立てはEOpの根拠に基づいて正当化される可能性がある．もっと言えば，アメリカのアファーマティブ・アクションに対する白人労働者階級の巻き返しは，この根拠に基づけば部分的には正当化される．われわれのなじみのカテゴリーを用いれば，次のように言えるだろう．不遇さとの因果連関に関しては，出身階級のほうが人種よりも，タイプを定義するより適切な要素である（これはむろん経験的な問題である．イギリスとは対照的に，U.S. Censusでは階級データがまったく収集されていなかったこと，そしてその結果として，人種がアメリカにおける階級の不完全な近似としてよく用いられていることはよく知られている．人種に基づいたアファーマティブ・アクション政策というものは，このより一般的なアメリカ的錯誤の一例と言えるのかもしれない）．階級がそう解釈されたものとして，希少な地位の分配に関する基準とされるのであれば，EOp原理は，それぞれのタイプの「努力」分布の同じ100分位数に位置するすべての個人に，地位を（可能である限り）平等に配分することを要求することになる．具体的には，努力が高等学校での生徒の適性を測る測度とみなされ，努力の頻度分布がタイプごとに計算されるとしたら，黒人（としておこう）でSAT（学習基礎能力試験）のスコアが900である生徒は，SATのスコアが1100である白人の生徒と同じ「努力」の100分位数にあるとみなされるかもしれない．

（ii）の主張には2つの解釈の余地がある．（ii a）あるジョブに関連する属性をはるかに多く持つ人は，そのことだけで，その地位に値するという解釈，または，（ii b）そのジョブに関連する属性をはるかに多く持つ人は，その地位においての生産性がより高い（つまり，社会によりよい製品ないしサービスを提供する）ので，その地位に値するという解釈，のいずれかである．

（ⅱa）の見解は，政治哲学において自己所有権テーゼと呼ばれているものから導かれると思われる．G. A. コーヘンはそれを次のように定義する．奴隷所有者が法的権利として，完全な動産である奴隷に対して有するすべての権利を，各個人は，道徳的権利として自分自身に対して保持している．そして，奴隷所有者が彼の奴隷を自由に処する権原を有すると法的に言えるように，各個人は，自分自身を自分に処する権原を有していると道徳的にいうことができる（Cohen 1995, p.68）．具体的に自己所有権テーゼが言っているのは，個人はその人の属性に対して私的所有の権利を持つべきであり，それゆえそのサービスを市場で売る権原を有しているのだということである．たとえば，そこから派生する所得に対する強制的な課税は，道徳的に正当化することのできない所有権の侵害となるのである．自己所有権テーゼはアファーマティブ・アクション政策を否定するためにも無理なく使われると思う．というのは，そのような政策は一部のタイプを他のタイプよりも厚遇することにより，市場の作用を妨げるからである．しかしながら，自己所有権が，（ⅱa）の主張が述べるように，ある属性の持ち主は〔それだけで〕ある地位に値するということを証明しているとは思えない．むしろ，自己所有権の根拠に基づくならば，その人はその地位に対する権原を有しているのである．ここで私は再びルーカスの区分を参照したい．人があるものを占めるに値するのは，その人がすでに為したことに拠るのであって，その人が法的権利によって有するものに拠るのではない．

（ⅱb）の主張のほうが適切である．そして，私が第12章で述べたように，相対的に能力の劣る個人を雇用することが正しいか否かは，それぞれの職に関してそうすることの費用と便益によって決まるのである．私の結論は，それらの費用の中でも，巻き返しという結果によって（アファーマティブ・アクションを適用する）費用が便益を上回ってしまうだろう，というものであった．

アメリカにおけるアファーマティブ・アクション政策の正当化には二面性があり，それがその政策に対する巻き返しにかなり寄与した可能性がある．アファーマティブ・アクションを擁護する人々は，この政策を平等な機会の非識別主義的形態として記述することが多い．すなわち，現行のアファーマティブ・アクション政策は，当該地位の任務を遂行するうえで必要な属性を有するすべての人が，候補者のプールに含められることだけを要求するのだが，ひとたびその範囲が確定されたとしたら，その職に対して「最も適した」個人が（おそらく同等の場合には過去の不遇さを勘案して）選ばれるように要求する[28]．しかしながら，遂行される政策はしばしば——通常そうだというわけでないとしても——EOp 的な形態のものになる．すなわち，タイプの異なる個々人に対して異なる「有能さ」の基準が適用されるのである．事実，連邦の規制や規則が一定の「目標」や「タイムテーブル」を要求している場合には，諸機関（企業，大学）は規定事項に即して何らかの成果をあげるために，EOp 的な機会の平等を適用するのが普通である．すなわちそれらの機関は目標を達成するために，不遇なタイプの候補者の中から，たとえ彼らが相対的に能力が劣るとしても，一定数を雇用しなくてはならないのである．もし，非識別原理のみが適用されているのだという誤った主張のかわりに，EOp アプローチの道徳的正しさを示す主張がなされていたとしたら，巻き返しは実際よりもかなり小規模なものにとどめることができるだろう．結局のところ，積極的に推進されているのは非識別原理だけだと言われているとしたら，EOp 政策（の近似）と彼らが正しくもみなしているものを，彼らが受け入れるだろうか．

さきほど述べたように，私の見解は，便益が費用を上回る時はつねに EOp 政策が遂行されるべきだというものである（第 13 章で見たように，その便益 - 費用計算は困難であるかもしれないが）．しかしながら，この評価には特殊な社会厚生関数を使う必要がある．多様な社会においてはすべての市民が同じ社会厚生関数を採用することに同意するなどと期待することはできないが，

28　この二面性を示すものとして，次の一例はわかりやすい．クリントン大統領は，アファーマティブ・アクションは有資格者のプールの中から最も適した個人のみがその地位に就くよう要請するのだと述べた．しかし彼はまた，すべての連邦部局に対してそのアファーマティブ・アクション政策を終結させる時期にきているかどうかを検討するよう諮問している．これが意味するのは，諸部局が最も適した人だけを雇用するのを止めるべき時が，その政策を終わらせる時期なのだと大統領が示唆している，ということなのだろうか．明らかにそうではない——それは正反対に，最も適した人**でない**人々に対する好意的取り扱いが必要でなくなる時，その政策を終わらせるのだということである．しかしこのことは，アファーマティブ・アクションはプールのなかで最も適した人だけを雇用するよう要請するのだという彼の主張と直接に矛盾する．

ほとんどの人が何らかの機会平等化政策に同意するだろうとは期待できるのである．第12章で説明した私の妥協的な提案は，政治的に現実味があるものとして企図したものである．すなわち，キャリアや職をめぐる競争に必要な属性を習得する際にはEOp原理を適用するが，職保持者のリクルートには非識別原理を適用する，というものである．この提案の後半部分は大多数の市民が受け入れることのできるものだと思う．前半部分が受け入れられるためには，EOp的見解に関する原理的な議論が必要になるだろうが，それには現行のアファーマティブ・アクション政策が抱える二面性を克服する必要がある．

EOp的なアファーマティブ・アクションに反対する，さらなる2つの主張に言及すべきだろう．第1のものは，アファーマティブ・アクション政策は不遇なタイプの人々の厚生を向上させることに成功しない，と主張する．これにはしばしば次の2つの理由が挙げられる．他の人々より劣った能率でしか生産できない地位におかれたとしたら，人は厚生――とくに自尊心――を得られない．また，そのような地位にそのような個人を置くことは，不遇なタイプの人に対する弊害として作用しがちな巻き返しを引き起こす．この2つめの理由は，社会がEOpを目標として容認しないことに起因するものだろう．いま求められているのは，アファーマティブ・アクションを終わらせることというより，競技場を平準化することの重要性に関するさらなる社会的議論であるかもしれない．（1つめの理由である）職において相対的に能率が悪いことから生じる自尊心の喪失は，部分的には巻き返しによるものであるが，おそらくそれは原因の一部に過ぎない．たとえ障害者が相対的に低いパフォーマンスしか示せないとしても，彼らがその職に就いているということが，能力のまさる同僚達から温かく支えられるとしたら，職に就くことによる自尊心を障害者が大きく享受する状況は，間違いなく存在するのである．これが意味するのは，アファーマティブ・アクションの受益者達が，職での能率が相対的に劣ることを理由に，自尊心の喪失を経験することがあるとしたら，その主要な原因は同僚達が示すいらだちにある，ということである．

最後に，アファーマティブ・アクションは，そのインセンティブ効果のまずさゆえに，より不利な，あるいはより特権性の低いタイプの人々の不遇な地位を永続させる結果になると主張をする人もいる．この主張を明確に示したのがローリィ(Loury 1995)である．簡潔に言って，その考えは次のようなものである．政府が課した雇用の割当を達成するために，企業は恵まれていないタイプの労働者を，適性がないにもかかわらず雇う可能性がある．この事情を知ることによって，不遇なタイプ出身の労働者達はスキルを習得するインセンティブを，そうでなかった場合に比べて，低下させるのである．しかしながら，ローリィは不遇なタイプ出身者の雇用をいきなり極端に増やすのではなく，望ましい水準に徐々に引き上げるという雇用割当の流列をとることによって，このような有害な結果を避けられることをも示している．より一般的に言えば，ローリィの出した例は，第5章で論じられた問題——不遇なタイプを好意的に取り扱うことは，それらのタイプが発揮する努力を減少させる可能性がある——の特別なケースである．その章で，すでに私はそのような可能性に対処するための一般的な手続きを論じてある．

第 15 章

結論的覚書

本書において，私はミクロ志向のアプローチを採用した．すなわち，取り決められた種類の成功ないしは有利性を取得する機会を構成員の間で平等化するためには，政策目標とされた人々に社会的資源をいかに分配すべきであるかを探求した．それとは対照的に，健康に関して機会平等化をめざすマクロ志向のアプローチであれば，たとえば，タバコ広告の違法化が提起されるだろう．教育に関しては，たとえば，学校卒業年齢の1年間の延長（それは恵まれた人々より不遇な人々の在学年数を増やすだろう），または，財政ないし金融政策を通じて高卒者の失業率を下げるという政策が提起されるだろう．さらに，失業に関しては，2次部門の職の性質を変える，あるいは，そのような職の数を減らすといった試みがなされるだろう（たとえば最低賃金を引上げるなど）．

私は，ミクロなアプローチのみが用いられるべきだとか，それがマクロのアプローチよりも有効だとか言いたいわけではない．逆に，少なくともある程度までは，マクロアプローチのほうがしばしばより有効性が高いと信じている．むしろ，私の分析は，不遇な状況の緩和を目的とするマクロ政策を社会が実行した後に，適用されるものとして理解されるべきだろう．なぜなら，それらのマクロ政策が実行された後にも，機会の不平等は残るだろうから，そこで社会は，個人の諸タイプ間で多様な資源をいかに公正に配分するのかという問題に向き合わねばならなくなるのである．

読者諸氏がそのうち気づくように，機会平等化政策に向けて，実際にEOpアルゴリズムを適用する仕方には，かなりの自由度が存在する．成功または有利性の尺度，タイプの定義，努力の測度，可能な政策の集合，配分ルールの特定化の形式，そして最後に，当該個々人に対して資源が最終的に届けられる仕組み，こういったものをわれわれは選択しなければならない（この最後の項目が意味していることは，たとえば第11章で簡潔に論じたように，教育的資源の分配を生徒へのバウチャーを通じて行うのか，あるいは，学校への予算を通じて行うのか，などに関する選択である）．このような選択には価値の問題（有利性をどのように測定するのか）が入り込んでくる場合がある．また，誘因両立性や情報の非対称性といった論点（努力は客観的に観察されうるか，タイプは客観的に観察されうるか），政治的な論点（タイプの定義，巻き返しの可能性），さらには統計の利用可能性といった論点（タイプと配分ルールに対応した努力分布を計算できるような研究成果をわれわれは持っているのか）が関係してくる．これらの論点が惹起するさまざまな問題を解決する完全なレシピを私は提供していないので，本書の研究が機会を平等化するアルゴリズムを提供するものであると喧伝することは，おそらくミスリーディングだろう．

それだけでなく，わたしは何が機会の平等であるかを記述することに専念した．適用範囲と程度の問題についての研究はその端緒についたに過ぎない．いかなる種類の社会的競合に機会の平等を適用するべきか，いつ適用するべきか，どの程度まで実行するべきか．これらは未解決の問題として残されている．

参照文献

Arneson, R. 1989. "Equality and equal opportunity for welfare." *Philosophical Studies* 56, 77-93.

——1990. "Liberalism, distributive subjectivism, and equal opportunity for welfare." *Philosophy & Public Affairs* 19, 159-194.

Betts, J. 1996. "Is there a link between school inputs and earnings? Fresh scrutinyof an old literature." In G. Burtless, ed., *Does Money Matter? The Effect of School Resources on Student Achievement and Adult Success.* Washington, D.C.: Brookings Institution.

Cohen, G. A. 1989. "On the currency of egalitarian justice." *Ethics* 99, 906-944.

——1993. "Equality of what? On welfare, goods, and capabilities." In Martha C. Nussbaum and Amartya Sen, eds., *The Quality of Life.* Oxford: Clarendon Press.

——1995. *Self-Ownership, Freedom, and Equality.* Cambridge: Cambridge University Press.

Dworkin, R. 1981a. "What is equality? Part 1: Equality of welfare." *Philosophy & Public Affairs* 10, 185-246.

——1981b. "What is equality? Part 2: Equality of resources." *Philosophy & Public Affairs* 10, 283-345.

Elster, J. 1993. "Ethical individualism and presentism." *The Monist* 76, 333-348.

Herrnstein, R. J., and C. Murray. 1994. *The Bell Curve.* New York: Free Press.

Jensen, A. R. 1969. "How much can we boost IQ and scholastic achievement?" *Harvard Educational Review* 39, 1-123.

Loury, G. 1995. "Conceptual problems in the enforcement of anti-discrimination laws." Dept. of Economics, Boston University.

Lucas, J. R. 1995. *Responsibility.* Oxford: Clarendon Press.

Ortega y Gasset, J. 1914. "Meditaciones del Quijote." In *Obras Completas,* vol. I. Madrid: Revista de Occiente, 1983（佐々木孝訳『ドン・キホーテをめぐる思索』未來社，1987年）.

Roemer, J. 1996. *Theories of Distributive Justice.* Cambridge, Mass.: Harvard University Press.

Scanlon, T. 1986. "Equality of resources and equality of welfare: A forced marriage?" *Ethics* 97, 111-118.

——1988. "The significance of choice." In S. McMurrin, ed., *The Tanner Lectures on Human Values*, vol. 8. Salt Lake City: University of Utah Press.
Sen, A. 1985. *Commodities and Capabilities*. Amsterdam: North-Holland.

補論

機会の平等を擁護する[1]

1　機会の平等について批判を書いてくれた方々に，そしてG. A. コーエンには本稿の草稿に対するコメントに関して，キャサリン・ウィルソンには編集上の提案に関して，感謝する．

私がこれまでの著作(Roemer 1993, 1996, 1998, 2002)において詳説した平等な機会に関する理論は，5つの用語を使っている．すなわち，目標，境遇，タイプ，努力，政策である．**目標**(*objective*)とは，ある所与の母集団内で獲得の機会を平等化しようとする帰結ないし福祉ないし有利性である．**境遇**(*circumstance*)とは，個人の制御を超えて，彼ないし彼女の当該目標獲得のチャンスに働きかける環境的な影響の集合である．**タイプ**(*type*)とは，当該人口においてある所与の境遇集合を有する個人の集団である．**努力**(*effort*)とは――個人の制御の範囲内にある――自律的に選択された行為であり，それが大量に費やされる場合には，当該個人が当該目標を獲得する程度は上昇するだろう．**政策**(*policy*)とは，諸個人が目標を獲得する程度に影響を与えるために用いられる社会的な介入策である．機会 - 平等政策とは（大まかに言えば），実行可能な諸政策の中で，諸個人が目標を獲得する程度は彼らの境遇からは独立であり，彼らの努力のみに影響される，という状況を実現する政策である．私は，適切なデータを与件として，何らかの所与の境遇における機会 - 平等政策を計算する手法と，どのような環境的側面が境遇を構成するかについて決定する手法を提案したのだった．以上の手短な要約は細部を多く省略しているが，それらは以下で詳述する．

この理論とアルゴリズムが日の目を見て以来，多くの方が批判を寄せてくださった．そして，*The Monist* 編集者の方々には，ここでそれらに応答する機会を与えてくださったことに感謝している．

1

「境遇」に関する私の概念化の弱点を指摘するのに有益なので，マティアス・リッセ(Risse 2002)の批判から始めることとする[2]．

リッセは，私の見解には2つの重大な前提が含まれているとする．

MR1.（二分法）　選択と境遇との間で区分があり，目標に関する成功は当人

2　Risse(2002)で詳説された第2の批判点は後述8節で扱う．

の選択（努力）のみによるべきだが，境遇のネガティブな影響は補償の理由となる．

MR2. (尺度)　ある個人の選択（ゆえに，彼女のみが答責性を有する行為(パフォーマンス) の範囲）は，他の諸個人の選択との比較において評価される．

具体的にするため，1つの例をとろう：賃金－稼得能力(wage-earning capacity)が目標であり，ある個人の賃金は，彼女が学校で過ごした年数および彼女の子供時代の家族の社会－経済的地位(SES)に，正確かつ単調に関係する．ここに，1つの「生産関数」が得られるのであり，それは，他のインプットが一定であるとして，ある個人の将来の賃金を（年単位で粗く測定される）彼女の学校における努力と彼女のSESとに，明確なかたちで関係させるのである．それゆえ，われわれは，個人の境遇を彼女の家族のSESとして，個人の努力水準を彼女の学校出席年数として解釈することになる．

境遇とは，個人を取り巻く環境の中でも，彼女の制御を超えかつ彼女の目標の達成に影響を与えるものであり，他方で努力とは，明示的に彼女の制御下にあるとされる諸行為の布置である．「制御」という言葉を使っていることから，ある個人が自身の行動を一定程度変える能力を持つことが示唆されている．彼女の選択のすべてが決定論的に説明されうるわけではないからであれ，決定論は真正の選択と並存しうるから——両立主義者(compatibilist)の見解——であれ，両立主義者の姿勢はここでの理論にとって最も妥当な前提であると思われる．だが，私がしばしば言ってきたのは，たとえそれがその人の制御を超えるとしても，社会は特定の行為に対して個人に責任を負わせることがありうる，ということだ．その場合，努力とは社会が当該個人に責任を負わせるそれら行為のことであると解釈されてよいだろう．

努力と境遇に加えて，個人が達成する目標の値に影響する第3のインプットが介入政策(the intervening policy)——この例では，おそらく国家が教育に投入する資源——である．そこで，完全な生産関数は次のように表現できる．

$$v^i = v(e^i, C^{t(i)}, x^{t(i)}). \qquad (1)$$

ここで，v^i は個人 i の目標の達成値，e^i は i の努力水準，$t^{(i)}$ は i が所属するタイプ，$C^{t(i)}$ は i のタイプの境遇，$x^{t(i)}$ は i のタイプが享受する政策介入の価値，である．

リッセは，(1) が特別なケースであると指摘する．より一般的な文脈では，ある個人の成功は他者達の努力に左右される．他者の努力は，各個人と密接な関連を持つ外部性なのである．たとえば，目標が賃金水準であるとしたら，各個人の賃金水準は労働人口全体のスキル分布の関数であるだろう．そして，このスキル分布は他者の努力の関数なのである．

このように，リッセの指摘を考慮するなら，(1) は修正を要する．F^t を t 番目のタイプの努力分布であるとし，$F = (F^1, F^2, \ldots, F^t)$ をさまざまなタイプの努力分布の**ベクトル**であるとしよう．式は次のように書くべきである．

$$v^i = v(e^i, C^{t(i)}, x^{t(i)}; F, C^{-t(i)}, x^{-t(i)}). \qquad (2)$$

このとき，$C^{-t(i)}$ は i のタイプを除く全タイプの境遇のベクトルであり，$x^{-t(i)}$ は i を除く全タイプに対する政策的価値のベクトルである．等式 (2) は，i の帰結が他者の努力，他者の境遇，他者の享受する政策的価値によって影響されることを許容している．

繰り返すと，(1) と (2) の違いは以下のとおりである．(1) がモデル化しているのは，各個人がそれぞれ孤島にいて，自分の庭で「アウトプット」を生産し，それを消費するという世界である．それに対して (2) がモデル化しているのは，諸個人の生産活動の間に相互作用が存在する世界である．第 2 の世界のほうがより一般的で興味深いことは明らかだ．

私の用語法は曖昧だった．というのも，あるところでは（上述の例にこだわるならば），個人の境遇とは家族の SES，人種，性別などであると書いておきながら，別のところでは，境遇とは環境のうち制御を超えて彼の帰結に影響する部分である，と述べてきたからだ．後者の解釈では，境遇は全体ベクト

ル $\left(C^{t(i)}, x^{t(i)}; F, C^{-t(i)}, x^{-t(i)}\right)$——これは彼の制御を超え，かつ，彼の帰結に影響するあらゆる要素である——を含んでいなければならない．各タイプには多人数の個人が存在すると想定せよ．そうであるなら，ある個人のタイプ内での努力の**分布**は——彼が自分の努力を変えられると想定するとしても——彼の制御を超える．

この曖昧性は次のことで解決されうる．すなわち，彼の制御を超える**個人 $\boldsymbol{i}$ の特徴**については依然として彼の境遇と呼ぶことにし，他方で，全体ベクトル $\left(C^{t(i)}, x^{t(i)}; F, C^{-t(i)}, x^{-t(i)}\right)$ を i の**環境**と呼ぶことにするのである．これにより，i の境遇は，i の環境の 1 つの要素に過ぎなくなる．i の環境のあらゆる構成要素は彼女の制御を超える．各タイプには多数の個人が存在すると想定するので，自分のタイプ内での努力分布を自らの選択によって変えることのできる個人は存在しない．

私の見解に対するリッセの批判は本質的には以下のようなことなのだろう．$F^{t(i)}$ は i の制御を超える．それゆえ，$F^{t(i)}$ は i の諸境遇のうちの 1 つとみなされるべきである．ゆえに，MR1 によれば，彼のタイプ内にいる他者の努力が彼の帰結にネガティブに影響する場合，i は補償を受けるべきである．だが，これは MR2 と直接的に対立する．MR2 は，ある個人の帰結のうち，彼のタイプ内での他者の努力の中に彼の努力をランク付けることによって本人の功績を確定するよう命じているのだ．このように，私の理論は内的に不整合である．

だが，ある人のタイプ内の努力分布はその人の制御を超えるのだからその分布におけるその人の**ランク**も当人の制御を超える，と述べるのは誤りである．前提から，その分布における i のランクは彼の制御のうちにある．他の諸個人それぞれの努力水準は i の制御を超えている．そして，それら諸々の努力水準の中での i のランクは彼の制御のうちにある．これらは両方ともが事実なのである．

ここには，次のような見解がある．すなわち，あるタイプにとっての努力水準の範囲（当該タイプにとっての努力分布の**台**）はそのタイプのメンバーにとって**利用可能**な努力の範囲を示すこと，および，そのタイプのメンバーはその範囲内ならどの水準でも随意に選択できること，これらである．「利用可能」

とは，「当該タイプの境遇によってもたらされる信念およびその境遇につきものの制約を所与として，ある個人がそれに向かって励むと期待されてよいこと」を簡潔に表現したものだ．

道徳上恣意的であるという曖昧な言葉には不安もあるが，それでもここでは使わせてもらう．私の境遇，他者の境遇，他者のタイプの努力分布，そして，私のタイプが多数者からなったとして，その場合の私のタイプの努力分布，これらはすべて私にとって道徳上恣意的であるが，他方で，私自身の努力水準は私にとって道徳上恣意的ではない．私の努力水準は私にとって道徳上恣意的でないのだから，私の努力水準と別の誰かの努力水準との**関係性**は私にとって道徳上恣意的ではない．私はその関係性を変えることができるのだ．このことは，私のタイプ内での他者の努力水準の分布は私にとって道徳上恣意的である，と述べることと矛盾しない．それは，この理論にとって**きわめて重要な意味において**道徳上恣意的なのだ．というのも，私のタイプの努力分布は私のタイプの諸境遇を反映しているからだ．それゆえ，私は正当な補償を受けてよい．なぜなら，その分布がたとえば低い〔努力水準の〕中央値しかとりえないとして，その低さは，私の努力がもっと上位のタイプ内の他者の努力よりも低いのはなぜなのかを，部分的に説明しているからである．

2

一部の人は，関数形 (2) を批判して，「局所的な諸条件」はあまりにも多様なので，同じ環境ないし境遇に直面する個人は——たとえ同じタイプの中でも——2人と存在しない，と述べる．だが，その批判はあまりにも一般的であり，あらゆる社会科学にあてはまる．というのも，それは，彼らが（何らかの意味で）似たような環境を有していることに依拠して諸個人を個別のカテゴリーに集計するという手続きに対する批判だからである．その批判をまともに扱うとしたら，社会科学におけるあらゆる統計的推論を破棄しなければならないだろう．

個々人の諸々の境遇の間での差異のほうがその類似性よりもつねに重要であると考えるならば，各個人は１つのタイプ内の唯一のメンバーとして分類されるべきことになり，（私の見解での）機会の平等は帰結の平等に堕するだろう．

この批判を別のもう1つのかたちで述べるとしたら，運のみが重要である，そして，運というのはあまりにも多様なかたちで生起するので（SESや人種，性別のような）諸境遇に関する離散的なリストを示すことによって捕捉することなどできないのだ，というものになるだろう．私は，境遇とは個人の状況のうち予測可能なものであり，道徳上恣意的なものであり，長期的ないし慢性的なものである，という見解をとっている．運というのは，（少なくともわれわれがここで考えている種類の）道徳上恣意的なものではあるが，予測不可能かつ一時的なものに過ぎない．

この取り決めがあれば，個人の境遇を離散的リストで捕捉することに無理はないだろう．しかし本質的な問題がまだ残る．それは，（当該リストでは捕捉されない，道徳上恣意的な）運が極端に重要でありうる，というものだ．この論点については7節で再論する．

3

機会の平等(EOp)アルゴリズムについての議論を続けよう．同じタイプに属する2人の個人がその努力において異なる場合，EOp原理に従うならば，より高い努力をしたほうの個人はより高い目標値を享受する資格がある．だが別のタイプに属する2人の間では，どのようにして，どちらがより多く努力を支出したかを決するのだろうか．

この問題に対する私の解法は以下のようなものだった．これら2人の個人が属するタイプをtおよびqと表示する．そうすると，tおよびqにおける努力の**分布**はそれらのタイプの特性である．EOp見解に従うならば，個人は自分のタイプの特性によって不利益をこうむるべきではない．私が提案したのは，個人の努力を2つの構成要素に分けることであった．すなわち，彼女が自分のタイプ内の努力分布に占める100分位（より一般的にはある分位(quantile)[3]），および，彼女のタイプの努力分布である．形式的には，個人iの努力は順位づけられたペア$(\pi^i, F^{t(i)})$によって定義される．このとき，

$F^{t(i)}$ は i のタイプにおける努力分布であり，π^i はその努力分布における i のランク（つまり，i の努力分位）である．このとき，$F^{t(i)}$ は i のタイプの特性であるが，π^i は i の自発的な選択である．それゆえ，ある個人には，自身のタイプ内での努力分布における**ランク**のみに責任を負わせ，彼女の努力の**絶対値**――これは，部分的には，彼女のタイプの努力分布を説明する諸要因がもたらす結果である――に対しては責任を負わせない，とするのが適切なのである．つまり，私が言っているのは，異なるタイプに属する2人の個人は，彼らそれぞれの努力分布におけるランクが同じであるならば，同じ**程度**の努力を費やしたとみなされるべきだ，ということである（このように，絶対的な努力水準と努力の程度とを区別することが重要になるのだ）．

私が主張したのは，ある個人を彼女のタイプ内の他者と比較することによって知りうるのは，彼女が自分の力のみでどの程度一生懸命に努力したかということだけである．というのも，ある個人の行動の大部分は彼女の境遇によって決定されるからだ．ある個人を彼女のタイプ内の他者とだけ比較することによって，われわれはその境遇の作用している部分を固定しているのであり，それゆえに相対的な努力を測ることができるのだ．これにより，われわれは明確に次のように言うことができる．

JR1． 同一タイプの2人の個人が同等の熱心さで努力したと言えるのは，彼らがそのタイプの努力分布において同じランクに位置する場合，そしてその場合のみである．

くわえて，われわれが言明しているのは次のことだと言えよう．

JR2． 異なるタイプの2人の個人が同等の熱心さで努力したと言えるのは，彼らが**それぞれの**努力分布において同じランクに位置する場合，そしてその場合のみである．

---

3 分位(quantile)はある分布上のあるランクであり，通常は区間 [0, 1] の間に存在するとされる．それは，quintile，decile，centile といった離散アナログ化(the discrete analogues)の極小バージョンである．

JR1から論理的にJR2が帰結するものでないことについては言及していた．私はJR1からJR2へ移行するために「慈善の想定(assumption of charity)」を考案したのだが，いまではそれを放棄している[4]．慈善の想定は，正当にも，リッセを含む多くの人々に批判された．

JR2（これは今となっては，慈善の想定がないので，正当化を欠いている）からは次のように結論できる．

JR3. 機会の平等が広く世に行われるのは，すべてのランク π について，彼らそれぞれのタイプにおける努力分布上のランク π に位置するあらゆる個人が同じ目標値を享受し，かつ，目標値が π に応じて増加する場合である．

JR3で記述された状況が広く現出するならば，同等の熱心さで努力した2人の個人は，彼らの境遇にかかわりなく，必ず同じ帰結を享受する．そして，より多くの努力を費やした人々はより良い帰結を享受する．

読者諸氏は，多くの目標分布がJR3を満たすことに気づくことだろう．それゆえ，JR3は最終的にいくつかの修正を要する．さもなければ，あまりに多くの目標分布をEOpを満たす分配状態として認めてしまうことになる．とくに，JR3では，諸々のタイプ間でのある特定の目標分布集合が「効率的」であるか否か，または，この上なくよいか否かという論点が無視されている．

4

実際には，努力は1次元的なものではない．ゆえに，努力を線形に順序づけることが可能な値として語るのは不正確である．くわえて，努力を構成する諸行為の複合形態を完全に観察することは多くの場合きわめて困難である．そ

4 「慈善の想定」(Roemer [1998, p.15] を見よ）は1つの前提で始まる．それは，諸個人は彼らの境遇のもとである程度の「深い個別性」を有すること，そして，その個別性には努力支出の性向が含まれること，である．それゆえ，慈善の想定は，この努力支出性向はあらゆるタイプにおいて同じであると述べることになる．私は今では慈善の想定が依拠するこの前提は整合的でないと思っている．

れゆえ，JR1 が，さらには JR2 もが魅力的であるとしても，それらは適用においてあまり有用ではない．この適用の場面こそ，EOp 的政策介入とはどんなものかを算出するうえでわれわれが苦心している場所なのである．たとえば，上述の例のように努力とは学校の出席年数で測定できる，と述べることが粗雑な簡略化に過ぎないことは明らかである．

政策を細密に定義してみよう．1 つの政策は，諸々の政策成分からなり，この政策成分はタイプごとに 1 つ存在する．1 つの**政策成分**は，諸個人がとりうる特定の諸行動，すなわち努力のうちで観察可能な部分を，介入当局が賦与するリソースの配分に関連づける 1 つの関数である．ここで，それらの行動を a と表示しよう．すると，1 つの政策要素は 1 つの関数 $g^t(a)$ となる．したがって，1 つの政策とは，諸政策成分の連なり $g=(g^1, \ldots, g^T)$ である．ある政策 g が実行可能であるためには，当該政策が合法的に実行されうること，諸行動 a が観察可能であること，および，介入当局の分配する資源の総量が――ひとたび個人の行動が実行され，かつ，政策 g の取り決めに従うならば――当局の予算を超過しないこと，これらが実現していなければならない．

努力が 1 次元的でないとしても，われわれがそれに対する機会を平等化しようとしている目標が 1 次元的**である**というのは普通のことであり（いくつかの重要な目標を指定するならば，所得水準，賃金率，寿命など），そうであるからこそ，私は以下の黙約ないし過程を採用することによって JR1 および JR2 を実行しようとしたのである．

JR4. 1 つのタイプの内部で，あらゆる個人が同じ政策成分に直面する場合，観察される帰結［目標値］は「努力」の増加関数である．

JR4 が 1 つの黙約であるというのは，それが次のことを述べているからである．すなわち，たとえ努力とは諸々の行動の 1 集合のことだとしても，あるタイプ内においてより高い目標値を達成する個人は「より多くの」努力を発揮した，とわれわれはあえて言うのだ，と．換言すれば，特定の努力の諸集合を理に適った手法で諸帰結へと結び付けることによって，JR4 は努力の 1 次元的指標を創出する 1 つの方法を提示しているのだ．どんな努力であろうとも，ある所与の状況において，努力の支出は考察対象となっている目標を増加させるのである．

ここでは，JR4 は努力についての基数的，1 次元的な尺度を提示するには十分ではない．それは序数的な尺度しかもたらしてはくれない．われわれが言えるのは，ある所与のタイプ内にいる個人 i および j が同じ政策成分に直面しており，かつ，i がより高い帰結を達成しているならば，i は j よりも多くの努力を費やしたのだ，ということのみである．だが，われわれに必要なことはそれだけなのだということが判明するだろう．それは次の観察による．

JR5. あるタイプ内のあらゆる個人が同じ政策成分に直面する場合，ある個人のタイプ内努力分布におけるランクは，自身のタイプ内帰結分布における自身のランクに等しい．

JR5 は JR4 から帰結する．JR3 に従うならば，われわれが EOp 政策を実行するのに必要なのは，諸個人のタイプ内努力分布における**ランク**に関する知識のみであり，「努力」の基数的な値は必要ないのだから，JR5 から帰結するのは，われわれはある個人のタイプ内の**帰結**分布におけるランクのみを観察すればよい，ということだ．そしてそれはすでに入手可能なデータである．

JR5 から次のことが言える．

JR6. あらゆるタイプにおける帰結分布が同一であるとき，機会の平等は広く実現している．

JR6 は JR5 および JR3 から帰結する．

このとき，次のように言う者がいるかもしれない．なぜ，努力の程度を努力の水準と区別するという，議論の余地あるプロセスを押し通すのか，ただ単に，JR6 によって機会の平等を**定義**してはどうか．それに対する答えはこうだ．上述の議論〔努力水準と努力程度の区別〕は，JR6 の主張をより基本的な見解――すなわち，重視されるべきは努力であり，重視されるべきでないのは境遇である，という見解——へと関連づけているという意味において，JR6 のミクロ的基礎を提供しているのである．他の手法で努力のタイプ間比較をするならば，必ずしも JR6 に至るとはかぎらない．

とはいえ，多くの社会科学者は実際に JR6 を機会の平等の**定義**として扱っている．世代間移行マトリックスで考察しよう．このマトリックスの行は親の所得であり，列はその子供の所得である．このマトリックスにおける ij 番目の要素は，所得 i の親を持ち所得 j を稼ぐ子供の集団である．社会学者およびエコノミストはしばしば，この移行マトリックスが各行で同一であるとき，その社会では機会の平等が実現している，と述べる．これは正確には，子供の所得**分布**が，各タイプにおいて（このとき，タイプは親の所得によって定義される）同一であることを意味する．

機会の平等と帰結の平等との違いは，すべての個人の帰結が同一である場合，後者が広く行き渡っている，という点である．だが，EOp——これは JR6 を主張する——は，どのようなタイプであろうとタイプ内の帰結の差異を消滅させようとはしない．つまり，それは帰結の分布を平等化することで事足れりとするのである．というのも，EOp は（あるタイプ内での）ある分布に従った帰結の差異を努力の差異と解釈し，補償すべきとは考えないからである．帰結の平等が実現するのは，この移行マトリックス内の列が，1 つを除いて，すべてゼロで構成される場合である．

5

JR6 には明白な問題点が 2 つある．第 1 は効率性の問題である．すべての人を飢えさせることによっても JR6 は達成できる．そこで，われわれは EOp を達成するだけでなく，EOp を，何らかの意味で，この上もない水準で[5]達成することにも，関心を向けねばならない．第 2 の問題は，ほとんどの状況において，全タイプの帰結分布が同じである状態を達成する実行可能な政策は存

5　機会の平等の特徴として（パレート）効率性を含める必要はないが，私には，機会を平等化しかつ効率的でもあるような資源の配分を提案することに関心がある．

在しない，という点である．私がこれら2つの問題に対処する方法は以下のようなものである．

あるタイプ内の各個人全員が同じ政策成分に直面することがないとしたら，1つのタイプ内においてはどんな2人の個人も環境は同じである，ということはできなくなる．このように，ある1つのタイプに属する諸個人はすべからく同じ量の資源を政策作成者から受け取るということは必ずしもなく，むしろ，彼らは自身の選択した行動を受け取る資源に関連させるような同じ**メニュー**（機能）に直面するのである．とはいえ，多様なタイプを横断して，多様なメニューを提示することもありうる．

むろん，諸個人の選択する行動（彼らの努力）は，とくに，公表される政策によって左右されるだろう．それは，とりわけ，ある個人のタイプ内努力分布における彼のランクが政策に依存することをも意味する．一部の人々はこれを気にして，EOpが望ましくないほどの恣意性を持ち込むことになると考える．彼らは，機会－平等の倫理が説得力を持つのはある個人のタイプ内努力分布における彼のランクがどのような政策をとっても不変である場合のみである，との信念を持っている．私にはこれが要求される理由がまったくわからない．

1つのアナロジーを示そう．一部の人々は，ある個人は資産の私的所有権を備えた市場経済の競争的均衡において彼が獲得するものに資格を持つ，と信じている．他の人々は，均衡は1つだけではないかもしれないのだからそんなことはありえない，と反論する．（ある経済的環境を特定する初期賦存量，選好，技術を所与として）複数の均衡が可能であり，ある個人がそこで受け取る所得も大きく異なってくる場合，この個人は同時的に多数の所得に資格を持つ，と言わねばならなくなるのだろうか．ある個人は彼が競争的均衡において獲得するものに資格を持つとの主張に私は同意しないが，上述のような論拠がこの主張を打破するとも思えない．「ある特定の市場均衡において，ある個人は彼が稼得したものに資格を持つ」と述べることには何ら不整合性はない．均衡が複数存在するとしても，ある個人が資格を持つものは競争的市場の制度によって完全に決定するわけではないことを意味するにとどまる．それは歴史，すなわちある特定の競争的均衡へと導いたその経路によっても決定されるだろう．

同様に，それぞれに異なる分配状態へと導く複数の政策が存在し，それら政策はすべて機会を平等化させるのだが，ある特定個人の命運は――それら政策間での彼女の努力程度が異なるので――それらの間で異なってくる，という事実についても何ら問題はない.

上で示された2つの問題を解消するEOp政策を定義するために，2段階で議論を進めることにしよう．第1に，ある帰結ランクπを固定する．このπは区間[0, 1]の間にある1つの数字である．**タイプを横断した**帰結分布のランクπに位置する諸個人が達成する目標の最小水準を最大化させるような政策を発見する．この政策をg_πと呼ぶ．これは，ある特定の程度の努力を発揮したすべての人々の達成を観点とした，「マキシミン」政策である．一般的には，ランクπに位置する人々の帰結がすべてg_πにおいて等しくなるということは起こらないだろう．これは，われわれが平等ではなくマキシミンで手打ちすることを余儀なくさせられる，普通の種類のインセンティブ問題によるのだろう．われわれが解釈するに，g_πとは，(目標の獲得に関する）機会を，社会の努力分布の**ランクπに位置する人々にとって**可能なかぎり高い水準――いわば，社会のπ－努力区分(π-effort tranche)――で，最大化させる政策である.

諸々の政策g_πが，π横断的に同一であるとしたら，そのただ1つの政策は間違いなく**唯一の**EOp政策である．だが，そんなことはほぼ起こらないだろう．そこで，われわれは第2の妥協策を探すことになる.

ここで，同程度によい手法はいくつも存在する．3つに言及することにしよう．第1は，本稿の最初の一文で言及した著作で私が詳説したものであり，各πについて，タイプ横断的に達成される目標の最小値をとったうえで，すべてのπに関してその**平均**をとり，それを最大化する政策を選択することである（後述する等式(5)の数学的言明を見よ)．第2は，私がこれまでいくつかの応用で用いたものであり，政策g_πの全平均を，πを超えて採用することである．第3はヴァン・デ・ギア(Van De Gaer 1993)で詳説されているもので，目標のタイプ平均の最小値を，タイプを超えて最大化する政策を採用することである[6].

6　私はRoemer(2002)でこれら3つの政策を数学的に定義した．明らかになったのは，数

私には，これらの選択肢のうちのいずれかを別のものより支持する強い論拠があるとは思えない．それらはすべて，曖昧でない**1つの**機会平等化政策が存在しない場合に選択される妥協策である．私の意見を言わせてもらえば，現実世界のほとんどの問題について，これら3つの手続きはかなり似たような解決法をもたらすことになるだろう．とはいえ，私がこれに関する定理を持っているわけではない．

6

私がこれまでに描いてきた理論には，まだ考察されていない問題が少なくとも3つあると思われる．それらは，

A. 運の偶発（その人の境遇を構成するのとは別の運）によってJR4が破壊されないか．
B. JR2の論拠とは何か．
C. JR6は特定のEOp政策においてタイプ内で生じる帰結の不平等の程度には何ら関心を払っていない．EOpが許容するタイプ内の不平等は大きくなり過ぎないか．

7

問題Aは，初出としては，2節ですでに提起されている．予期不可能で，一時的，道徳上恣意的な影響力，という意味での幸運（不運）は，ある個人のタイプ内帰結分配におけるランクを，彼女が費やした努力から予期されるよりも，より高く（低く）するかもしれない．これは「理念的理論」にとっては問題ではない．ここで言っているのは，理念的理論は現実のデータをもって政策を実行する際の諸問題をわれわれが無視するということである．だが，現

式内の積分および最小化(min)演算子を計算することによって，それら3つは互いに区別されるということだ．

実のデータ集合を所与とする場合，これは本質的な問題である．現実のデータ集合は多数の——運がとりうる無数の形態を説明するに十分なほど多数の——タイプ分けをもたらすまでの分解を許容することはない．われわれは，通常，1つないし2つないし3つの境遇変数に基づいて，対象集団をかなり粗くタイプ分けすることで満足せねばならないのだ．

Aに対する回答は，EOp政策の実行にはつねに誤りがつきまとうだろう，というものになるだろう．一部の不運の持ち主は過剰な補償を受けるかもしれない．われわれは，最も重要な種類の運の測定を目指すデータ集合を構築することによって，それらのエラーの一部を除去できるのである．前提となる推定は次のようなものであるはずだ．すなわち，残余的な運は帰結の**主要な**決定因ではない——つまり，われわれが境遇を定義する根拠がひとたび説明されたならば，帰結における差異の大部分は社会が甘んじて努力と呼ぶものに起因するのだ——，と．これは1つの推定である．それが誤りであるなら，ここで考えられているような平等な機会の実行というプロジェクト全体が疑義に付されることになる．

じっさい，個人に固有の運が帰結を圧倒的に左右すると考えるのであれば，帰結の平等を望ましい種類の平等として擁護するのがよいだろう．この結論は，運が重要なのだから1つのタイプに所属するのは1人だけだ，と主張することから導かれるのであり，ゆえにさきほど述べたように，そのケースでは機会の平等は帰結の平等へと還元されるのである．

8

問題Bに移ろう．これは，タイプを横断して水準の比較が可能な努力の尺度を発見するという，いまだに開かれた問題である．努力は，自然には，原理的に測定可能な諸々の量を持つ多次元ベクトルとして表現される．学校で費やされた年数，毎晩宿題に費やされた時間数，当人の将来計画に費やされた時間，などである．また，数量化するのがはるかに困難な努力も存在する．危険な習慣にかかわることを避けるために支出される意志の力，などである．

われわれの理論では，異なる個人の努力水準が比較可能であることが要求される．なぜなら，同じ努力水準を支出する人々はみなが同じ帰結を受け取るべきだと主張するからである．そのような水準比較可能な努力尺度を構築する際には2つの問題がある．第1は，多次元ベクトルをただ1つの数字へと縮減することであり，第2は，その数字から境遇の影響力を排除することである．第2の作業は以下のような問題である．貧しい少女にとって大学を卒業することは，他の事情が同じであるならば，貧しいために彼女が直面する追加的な犠牲ゆえに，裕福な少女よりもはるかに困難だろう．だが，「犠牲」ではおそらく〔境遇の影響力を捕捉するのに〕狭すぎるだろう．貧しい少女は，大学を卒業するために労働市場に参入するのを先延ばしするというコストのかかる決定をせねばならないが，それは裕福な少女にとってそれほどコストのかかる決定ではない，という事実に加えて，裕福な少女には大学を卒業するだろうという家族や友人からの期待があるのに対して，貧しい少女はそのような期待によって後押しされることはまったくないだろう．もっと言えば，彼女の共同体の期待に逆らって行動しなければならないかもしれないのだ．このように，ともに大学を卒業したこれら2人の少女のうち，これ以上の情報がないのであれば，われわれは，貧しい少女のほうがより多くの努力を支出したと推定するのが自然だろう．彼女は独力でより一生懸命に努力したのである．どのようにすれば，この直観を，タイプ横断的な諸個人についての精密かつ水準比較可能な努力尺度に結実させることができるのだろう．

たしかなのは，それに関する唯一の方法は存在しないということだ．おそらく，心理的に強度な努力の支出の程度に比例して化学物質を放出したりシナプスを刺激するような，何らかの脳内中枢が神経心理学的に発見されないかぎりは，JR2のような経験則が必要である．

私はこれからJR2を，より基礎的な2つの想定へと還元するが，それらはJR2を含意している．タイプ横断的に水準比較可能な1次元の努力尺度——これはわれわれが求めている種類の努力尺度である——を「滅菌済み努力(sterilized effort)」と呼ぶ（滅菌化は，努力から境遇を煮出していること，および，努力の多数の次元を1つに縮小させていること，を指している）．2つの仮定とは以下である．

JR2a. どのような２つのタイプにおいても，費やされる最低の滅菌済み努力水準は同じであり，かつ，どのような２つのタイプにおいても，費やされる最高の滅菌済み努力水準は同じである．

これら２つの水準は，それぞれ０と１で表現される．

JR2b. １つのタイプ内において，帰結分布分位から諸個人の費やした滅菌済み努力水準を写しだすと，それは線形になる．

ここで，欠陥のある「慈善の想定」――リッセ(Risse 2002)が非相関的前提と呼んだもの――を，JR2a と JR2b で置き換えることを提案したい．いまや，その想定は廃棄したのだから，それに依拠していた EOp に対するリッセ(Risse 2002，Section V)の批判（私の見解は，両立的(compatibilist)およびリバタリアン的なコミットメントの両方を必要とする，との批判）は消滅した，と私は信じる．とはいえ，この置き換えに誤りがある可能性はある．その問題に関するより踏み込んだ分析は棚上げせざるをえない．

ここに，JR2a および JR2b から JR2 の論拠が得られる．あるタイプ内での帰結水準の分位が滅菌済み努力水準の**序数的**尺度であることについては，すでに合意されている．われわれは関数 $e^t(\pi)$ を求める．これは，タイプ t 内での帰結分布上の分位 π に位置する個人が費やした，タイプ間水準比較可能な滅菌済み努力の水準である．JR2a が述べているのは，以下のことである．

$$\text{各タイプ } t \text{ に関して，} e^t(0) = 0 \quad \text{及び} \quad e^t(1) = 1. \tag{3}$$

JR2b は，$e^t(\pi)$ が π の線型関数であることを述べている．(3) が与えられたなら，これは $e^t(\pi)$ を以下のように決定する．

$$e^t(\pi) = \pi.$$

これにより，JR2 が帰結される．

JR2a は，努力とはタイプ横断的に同じようなものである，という 1 つの弱い仮定である．それが述べているのは，自らのタイプにおいて最高の（最低の）努力を費やした人々はみな道徳的に言って同等程度の努力を費やしたのだ，ということに過ぎない．JR2a の説得力は，各タイプ内に十分な数の個人が存在することに依存する．それゆえ，それぞれのタイプ内で最低の努力を費やした個人は，**ありうる最低の**努力を費やした個人であり，ゆえに，タイプ横断的に見れば，それら諸個人はみな**同じ**程度の努力を費やしたのである，と仮定するのが理に適っている（というのが私の提案である）．同様の理由から，それぞれのタイプ内で最高の努力を費やした人々はみな，（彼らはそれぞれに**ありうる最高の**努力を費やしたのだから，）同じ程度の努力を費やしたのだとする仮定が正当化される．

JR2a を認めるとしたら，JR2b のオルタナティブは何だろうか．帰結分布上の分位からの滅菌済み努力水準への写像がたとえば 2 次元であるとしたら，以下が得られることになる．

$$\text{ある } a^t \in [0,2] \text{ に関して } e^t(\pi) = a^t\pi + (1-a^t)\pi^2. \qquad (4)$$

関数形 (4) はわれわれが必要とする 2 つの属性を備える唯一の 2 次式である．それは (3) すなわち JR2a に従うし，π に応じて単調増加する 1 つの努力尺度をもたらす．このように，2 次元の相関関係が存在する場合には，滅菌済み努力を定義するに際して 1 つの自由度すなわち数字 a^t，があることがわかる．言い換えれば，ベクトル (a^1，a^2，…，a^t) を変化させることによって，タイプ横断的に滅菌済み努力水準を比較する方法を変えることができるのである．

同様に，π と滅菌済み努力との間に 3 次元の相関を認めるならば，各タイプ内の e^t をマッピングするにあたって 2 つの自由度が存在することになる．

このように，JR2b は**数学的な簡便さ**に関する 1 つの仮定である．

要するに，仮説 JR2 は，JR2 よりもはるかに弱くはあるが同じ種類の 1 つの仮説——すなわち JR2a であり，それは，「怠惰な」および「勤勉な」諸個人はみな，タイプを横断して，同等程度の努力を発揮したのだということを主張するにとどまる——と，帰結水準から滅菌済み努力を写像する際の数学的な簡便さに関する1つの仮定，すなわちJR2bから引き出すことができるのだ．ある問題を解決する明快な手法が存在しないのであれば，われわれは解決策の代わりにシンプルな取り決めを採用するべきなのだ．採用すべきなのは，オッカムの剃刀である．

このようなJR2の正当化に満足しない人もいるだろう．それは恣意的な数学的工作に過ぎない，と彼らは言うだろう．ある意味でそれは真である．ある完璧な，個人間比較可能な（道徳上重要な）努力尺度をデザインすることは，個人間比較可能な厚生の尺度をデザインするのと同じくらいやっかいな問題である．このような複雑さに直面するからといって，JR2aおよびJR2bを仮定することが理不尽な解決策であるとは思えないのだ．

9

問題Cに眼を向ける．たとえJR2があったとしても，一般的に言えば，それが「それぞれの努力程度について，帰結を可能なかぎり高い水準で平等化」することを議論の余地なく意味するものではまったくない．相互依存的な多くの数値を同時に平等化することは（ないしはマキシミン化することでさえ）できないのである．さきほど，私はこの問題に対してありうる3つの解法に言及した．私がかつて擁護した解法は次のようなものだ．

$$\underset{(x^1,\ \dots\ ,\ x^T)\in X}{\mathrm{Max}} \int_0^1 [\underset{t}{\mathrm{Min}}\ \hat{v}^1(\pi; x^1,\ \dots\ ,\ x^T)]^\rho d\pi, \qquad (5)$$

ここで，Xは実行可能な政策の集合であり，……は政策が$(x^1, \dots , x^T)$である場合に自らのタイプ内での滅菌済み努力水準πに位置するタイプtの諸個人が得る目標の（平均）水準である．とくにこの式では，最低限の目標水準は単純に平均化されている．このように，(5)は，私がかつて別のところで書いたように，境遇に起因する格差については「ロールズ主義的」でありながら，努力に起因する格差（母集団における異なる努力分割の扱い方）については「功利主義的」である．一部の——マーク・フローベイ（Flaeurbaey 2002）のような——論者は，社会的目標においては，より少ない努力しか支出しなかった

人々の利益により大きなウェイトを与えるほうがよいとするだろう．(5) を次のような式で代替するならば，

$$\underset{(x^1,\ \ldots\ ,\ x^T)\in X}{\mathrm{Max}} \int_0^1 [\underset{t}{\mathrm{Min}}\ \hat{v}^1(\pi; x^1,\ \ldots\ ,\ x^T)]^\rho d\pi, \qquad (6)$$

(5) の場合よりも努力水準間の不平等に対してより関心を向けざるをえないことになる．このとき，ρ は 1 より小さい．

(6) について所感を述べさせてもらえば，それは 2 つの原理をミックスさせている，ということだ．機会の平等と帰結の平等の 2 つである．私は，機会が平等化されたあとでもなお残る不平等には配慮しないということに甘んじるつもりはない．だが，それは (5) が機会の平等が要求するものの最適な表現であるか否かとはまったく無関係である．おそらく，(5) によって得られるような機会の平等は，あまりにも多くのタイプ内不平等を放置してしまう．

より一般的に言って，機会の平等の見解はあまりに狭量ではないか[7]．社会は，ヘルメットを着用せずに 5 回も事故を起こして脳に損傷を受けたバイク運転手の手術に対しての支払いを拒絶すべきだろうか（このような特徴は努力水準の低い個人を典型化しているわけだが，彼がそのような手術に対する国家の補償を受けられないのは無理なからぬことだろう）．おそらくすべきなのだろう．私が言いたいのは，すべてのケースにおいて正しい解答を与えられるルールなど存在しない，という点である．機会の平等が正義に適うとしても，われわれは，慈愛の余地を残す，それゆえ正義の程度は劣る，そのような社会のほうを選好するかもしれない．

10

問題 A，B，C だけで EOp 見解に付随する問題点は解決される，などとは言わない．『機会の平等』（Roemer 1998）の第 12 章で論じたもう 1 つの問題を

7　私が「より一般的に」と言っているのは，この問題および前パラグラフの問題が両方とも，EOp が認める不平等の程度は大きすぎるという点に関心を寄せているからである．

再論させてほしい．EOp の**適用範囲**とはどのようなものか．私は，バスケットボール・チームとの雇用契約について，選手志望者達の身長――これは境遇とみなされる――に関してまで機会の平等化を主張するつもりはない．このように，EOp 原理の適用にはある妥当な範囲が存在するのだ．その範囲は，当該コミュニティを対象とする完全な正義原理なくしては決定されえない．私がこれまでに詳述してきたような機会の平等は，コミュニティの一部の人々を対象とするものに過ぎず，われわれは最終的には，それら一部の人々のために EOp を採用することが持つコミュニティ全体の厚生への波及効果を考慮せねばならない．プロ・バスケットボール選手のケースでは，コミュニティにはファンも含まれてくるので，多数のファンの厚生が相対的に少人数の低身長選手達の厚生に優ることは明らかであり，（ゆえに）選手志望者達の不運は，最も熱心に努力した選手達の中から選手を雇用するようチームに命令することによって矯正が図られるべきものではないのだ．

私は EOp 見解を 1 つのコミュニティに対する 1 つの全体的な正義理論として提示したのではなく，さまざまな領域で応用的改良(applied piecemeal)となりうる 1 つの政策アプローチとして提示したのである．1 つの経験則として私が主張するのは，EOp が用いられるべきは，その目標が人々を将来の労働市場における競争のために教育ないし訓練する場合であること，しかし，その後の競争においては職の割当について能力主義原理を用いること，これらである．すなわち，要求されている諸機能を遂行するにあたって最も有能な人々を雇用する(Roemer[1998. Section 12])．このようなわけで，わたしはメディカル・スクールの入学においては EOp を採用したが，医者の雇用においては能力主義を採用したのである．

最近，リチャード・アーネソン(Arneson 2000)はこのアプローチへの批判を行った．厚生機会の平等(equality of opportunity for welfare)に関するそのよく知られた論稿で彼が詳説した見解に立ち返って，彼は，EOp を改良主義的かつ「領域的」なやり方で適用**しない**ことによって，この適用範囲問題は回避できると書いている．全般的な厚生への機会を，人口全体で平等化せよ，と彼は言う．高度な技能を持つ外科医を得ることは大多数の人々にとっての利益になるだろう（そして，ある EOp 政策のもとでは外科医へ参入が認められてしまうかもしれないような，有能ではないが一生懸命な少数の外科医志望者達を除くすべての人にとっての利益になるだろう）．そしてそのように全般的な厚生への機会を平等化することは，実際のところ，雇用における能力主義原理を含意するのである．アーネソン(Arneson 2000, p.344)が言うには，

> 社会正義の目的は諸個人の人生の全体的な見通しを改善することであり，これやそれといった特定の社会的慣習ないし制度的枠組みにおける彼らの見通しをそれ自体として改善することではないはずである．われわれが，社会生活を多様な制度的および社会－習慣的な諸領域に分割して想像するとしたら，一部の特定領域内で平等化（マキシミン化）することが，人間的な便益と損害の観点からコスト高になればなるほど，平等化の作業をより効率的に実行できる領域へシフトさせることの根拠は強くなる．

これは，理念的理論(ideal theory)としてはたしかに正しい．だが，ここで実践的な社会科学者を自任している以上，私はこれに抗弁する．そして私の信ずるところはこうである．すなわち，機会の平等が社会政策において影響力を持つためには，改良主義的原理に則り，社会生活の領域を１つまた１つと進んで行かねばならないはずである，と．それゆえ，EOp 政策の適切な限界を画定すること，すなわちその適用範囲に関する何らかの経験則を提供することは，政策志向であらんとする論者の義務なのである．

私が著作を刊行したのちに，大学入試におけるアファーマティブ・アクションに関する興味深い動きがアメリカで起こったが，EOp の言語を使ってそれらを考察しておくことは有益である．人種を境遇とみなす政策が強い批判にさらされ，多くの大学ですでに廃止されている．３つの州——テキサス，フロリダ，カリフォルニア——では，それら旧来の政策は，実際上，居住地域を重要な境遇と捉える政策によってすでに置き換えられている．居住地域は，確率的に，かなりよい社会階級の代理指標なのである．現在これらの州では，公立大学がかなりの部分，生徒を SAT（学習基礎能力試験）のスコアに拠ることなく入学させているが，それは彼らが自らのハイスクール・クラスでの成績評価においてトップ p パーセント内に入っている場合に限られる．p の数字は州に

よって違う．言い換えれば，この方法で入学が許可される生徒は，自らのハイスクール内の他の生徒達とだけ比較されるのである．それらの州において，ハイスクールは依然として，ほとんどの部分について，社会階級の観点でかなり同質的なので，この政策は各社会階級から高努力型の生徒を入学させる傾向が強まる．

たしかに，人種に基づくアファーマティブ・アクション入試政策に対する批判の一部は，能力だけに依拠した政策を支持し，機会の平等政策それ自体に反対するものだった．だが，批判の中には，人種などというものは不利な境遇に関する合理的な尺度ではないという考え方に起因するものもあったし，それこそいま私が問題にしている論点である．くわえて，人種に基づく区別の回避をその成員に教えようとする社会は，そのような区別を社会政策の基礎とすべきではない，という見解がある．私自身の見解は，アメリカ合衆国において黒人であることの不利益にはそれが持つ貧困との結び付き以上のものがあり，それは補償される必要があるので，人種に基づくアファーマティブ・アクション政策を廃止すべきではない，というものだ（論拠に関しては Betts and Roemer [2001] を見よ）．その一方で，アファーマティブ・アクション入試政策に関して私が強調したいのは，この問題の解決は機会の平等的入試政策を廃止することではなく，その政策が依拠している境遇集合を定義しなおすことなのだ，という点である．

これを雇用におけるアファーマティブ・アクション政策の結末と対比してみよう．それらもまた，多くの反対に見舞われ，その大部分が廃止された——が，それらは別の種類の「競技場の平準化」政策に置き換えられたわけ**ではなく**，雇用に関しては能力主義原理に基づいて実行されることになったのだ——すなわち，雇用の門戸は広く開放するが，その職に最も適性のある人々のみを採用することになった．

アメリカ社会は，（もし一般意志に帰すことが許されるなら）次のように言っているように思える．すなわち，教育に関して競技場を平準化することには賛成するが，雇用に関してはそうではない，と．前者の政策によって生じる社会的コストは受容可能とされるが，後者の政策によるものはそうではないのだ．

雇用に関する状況を完全に把握するために，1990年代初期に成立したアメリカ障害者法(ADA)を見ることにしたい．この法律は，まったくもって，EOp見解に依拠している．それは障害を不利益をもたらす境遇とみなし，雇用主に対して彼らの施設ないし工場において障害を持つ被用者達が生産的に働けるように設備投資をせよと要求している．障害者の稼働化にかかるコストを負担せねばならないのが社会全体ではなく個々の企業であるのはおそらく不幸なことなのだろうが，それに代わる公共的な調整のもとでこの法律を徹底して実行するのは極端にコスト高になると思われる．このように，アメリカ社会はEOp原理を生物学的な障害を持つ人々に拡張する用意はあるようだが，社会的な慣習によって相対的な障害をこうむっている人々にまで拡張するつもりはないようだ．これはおそらく，生物学的な種類の障害が，少なくともほとんどのケースでは，個人の制御を超えており，なおかつ道徳上恣意的であるようにみえるからなのだろう．だが，多くのアメリカ市民は貧困に付随する機能不全が当該犠牲者の制御を超えているとは，または当該犠牲者の親の制御を超えているとは，考えないのである（そして，多くの人は当該児童の命運について社会全般ではなくその両親に帰責するのである）．この見解のもとでは，貧困の中で育つ児童はたしかに自らの生育条件に責任はないとしても，それによって彼女がこうむる不利益は道徳上恣意的ではない．というのも，彼女に生育条件を提供してやるのは，彼らの資産の水準がどうであろうと，彼女の両親の責任だからである．

11

スーザン・ハーレイ(Hurley 2002)は，「ローマーの説明は，運を中立化するという目標がいかにして平等主義の根拠となるのかを示していない」と書いた．ハーレイが言うには，運の影響を除外しても，多くの目標分布状態が生起する可能性があったのであり，運を「中立化すること」は帰結を努力程度のみに対応させることを意味するなどとは言えない．さらに，EOpが運の影響力を中立化する，というのはEOpの**論拠**ではない，と彼女は書いている．

はっきり言わせてもらえば，EOpの見解の道徳的前提は，報いは諸個人の自律的な努力のみに対応させられるべきである，というものだ．これは功績に応じた報いの特別なケースの１つなのだと私は考えている．EOp の見解では，人々には目標を獲得する資格がある．ここで厳密に言えば，EOp の見解は平等性をその根本原理とする見解ではない．有資格性こそが根本なのであり，正当化される不平等は功績に起因すべきだという規範的テーゼがこの根本原理と一緒になっているのだ．不均等な努力によらない不平等は運によるものと**定義される**．つまり，それは EOp の見解から見て正当でない報いの原因として正当ではないから，運とは，世間で言うところの運なのである．「EOp は運の帰結に対する影響を中立化することを意図している」という言明は，それゆえに，「EOp は帰結を努力のみに対応させることを意図している」という言明と同じなのである．

そこで，例として次のような想定をしよう．児童 A は，彼が多大な努力を発揮したからではなく，両親が裕福であったために良い人生を送っているが，他方で別の児童 B は，貧しい家庭の出身であり，多大な努力を発揮したおかげで良い人生を送っている．B が熱心に労働するタイプの人間であったのは，A が裕福な両親を持ったのと同じ程度に運の問題である，と主張する人もいるかもしれないが，そのようなアプローチは，それがどのようなメリットを持っていようと，責任を重視する平等主義者が「運」ということばを使う意味合いにはなじまない．われわれにとって，幸運とは努力に起因しない利得の源泉を**意味する**[8]．たしかに，運を中立化するというのは EOp の**論拠**ではない．むしろ，運を中立化するというのは，EOp 見解の**定義**なのである．EOp の論拠とは，帰結を努力のみに対応させるのが**正しい**，というものであるはずだ[9]．

私はこの倫理的前提についての論拠を提示する努力は何一つしてこなかっ

8　奇妙にも，ハーレイ（Hurley 2001）自身が次のように書く時これを認識している．「とはいえ，人々が帰責性を持たない要因に言及するために「自然の運」ではなく単に「運」を使う傾向もある．コーエン自身，選択を運と対照させる際にこっそりとこの使用法をとっている……**私はこの後者の使用法に従う**」（強調は引用者）．

9　これら２つのパラグラフにおける要点は，コーエン（Cohen 2001）が明瞭に示してくれた．

た．実際のところ，私自身がそれを支持しているのかどうか確信できないし，それゆえ，ここで観念されているような機会の平等が倫理的に正しい原理なのかどうかも，確信が持てない．私がやろうとしたのは，通俗的な（不正確な）かたちで大きな支持を得ている——と思える——見解を，正確なかたちで詳説することだったのである．また，EOp アルゴリズムを実行することは現代社会を今あるものよりも正義に近づけるだろうという確信はあるわけで，それを理由に私は EOp 見解を擁護しているのである，つまり，EOp 原理が必然的に完全な正義であるからという理由ではなく，それはわれわれが現に手にしているものよりも正義に**より近い**から擁護しているのだ．『機会の平等』(Roemer 1998) において，私は EOp 見解を 1 つの正義原理としてではなく，あらゆる社会が，責任に関する**その独自の見解**（つまりは，努力と境遇の線引きの仕方）と調和する形の機会の平等を実行するために使えるような，1 つのアルゴリズムとして提示したのであった．私の EOp 擁護論は，何が境遇を構成するのかについての自然な捉え方がすでにある場合に，ある目標に EOp アルゴリズムを適用せんとするならば，ほとんどの社会が不正義を大幅に低減させるだろう，という見解に依拠していたし，今も依拠している．

12

EOp アルゴリズムをあらゆる社会に使えるツールとする私の実用主義的な見解に対して，次の点が一部から問われた．すなわち，何が努力と境遇を構成するかについての 1 つの正しい見解が，ある特定の社会の見解に対抗して存在するのか否か，そして 1 つの正しい EOp アルゴリズムの適用が，過剰ともいえる文化的相対性に対抗して存在するのか否か，が一部から問われた．

私には，これは論点にならないように思える．EOp が 1 つの正義理論であることを主張しうるのは，それが採用する努力概念が正しい概念である場合に限られる．むろん，EOp を適用する社会はそれぞれが，その努力概念を正しい概念だと信じるだろう．

論点はおそらく，なぜ私が責任に関する多様な概念のバラエティのもとで EOp アルゴリズムの適用を**擁護**するのか，であり，それには 11 節ですでに答えている.

13

以下の参照文献の中には，共著者達とともに，EOp アルゴリズムを具体的な政策問題に適用した論文をいくつか含めてある．言うまでもなく，特定の理論が個別ケースにおいて生み出すものを見れば，その理論はよりわかりやすくなるだろう.

参照文献

Arneson, Richard. 1989. "Equality and Equality of Opportunity for Welfare," *Philosophical Studies* **56**, 77–93.

———. 2000. "Economic Analysis Meets Distributive Justice," *Social Theory and Practice* **26**, no.2 (Summer) 327–345.

Betts, Julian R. and J. E. Roemer. 2007. "Equalizing Opportunity for Racial and Socioeconomic Groups in the United States through Educational-Finance Reform," in L. Woessmann and P. E. Peterson, eds., *Schools and the Equal Opportunity Problem*, Cambridge MA: MIT Press, 209–238.

Cohen, G. A. 2001. "Reply to Hurley and Arneson," (limited distribution).

Fleurbaey, Marc. 2002. "Egalitarian Opportunities," *Law and Philosophy* **20**, 499–530.

Hurley, Susan. 2001. "Luck and Equality," *Proceedings of the Aristotelian Society,* Supp. vol 75.

———. 2002. "Roemer on Responsibility and Equality," *Law and Philosophy* **21**, 39–64.

Llavador, Humberto G. and J. E. Roemer. 2001. "An Equal-Opportunity Approach to International Aid," *Journal of Development Economics* **64**, 147–71.

Risse, Mathias. 2002. "What Equality of Opportunity Could Not Be," *Ethics* **112**, 720–47.

Roemer, John E. 1993. "A Pragmatic Approach to Responsibility for the Egalitarian Planner," *Philosophy & Public Affairs* **10**, 146–166.

———. 1996. *Theories of Distributive Justice,* Cambridge, MA: Harvard University Press.

———. 1998. *Equality of Opportunity,* Cambridge, MA: Harvard University Press.

———. 2002. "Equality of Opportunity: A Progress Report," *Social Choice and Welfare* **19**, 455–71.

Roemer, John E., R. Aaberge, U. Colombino, J. Fritzell, S. P. Jenkins, A. Lefranc, I. Marx, M. Page, E. Pommer, J. Ruiz-Castillo, M. J. San Segundo, T. Tranaes, A. Trannoy, G. G. Wagner, and I. Zubiri. 2003. "To What Extent Do Fiscal Regimes Equalize Opportunities for Income Acquisition among Citizens?" *Journal of Public Economics* **87**, issue 3-4, 539–566.

Van De Gaer, Dirk. 1993. "Equality of Opportunity and Investment in Human Capital," Catholic University of Leuven, Faculty of Economics, No.92.

訳者解説 1
よりよき経済社会を志向する知的探求の旅と「機会の平等」論

吉原 直毅

1980 年代以降の新自由主義レジーム下での過度な「市場原理主義」の結果，極端な富の偏在化，貧富の格差拡大が進行した．それに伴い，公共機関や地域社会のコミュニティの中で担われてきたさまざまな社会生活上の諸機能が市場化・民営化され，生活上の基本的ニーズの充足に要する貨幣支出額は増大している．結果として，生活の困窮化と社会の不安定化が進行し，総じて資本主義の「第 3 の危機」(日本経済新聞 2022 年元旦）が生じているという現状認識が広がっている．

格差の進行は 80 年代以降の先進諸国，そしてロシア，中国，インドなどの今日の新興諸国においても共通の事象である．たとえば，アメリカでは富の超富裕層への集中が 1940 年代と同程度にまで進んでいる．また，2024 年の国際 NGO オックスファムの報告書によれば，2020 年に比して世界で最も裕福な 5 人の総資産が 2 倍超の 8690 億ドルに増えた一方，全世界で 50 億人が以前より貧しくなっている．また，グローバル大企業に関しても，21〜22 年の世界の大企業の利益は 17〜20 年の平均と比べて 89 パーセントポイント増となっている．結果として，世界の最大企業 5 社の株式の時価総額は，アフリカ，ラテンアメリカ，カリブ諸国の GDP の合計を上回っている．

こうした格差を「スーパースター効果」と合理化する論理の破綻も，現在では明瞭になった．つまり，労働所得の格差と生産性との相関性は皆無ないしはごくわずかである．むしろ格差の主要因として，1 つは「作業の自動化」，AI，遺伝子工学などの資本集約的なイノベーションによって，所得中間層が担ってきたタイプの労働力の過剰化が挙げられている．また，イノベーションの成果である準レント収益に関わる知的所有権強化の制度改革が行われてきた結果として，資本の集中と資本収益のレント化，全要素生産性の低下が観察され，それは経済のデジタル化のもとで顕著になっている．また，政府の力を凌駕するほどになっているグローバル大企業の力も，2024年オックスファム報告書も強調するように，政治的意思決定における寡頭制化による民主主義の形骸化と，巨大機関投資家の株主としての巨大な投票権に依拠した，経済的意思決定における寡頭制化を生み出し，結果としての経済的不平等の拡大・格差化を著しくさせている．

このような世界情勢のもとで，これ以上の世界的な経済的格差の拡大を止め，世界の圧倒的多数の人々にとっての善き生(wellbeing)の改善・向上に寄与するような経済社会を志向していくためには，現代の経済理論から広く学び，そこで提示される政策的・制度設計的処方箋の積極的適用を検討することも，ますます必要となってくるだろう．とりわけ，格差という経済的帰結に関する不平等の著しい進行と，その世代をまたぐ継承・再生産の構造もあって，人生選択の機会に関する人々の間での不平等も顕著になってきている．このような背景もあって，本書は，原書が四半世紀前の出版物ながら内容的に全く色あせることはなく，そこで論じられる「機会の平等政策」論は，とりわけ日本社会における経済民主化を今後推進していくうえでも必読な知見であると言ってよい．

本書は

Roemer, J. E. (1998): *Equality of Opportunity*, Harvard University Press.

の全訳である．また補論として

Roemer, J. E. (2003): “Defending Equality of Opportunity”, *The Monist*, 86-2, pp.261-282（「機会の平等を擁護する」）.

を収録している．なお，原書において残されていた間違いは，訳者の判断で訂正してある．

本書の著者であるジョン・E. ローマーは，現在，イェール大学政治学部および経済学部のエリザベス・アンド・ヴァリック・スタウト記念教授である[1]．ローマーは理論経済学を専門とする世界的に著名な経済学者であるが，その研究領域は狭い意味での経済学の分野を超えて，広く哲学や政治学の分野に及び，それらいずれもそれぞれの分野における一流学術誌に掲載されてきた．また，よく知られているように，ローマーはジェラルド・コーエンやヤン・エルスター等とともに分析的マルクス主義の主唱者の1人であり，とりわけ経済理論の分野での分析的マルクス主義的研究の主導的研究者である．その分析的マルクス主義の経済理論，分配的正義の理論，および市場社会主義の理論的構想などの研究の国際的卓越性に対して，ローマーは2023年に第10回経済理論学会ラウトリッジ国際賞を受賞している．

実際，ローマーの手掛けてきた研究テーマは，生涯一貫して左派的な規範的立場に基づいている．それは，現存する資本制経済社会の孕む貧困，不公正，不平等，搾取，支配と抑圧などの諸矛盾の基本原理の解明とその解決・改善の政策的・制度設計的処方箋に関わる基礎理論的研究に向けられてきた．本書もまた，彼の生涯の研究経路の中での1つの卓越的研究成果として位置づけられるのだが，その経路を辿る中でこそ，その価値も意義づけられよう．

以下では，本書の関連する研究分野を含め，ローマーのこれまでの多様な分野にまたがる研究経路を辿り，それぞれの分野における主要研究成果の意義を整理していく．そして，本書のテーマであるところの「(実質的) 機会の平等」論の，彼の全生涯的研究活動上での意義を探ってみたい．それを通じて，本書の意義もあらためて適切に位置づけられよう．

1. マルクス派経済理論

ローマーは，1974年にカルフォルニア大学バークレー校で経済学の博士号を取得し，カルフォルニア大学デイヴィス校経済学部に職を得て，当初マルクス派の経済理論についての研究に従事した．その研究手法は日本の伝統的なマ

1　ローマーのより詳細な略歴については，ジョン・E・ローマー著，伊藤誠訳 (1997)：『これからの社会主義』青木書店における伊藤誠による「訳者あとがき」を参照のこと．

ルクス経済学研究に代表されるような，マルクス『資本論』に代表されるマルクス主義の古典の解読・解釈的研究ではなく，むしろ置塩信雄および 森嶋通夫によって開拓・発展されてきたマルクス経済理論の数理経済学的アプローチ（数理的マルクス経済学）に基づくものであった．この分野における彼の主要な研究業績は以下の2著書にまとめられる．

Roemer, J. E. (1981): *Analytical Foundation of Marxian Economic Theory*, Cambridge University Press（略称 AFMET）.

Roemer, J. E. (1982): *A General Theory of Exploitation and Class*, Harvard University Press（略称 GTEC）.

このうち，最初の著書 AFMET は，置塩 および 森嶋等が発展させてきた数理的マルクス経済学の伝統的な研究テーマの枠内で，既存研究成果を踏まえつつ，ローマー自身の新たな研究成果をまとめたものである．すなわち，資本制経済における正の利潤率と正の搾取率の同値関係を論ずる「マルクスの基本定理」，資本制経済における技術革新を媒介する利潤率の動学に関して，マルクスの「利潤率低下法則」に対する反証的帰結を導いた「置塩定理」，労働価値体系と生産価格体系との関数的対応関係を論ずる「転形問題」などのテーマに関して，置塩や森嶋の数理モデルを，より洗練化された数学的技術を用いて一般化し，論じている．

対して，より本質的に，マルクス経済学における革新的な研究成果をまとめたのが GTEC である．GTEC の目的はマルクス派と社会主義の理論の再生にあり，資本制経済の基本原理を解明するうえでマルクス派にとっての中核的な概念である「搾取」と「階級」が分析の焦点となっている．また，置塩－森嶋等の「マルクスの基本定理」が搾取の社会関係的・階級関係的性質を掘り下げる方向ではなく，主に剰余価値率の利潤率への転形問題の論証として意義づけられてきたのに対して，GTEC においては「**階級搾取対応原理(CECP)**」の論証が1つの中核をなしている．

すなわち，資本制経済における人々の資本資産への不均等な私的所有のもとで，最も富裕な諸個人は，他者を雇用することで経済的収入の最大化を実現できる資本家階級に属し，搾取者となる．他方，資本資産が豊かではない諸個人は被雇用者となることでしか，経済的収入の最大化を実現できない労働者階級に属し，被搾取者となる[2]．資本制経済社会における階級関係と搾取関係とのこのような対応的関係のことをCECPと称する．この対応関係が，新古典派経済学と同様のミクロ的意思決定モデルのもとで，市場における諸個人の合理的選択とその価格調整的需給調整を通じて成立する競争均衡（再生産可能解）の内生的性質として生成されることを論証した点が，GTECの革新性・画期性である．

この論証によって，以下の点に焦点をあてることが可能になった．他の選択肢も許容なもとで資本家階級に属する人生を合理的に選択可能な富者と，労働者階級に属するという選択肢しか可能でない貧者との間の人生選択の機会の不平等という構造があり，これは富の不均等な私的所有に起因して生成しているということである．資本制経済の基本的性質である階級関係と搾取関係の対応的再生産の構造は，当該経済社会において継起的に観察される機会の不平等問題の生成メカニズムでもあることが示唆されたのである．

GTECにおいて，ローマーはさらに，「労働の不均等交換関係」として定式化される従来のマルクス派の搾取概念を理論的頑健性の観点から批判し，その一般化として，「所有関係的搾取(property relational exploitation)」の概念を提示した．その主要な動機は，80年代初期の頃には世界的に明らかになっていたソ連・東欧などの社会主義諸国における抑圧的な社会の実態である．すなわち，搾取概念の一般化によって，社会主義経済下での搾取関係の定義と分析を可能にすることであった．

所有関係的搾取論は，市場的資源配分における経済的取引の非対称性の診断という手続きを媒介することなく，譲渡可能な資産の不均等な私的所有関係そのものを資本主義的な搾取関係と定義する．すなわち，反実仮想的想定として，譲渡可能資産が平等主義的に分配され，各個人がその分配された資産を持

2　ここで，当該社会の経済活動への参加において，個人の供給する労働量が，その個人の経済的収入によって取得可能な労働量（その収入で購入可能な諸商品の生産に要する投下労働量）よりも多い場合，その個人は被搾取者と分類される．反対に，少ない場合は，搾取者と分類される．

って資本制経済社会から脱退し，自給自足的な経済社会を構成する．その反実仮想的経済社会において享受できる厚生水準を基準にして，現実の資本制経済社会のもとでの厚生水準がそれよりも低くなる諸個人は資本主義下で搾取されており，逆にそれよりも高くなる諸個人は資本主義下での搾取者である，と定義される．この定義のもとでは，譲渡可能資産に関する不均等な私的所有が観察されるならば，資産所有の富者が搾取者に，そして貧者が被搾取者に分類されることになる．

ここで，個々人の人的資本（労働スキル）は譲渡可能な資産ではないことに注意されたい．したがって，個々人の人的資本賦存の不均等性は，反実仮想的経済社会においても解消されないのが，資本主義的な所有関係的搾取の概念である．

換言すれば，資本主義的な所有関係的搾取が廃絶された社会主義社会において，人的資本の個人間不均等性に起因する不平等は依然として残存することになる．ローマーが社会主義的搾取として着目するのは，この人的資本の不均等分布の存在である．すなわち，反実仮想的状態として，人的資本資産が社会的に所有され，したがってそれらの資産活用から得られる経済的利得がすべての構成員に均等に分配されるような資源配分を想定する．そのような反実仮想的状態下で享受する厚生水準に比して，社会主義社会で享受する厚生水準が低くなる諸個人は社会主義下で搾取されており，逆に高くなる諸個人は搾取者である．換言すれば，高い水準の人的資本を有する有能な諸個人が搾取者になり，人的資本の低い諸個人が被搾取者になるのが，社会主義的な所有関係的搾取である．

ローマーは封建的搾取に関しても，所有関係的搾取論の枠組みで論じている．すなわち，封建的搾取を定義するうえでの反実仮想的状態は，人的資本に関する自己所有と譲渡可能資産の私的所有が確立された経済社会——すなわち資本制経済社会である——となる．その状態と封建的社会下での人々の厚生水準を比較することで，封建的な所有関係的搾取が確定される．

このように，所有関係的搾取論は，資本制経済社会に固有な搾取構造の分析を超えて，社会構成体の歴史的発展に即した搾取関係の歴史的展開を説明する．しかし，その後の 90 年代における政治哲学・倫理学の分野での所有関係的搾取論に関する論争を経て，ローマーは最終的に自説への批判を受け入れ，労働の不均等交換的性質の分析が搾取問題にとって不可欠であることを認めるにいたった．実際，近年の論争でも明らかにされてきたように，所有関係的搾取論は搾取問題を分配的不公正という観点でもっぱら論ずるものであり，搾取と分配的正義の問題との概念的相違を解消してしまうという意味でも，搾取理論としてはミスリーディングであったと言えよう[3]．

しかしながらGTECを契機に，マルクス派の搾取理論は，従来の「マルクスの基本定理」をめぐる論争に見られるような，マルクス『資本論』で展開される経済理論の頑健性・妥当性の検証という研究状況を大きく越えた．すなわち，現代の経済社会が孕む諸矛盾・諸困難の１つである搾取問題について，資産所有の格差問題や貧困問題，並びに分配的不公正や経済的抑圧，支配的経済関係などの諸概念と関連づけながら論ずることが可能になった．また，搾取問題を論ずる際に，労働の不均等交換関係の生成メカニズム論を展開するために，譲渡可能資産の不均等な私的所有という要因や人的資本の不均等賦存という要因を考察対象にする理論的フレームワークが構築された．そのフレームワークは，その後のローマーの分配的正義論の研究や，機会の平等論の研究にも継承された．

2. 分配的正義の理論

上述のような搾取理論の研究を通じて，ローマー自身は，規範的に批判されるべき資本主義のより根本的な問題は，搾取関係よりもむしろ，生産的資産の不平等な私的所有にこそある，と確信するようになった．ここで言う生産的資産の概念は，いわゆる物的資本財や金融資本などのような譲渡可能資産(alienable assets)・外的資源(external resources)のみならず，天賦の才能・

3　これらの論争の経緯に関しては，たとえば以下の文献を参照せよ．Yoshihara, N. (2017): “A Progress Report on Marxian Economic Theory: On the Controversies in Exploitation Theory since Okishio (1963),” *Journal of Economic Surveys* 31, pp.1421-1435. 吉原直毅 (2018)「搾取理論：「搾取」を科学的に捉える試み」(吉原直毅監修『されどマルクス』日本評論社，pp.46-52).

資質や労働スキル（人的資本）などのような，譲渡不可能な内的資源(internal resources)をも対象にしている．この問題意識に動機づけられ，そして妥当な平等主義的分配とは何かをめぐっての，ロナルド・ドゥウォーキンや，アマルティア・セン，ロバート・ノージック等の政治哲学的論争に参加していたジェラルド・コーエンの影響もあり，ローマーも分配的正義の理論についての研究に従事するようになった．この分野での彼の主要な研究成果は

Roemer, J. E. (1996): *Theories of Distributive Justice*, Harvard University Press（木谷忍・川本隆史訳『分配的正義の理論』木鐸社，2001 年）（略称 TDJ）．

にまとめられている．また，TDJ の第 8 章において，規範経済学的な批判的分析が向けられた「厚生に関する機会の平等」論をリファインした「(実質的) 機会の平等」論を提示し，その社会・経済政策遂行の実践プログラム化の提案を行うのが本書『機会の平等』である．

他方，分配的正義についての研究は，同時期に並行的に政治学や倫理学の学術誌などを中心に論じていた資本主義のオルタナティブとしての市場社会主義論にも，大きな影響を与えた．この点は後節でより詳細に紹介するとして，ローマーの市場社会主義構想における規範理論的基礎は，主に TDJ の第 6 章および第 8 章にて論じられている．

2.1. ドゥウォーキンの「(包括的) 資源の平等」論に対する批判[4]

分配的正義に関するローマーの研究を時系列的に辿れば，それはロナルド・ドゥウォーキン[5]の「(包括的) 資源の平等」論の批判的検証から始まった．ドゥウォーキンの「(包括的) 資源の平等」論は，譲渡可能な外的資源と譲渡不可能な内的資源からなる包括的財バスケットに関する平等主義的分配をこそ，分配的正義の基準と措定する議論である．資本主義の根源的批判点を生産

4 本小節での議論は，TDJ における第 7 章での議論に対応する．

5 Dworkin, R., (1981): “What is Equality? Part 2: Equality of Resources,” *Philosophy & Public Affairs* 10, pp.283–345.

的資産の不平等的所有に見出していたローマーは，ドゥウォーキンのこの議論へ大きな関心を抱いた．しかし，ミクロ経済理論における諸分析ツールを用いながら，「(包括的) 資源の平等」論を詳細に検討するうちに，ローマーはこの理論に対する批判的見解を固めるようになった．

その批判は第1に，ドゥウォーキンの仮想的保険市場メカニズム論に向けられた．すなわち，外的資源と内的資源の財バスケットに関する平等主義的分配といっても，内的資源は譲渡不可能であって，各個人に賦存する内的資源の個人間再分配は不可能である．したがって，反実仮想的に導出される包括的財バスケットの平等主義的分配状態と結果的に同値ないしは無差別となるように，内的資源賦存上の個人間の不平等を，外的資源の（再）分配を通じて補正しなければならない．そのような性質を持つ外的資源（再）分配の遂行メカニズムとして，ドゥウォーキンは仮想的保険市場モデルを設定した．

仮想的保険市場とは，各個人がどれだけの資質（内的資源）を持っているのかに関する「無知のベール」状態を仮想的に設定する．すなわち，各個人が己の資質水準に関して持つ情報は，その客観的確率分布のみである．この無知のベール下で各個人は等しい貨幣額（外的資源）を賦与されており，それを用いて，事後的に確定する資質水準に対する保険契約を購入できる．

この保険市場における均衡は，ベールが引き上げられて確定するであろう事後的資質水準のそれぞれに対して，支給される補償金額を定めた保険契約に関する各個人の最適購入の配分である．それは，人々が等しい予算額のもとでそれぞれの選好に基づいて合理的に選択した結果であるので，ドゥウォーキンによれば，ベールが引き上げられて確定する包括的財バスケットの事後的配分状態がいかなるものであれ，包括的資源の平等を意味する．なぜならば，均等な貨幣賦与によって，人々は資質賦存に関する不運(brute luck)を補償する保険購入の等しい機会が保証されているので，保険市場均衡下で事後的に確定する包括的財バスケット上の不平等な分配結果とは，人々の自発的なリスク選択の結果にほかならないからである．

他方，ローマーはむしろ仮想的保険市場の均衡下で事後的に確定する包括的財バスケットの配分に関する不平等性を問うことで，ドゥウォーキンを批判した．すなわち，個々人の内的資源賦存上の違いが，個々人の同じ外的資源水準の消費から得られる効用の「生産性」の違いとして現れるような経済環境モデルの数値例を提示し，そのような環境下での仮想的保険市場の均衡では，その事後的な包括的財バスケットの配分において，より不遇な内的資源賦存の個人ほど，より少ない外的資源が支給されるというパラドキシカルな状態が生じることを論じた．ローマーはこの数値例をもって，ドゥウォーキンの仮想的保険市場メカニズムは包括的資源の平等を遂行できない，と批判したのである．

ローマーはさらに，（包括的）資源の平等論は，ドゥウォーキンが意図したような厚生の平等論に対抗する代替的な分配的正義論たりうるかを問うた．そのために，純粋交換経済環境下での外的資源に関する配分問題を考え，「（包括的）資源の平等」政策を特徴づけると見なしうる必要条件を，配分メカニズムの満たすべき公理として定式化した．それらは，「パレート最適性」，「経済的対称性」，「資源単調性」，および「次元間の資源配分の整合性」である．

ここで「経済的対称性」は，すべての個人が同一の選好順序（効用関数）を有する経済環境下では，配分メカニズムがすべての個人に均等な財バスケットを配分するべきことを要請する．また，「資源単調性」は，配分可能な財資源の総賦存量が増えた場合，配分メカニズムが遂行する資源配分によって，資源賦存量増加以前と比して厚生水準を悪化させるような個人が存在しないことを要請する．これらに「パレート最適性」を加えた3つの公理は，「（包括的）資源の平等」政策ならば当然満たすべき性質である，と解釈可能である．他方，「次元間の資源配分の整合性」は，かなり数理技術的な性質[6]ではあるが，ドゥウォーキンの仮想的保険市場メカニズムに対するローマーの先述の数値例のようなパラドキシカルな事態を排除するための条件として，ローマーはこの

6　この公理は，以下のように説明される．最初に，各個人が外的資源の消費のみならず，各個人に固有な内的資源の賦存によっても効用を得ている経済環境下で，配分メカニズムが決定する外的資源の配分解を考える．つぎに，この環境下での内的資源賦存と配分された外的資源の消費によって各個人が達成できる効用水準と全く同じ水準の効用を，内的資源賦存がゼロながら，同じ外的資源の消費によって達成するような新たな効用関数を定義する．また，このように定義された効用関数と内的資源賦存ゼロ水準によって各個人が特徴づけられる第2の経済環境を定義する．「次元間の資源配分の整合性」はこの第2の経済環境下で配分メカニズムが決定する外的資源の配分解が，最初の経済環境下での配分解と一致するべきことを要請するものである．

公理を導入すべきとしている.

ローマーは，ドゥウォーキンの（包括的）資源の平等論を，資源配分メカニズムの性能に関する以上４つの公理体系として定義したうえで，この４つの公理を満たすような配分メカニズムは結果的に，ドゥウォーキンが批判してきた「厚生の平等」遂行メカニズムにほかならないことを論証した．ドゥウォーキンが「厚生の平等」論を批判していたのは，この分配的正義の基準のもとでは，以下のような倫理的に正当化しがたい資源配分を許容してしまうからである

すなわち，富裕な資産を所有しながらも「出費のかかる選好(expensive taste)」を自覚的に発展させてきた個人と，貧困家庭で育ち，現在も貧困な経済状態で生きていながらきわめて陽気かつ楽観的な性格の持ち主であって，貧しい経済状態のもとでも幸を感ずる楽しみを見つけ出して生きている個人がいたとしよう．両者の間での外的資源の配分問題を，「厚生の平等」基準に依拠して決定するならば，結果的には，出費のかかる選好を持つ富裕者により多くの外的資源が分配されうる．しかしながら，ドゥウォーキンに言わせれば，熟慮をもって個人が判断したうえで形成してきた「出費のかかる選好」に起因する当該個人のこうむる厚生水準上の不遇の場合，当該個人がその選択責任を負うべきであって，そもそも社会的に補償すべき対象とは見なしえない．そのような意味で，倫理的に正当化しがたい分配を決定してしまうがゆえに，「厚生の平等」論は妥当な分配的正義の基準たりえない．

他方，自己責任性が問われる各自の選好に起因する格差に対しては中立的でありつつ，各個人の責任を問うことのできない境遇上の不遇性に起因する格差や欠損のみを外的資源による社会的補償の対象として見なすことの可能な分配的正義論として，ドゥウォーキンが提示したのが（包括的）資源の平等論である．したがって，ドゥウォーキンの意図からすれば，「厚生の平等」論と「（包括的）資源の平等」論とは論理的に両立不可能な分配的正義の基準であるべきである．それゆえに，ローマーによる「（包括的）資源の平等」論が「厚生の平等」論を含意する，との結論は決定的なドゥウォーキン批判であるように見

えるのである[7].

2.2. アーネソンの「厚生に関する機会の平等」論に対する批判[8]

ドゥウォーキンの「(包括的) 資源の平等」論を契機に，本人が責任を負うべき要因に起因する不遇に対する中立性を要請する「責任の原理」と，責任を負うべきではない環境的要因に起因する不遇に関する社会的補償を要請する「補償の原理」とを，ともに満たすような分配的正義の基準が探求されるようになった．本書『機会の平等』の第3章でも言及されているように，リチャード・アーネソン[9]は何が個人的責任要因であり，何が非責任的要因であるかの選別に関する「ドゥウォーキンの切断(Dworkin's cut)」，すなわち「選好」対「資源」という切断枠組みに異論を唱え，「厚生に関する機会の平等(Equality of Opportunity for Welfare)」という代替的な平等主義的分配論を提示し

---

7 もっとも，その後の後継研究によって，ローマーによって定義された「(包括的) 資源の平等」論を特徴づける公理体系の妥当性に対して批判が提起されている．すなわち，ドゥウォーキンがこの分配的正義論の提唱において意図していた，自身の熟慮的判断のもとで形成してきた選好に起因する不遇に関しては中立性を要請する「責任の原理」と，責任を問えない環境的要因に起因する不遇のみを社会的補償の対象と見なすという「補償の原理」．ローマーの公理体系は，この2つの基本的原理を体現するような公理を全く含んではいない．したがって，ローマーの公理体系によって特徴づけられる配分メカニズムは，ドゥウォーキンの意図する意味での「(包括的) 資源の平等」的配分メカニズムであるとは見なしえない．さらに，ドゥウォーキンの意図する2つの原理を体現すると見なしうる公理体系をあらためて再提起した後継研究——以下の Yoshihara (2003) 等——によれば，それらの公理体系によって特徴づけられる配分メカニズムは，ナッシュ的配分メカニズムなど，「厚生の平等」的配分メカニズムとは異なることも論証されている．これらの後継研究の動向については，以下の文献を参照せよ．Yoshihara, N. (2003): "Characterizations of Bargaining Solutions in Production Economies with Unequal Skills," *Journal of Economic Theory* 108, pp.256-285. 鈴村興太郎・吉原直毅（2000）「責任と補償：厚生経済学の新しいパラダイム」『経済研究』51巻2号，pp.162-184. 吉原直毅（2003）「分配的正義の経済理論：責任と補償アプローチ」『経済学研究』（北海道大学）53巻3号，pp.373-401. 吉原直毅（2007）「交渉問題における分配的正義論」『経済研究』（一橋大学）58巻2号，pp.136-150.

8 本小節での議論は，TDJ における第8章での議論に対応する．

9 Arneson, R. (1989): "Equality and Equal Opportunity for Welfare," *Philosophical Stidies* 56, pp.77-93.

た.

アーネソンは責任性の概念を，制御(control)に基づく責任として定義する．すなわち，個人がある変数の決定に関して制御力を持っている場合に，個人はその変数の価値の決定に関して責任を負うのである．このような概念を前提すれば，人々が自己の選好を自己の制御下で形成してきたのであれば，その時に限り，そのような選好ゆえの厚生上の不遇に対して社会的補償の根拠はない．しかし，現実的には個々人が自己の選好を完全に己れの制御下で形成するようなことはありえない．したがって，結果的にアーネソンによる個人的責任要因と非責任的要因の分離論は，選好と資源としての分離を説く「ドゥウォーキンの切断」から逸脱するアプローチであることがわかる．

このような責任概念を前提しながら，アーネソンは人生の経路選択に関する決定樹(decision tree)を想定する．この決定樹は始点からの多数の枝として定義され，各枝の終点にはその枝の選択から得られる利得水準が確定している．ここで，この決定樹の各枝は1つの選択可能な人生経路を表している．以下ではこれら枝のことを経路(path)と称することにしよう．さらに，この決定樹の各経路に付随して，代替的な人生計画の選択肢に関する選好順序が定められている．各選好順序は，この決定樹の経路の集合として定式化される人生計画の選択肢集合を定義域とするある実数値関数，すなわち効用関数によって表現される．このように，この決定樹内の経路それぞれに対して，それに付随して人生経路の選択肢の効用水準を評価する効用関数が定義されることになる．かくして，この決定樹の各経路の終点に付属する利得水準は，当該経路に付随する効用関数が定める当該経路選択の効用水準を意味する．これらの効用水準は，決定樹内での異なる経路間に関して比較可能であるのみならず，異なる決定樹に対応する個人間でも比較可能であると仮定される．

いま，2人の個人それぞれに賦存している2本の決定樹に関して，以下のような性質を観察できるとしよう．すなわち，それぞれの決定樹が同じ数の経路を持っていて，互いの経路と経路とを1対1対応として関係付けることができる．さらに関係づけられたそれぞれの決定樹の経路どうしでは，同一の効用水準が賦与されている．このような対応関係が見出せる2つの決定樹は等価(equivalent)である，とアーネソンは定義した．

アーネソンはさらに，任意の２つの決定樹に関して，有効的等価(effectively equivalent)であるという概念を導入する．すなわち，任意の２人の個人に賦存する２本の決定樹が有効的に等価であるのは，それらが等価であって，かつそれぞれの個人が己の決定樹の構造を完全に理解していて，さらにそれぞれ１対１対応に関係づけられた互いの経路どうしが，互いに同じ程度の容易さで選択・遂行できるとき，そのときのみである．

以上のような理論的フレームワークのもとで，アーネソンは，厚生に関する機会の平等概念を定義する．すなわち，厚生に関する機会が平等であるのは，ある譲渡可能な外的資源の分配によって，任意の２人の個人に賦存する２本の決定樹が有効に等価となるとき，そのときのみである．

この分配的正義の基準の提案に際して，アーネソンはジョン・ロールズやアマルティア・セン，およびドゥウォーキン等によって展開されてきた，「飼い慣らされた主婦(tamed housewife)」問題[10]などのような厚生主義批判を避けるために，ある条件を課した．すなわち，各人生計画の経路のもとで形成される選好に関して，各個人は熟慮を通じて理想的と考えられる選好を形成するとの条件を課し，そのような選好を合理的選好(rational preference)と称した．しかし，各人生計画の選択に伴うこの合理的選好形成のための熟慮の時点において，各個人は機会不均等な社会状態下で形成された何らかの選好をすでに有している，とも想定される．

しかしながら，このより現実的な想定の有無に関わりなく，結局のところ，各個人の熟慮による合理的選好の形成は，厚生に関する機会の平等政策の遂行以前の状態下でこうむってきた彼らの客観的境遇や，そのもとで形成されていた選好などによる影響を受けざるをえないのであり，それらの要因から自律的に形成されることはない．この点の注意深い考察を通じて，ローマーは，ア

10 「飼い慣らされた主婦」とは，奴隷的境遇に適応した結果として，それに安住してしまっている状態を意味する．「安価な選好（cheap preference)」の典型例であり，客観的には劣悪な境遇でも高い効用を享受できている状態を指す．厚生主義的基準によって再分配政策を決定する場合，「高価な選好（expensive preference)」を発達させた富裕層の不満（厚生上の不遇）を補償するために，劣悪な客観的境遇ながら，安価な選好を持つ「飼い慣らされた主婦」からの外的資源の移転が要請されることになる．

ーネソンによる「厚生に関する機会の平等」論は，その厚生主義的性格によって，「飼い慣らされた主婦」問題などの困難を克服できない，と批判している．すなわち，「飼い慣らされた主婦」としての人生経験を刻印されている個人は，熟慮を通じて理想的と考えられる合理的選好を形成した場合でも，それは結果的に，たかだか「飼い慣らされた主婦」の選好の変種でしかない，ということが十分に起こりうるのである．

2.3. 内的資源のロック主義的自己所有権と外的資源の公的所有制[11]

ローマーはロバート・ノージック[12]の分配的正義論も批判的に検証し，ノージックの主張に代替する，より妥当なロック主義的資源配分についても論じている．

ノージックは，個人がある資源を保有する際に，獲得と移転の正義の原理を満たすときのみ，その個人はその保有に対して権原があると定め，分配が公正であるのはすべての個人が彼の保有物に対して権原があるときだけであると定めた．「獲得の正義」は，外的資源の専有の権原を規定する．すなわち，ある個人が外的資源の一部を専有する権原を有するのは，その資源が誰の所有物でもなく，かつ，彼がそれを専有することによって，それが誰によっても所有されていなかったときの社会状態と比較して，誰もその効用を下げることがないときである，と定められる．他方，「移転の正義」は，ある保有物をその権原を有する他の人からの自発的な贈与によって得る場合に，その保有物への権原を認める．このように，「移転の正義」によって，市場における自発的交換が許容されるのに対して，「獲得の正義」は，外的世界が無所有の初期状態と比較して，パレート弱改善（=「誰もその効用を下げることがない」）でありさえすれば，いかなる資源の専有に対しても権原を認めるから，結局，十分に整備された私的所有制度を前提とした市場の競争的資源配分は何であれ，正義の基準を満たすことを意味する．

この議論は，自己所有権(self-ownership)の不可侵性を前提にしていると位

11　本小節での議論は，TDJ における第 6 章での議論に対応する．

12　Nozick, R. (1974): *Anarchy, State and Utopia*, Oxford: Basil Blackwell（嶋津格訳『アナーキー・国家・ユートピア』上・下，木鐸社，1985/89 年）．

置づけられている．自己所有権とは，すべての個人は自分の身体の所有者であり，他者を傷つけることがない限り，自分自身の利益のためにいかようにも己の身体を利用することができるというものであり，その思想的源泉はジョン・ロックにさかのぼる．ノージックの観点から自己所有権を解釈すれば，無所有の外的資源に，他者の効用を下げることなく，己の労働を投入することによって得られる産出物は己の身体と不可分であるがゆえに専有権を持つことになる．

自己所有権に基づいて外的資源の私的専有を正当化するノージックの議論はジョン・ロックの伝統に連なるが，ロック自身は自己所有権に基づく外的資源の専有に対してかなり強い制約を満たす限りでしか許容していない．すなわち，ある個人が外的資源の一部を専有する権原を有するのは，その資源が誰の所有物でもなく，かつ，彼がそれを専有することによっても他者が利用することのできる十分に豊富な資源が残されている場合のみである，と定められる．これを「ロックの但し書き」と言う．

「ロックの但し書き」は，人々に手つかずで開かれている外的資源が稀少であるような社会的文脈においては，自己所有権に基づく私的専有が無条件に許容されるとは限らないことを意味する．それゆえに，ロックの基準に基づくならば，ノージックの基準とは異なり，自己所有権を前提したとしても，外的資源の私的専有のもとでの市場競争の結果として実現されうるであろう，きわめて不均等な所得分配が正当化される必然性は存在しない．

この観点に基づいて，ノージックの「獲得の正義」論への批判を展開したのが，ジェラルド・コーエン[13]であった．すなわち，本来の「ロックの但し書き」的基準に基づくならば，無所有な外的資源の私的専有化というシナリオの代わりに，社会の全構成員による共同所有化，ないしは公的所有化というシナリオも可能になってくる．そのような代替的シナリオのもとで仮想される市場的資源配分は，各個人の自己所有権と両立的であるとともに，より平等主義的な配分でありうる．すなわち，コーエンによるノージック批判は，自己所有権

13 Cohen, G. A. (1985): "Nozick on Appropriation," *New Left Review* 150, pp.89-107. Cohen, G. A., (1986): "Self-Ownership, World Ownership, and Equality: Part 2," *Social Philosophy & Policy* 3, pp.77-96.

が平等主義的分配原理と十分に両立的である可能性を示唆している．

コーエンの議論を受けて，ローマーは外的資源が公的所有のもとにあると前提したうえで，個人の自己所有権と平等主義的な分配基準の両立可能性を数理経済学的に解明した．第1に，人々が供給する労働の総投入量に対応して1種類の産出物（コーン）が生産されるような簡単な生産経済環境のモデルを考える．この経済環境下での1つの資源配分は，各個人がそれぞれどれだけの労働時間を供給し，その結果として生産される総産出物をどのように各人に分配するかを定めている．個々人の労働供給および消費に関する選好と各人の労働スキル（単位時間当たりの労働生産性を規定する），および当該経済環境で利用可能な生産技術が所与のもとで，実行可能な資源配分は原理的には無数に存在する．1つの資源配分メカニズムは，この無数の代替的な実行可能配分の中から，最適と思われる資源配分の部分集合を選択するルールとして定義される．

この資源配分メカニズムの満たすべき性質を公理的に特徴づけることによって，自己所有権や外的資源の公的所有などの制度的条件を満たすような資源配分の性質を解明する．このような資源配分の公理論的分析を，ローマーは行っている．

第1に，すべての個人が同一の効用関数を持っている経済社会を想定して，ローマーはエルベ・ムーランとの共同研究[14]において，外的資源の公的所有制と各人の自己所有権が保証された経済システム下で実行されうる資源配分メカニズムの性質を公理化した．そのような公理として，「パレート最適性」，「自己所有権」，「技術的単調性」，および「弱者の保護」を提起している．

ここで「自己所有権」公理は，この経済モデルの論脈における各個人の自己所有権の対象が各個人に賦存する労働スキルであるもとで，労働スキルに関する自己所有権を保証する資源配分メカニズムが満たすべき性質として，より高い水準の労働スキルを賦存する個人は，より低い水準の労働スキルを賦存する個人に比して，資源配分メカニズムによって決定される最適配分のもとで享受

14 Moulin, H., and Roemer, J. E. (1989): "Public Ownership of the World and Private Ownership of Self," *Journal of Political Economy* 97, pp.347–67.

できる効用水準がより低くはならないことを要請する．

「技術的単調性」は，当該経済社会で利用可能な生産技術が改善されて社会全体の労働生産性が改善されたことによって，資源配分メカニズムが決定する最適配分も変化するが，その結果としてすべての個人の効用も改善されるべきことを要請する．これは社会的連帯性の保証を要請するものであり，公的所有制下の経済社会が満たすべき性質の１つと解釈されている．

「弱者の保護」は，賦存する労働スキル水準に関してより優れた個人が存在することによって，スキル水準に関する弱者的立場の個人が被害をこうむることがないことを要請している．すなわち，自己所有権が保証された市場経済下の競争的資源配分の結果は，しばしば経済的弱者の待遇を犠牲にするもとで，経済的強者への優遇的な待遇を実現することがあるが，外的資源に関する公的所有制下の経済社会では，社会的連帯性の観点からも，そのような経済的弱者を犠牲にすることは禁止される．

ムーランとローマーは，以上に「パレート最適性」を加えた４つの公理をすべて満たすような資源配分メカニズムとは，すべての個人が同一な効用水準を享受できるような「厚生の平等」基準を満たすものでしかありえないことを論証した．ここでは，すべての個人が同一の効用関数を持つような経済社会を想定しているので，「厚生の平等」基準を満たす配分メカニズムは明らかに平等主義的である．この帰結は，ノージックの主張とは異なり，各個人の自己所有権の保証と平等主義的分配原理との両立可能性を論証するものである．

第２に，各個人が互いに異なる効用関数を持ち，かつ個人間の効用比較可能性も，また効用の基数的測度も不可能であるような標準的なミクロ経済学的な経済環境を想定する．そのような経済環境下における，内的資源に関する自己所有権の条件を定式化する公理として，ローマーは「収穫一定経済における自由なアクセス」という公理を提案している．すなわち，生産技術が収穫一定の特性を持つような経済においては，すべての（合理的な）個人は自分が１人だけそのテクノロジーを利用することによって生産できる産出物から得られる効用水準を保証されなければならない．収穫一定生産経済では，１人の個人が天然の小麦が育っている土地にアクセスして好きなだけ小麦を刈り取ったとしても，この土地の規模に上限がないゆえに，小麦の労働生産性が低下しない．それは「ロックの但し書き」が言及する前提条件にほかならない．したがってまた，「収穫一定経済における自由なアクセス」は「ロックの但し書き」の数理的定式化にほかならない．

ローマーはまた，当時，経済学部教授として在籍していたカルフォルニア大学デイヴィス校の同僚であったジョアキム・シルベスターとの共同研究において，内的資源の自己所有権と外的資源の公的所有制から成る経済社会が遂行すべき資源配分メカニズムに関する3つの提案を行った[15]．

その第1の提案は，収穫一定等価解と呼ばれる資源配分メカニズムである．収穫一定等価解は，任意の経済環境のもとで，パレート効率配分であり，かつ，ある仮想の収穫一定生産経済のもとですべての個人が自由にテクノロジーにアクセスできる時に選択される配分と比較して，パレート無差別であるような配分を指定する．この解は，ある架空の収穫一定生産経済のもとでのそれぞれの個人の最適消費活動下の効用水準が，実際の環境のもとで等しく保証されるという意味で，平等主義的な性質を有している．また，この解は「技術的単調性」を満たすという点で，公的所有解としての資格を有し，「収穫一定経済における自由なアクセス」を満たすという意味で，自己所有権を保証する配分メカニズムである．

第2の提案は，均等便益解と呼ばれる配分メカニズムである．均等便益解は，任意の経済環境下で，すべての個人が均等な利潤分配への請求権を有するもとでのワルラス的競争均衡配分を指定する．それは競争均衡配分であるので，定義からも明らかに「収穫一定経済における自由なアクセス」を満たす．また，各経済環境下での生産活動の結果として得られる総利潤の便益を，当該経済社会のすべての構成員が等しく享受できるという意味で，公的所有制が保証すべき平等主義的性能を有している．

第3の提案は，比例的配分解と呼ばれる配分メカニズムである．比例的配

15 Roemer, J. E. and Silvestre, J. (1989): "Public Ownership: Three Proposals for Resource Allocation," Department of Economics Working Paper No.307, University of California, Davis. Roemer, J. E. and Silvestre, J. (1993): "The Proportional Solution for Economies with Both Private and Public Ownership," *Journal of Economic Theory* 59, pp.426–444.

分解は，任意の経済環境下で，社会全体における総産出物から得られる総純収益を，各個人の供給した労働量に比例的に分配するような性質を満たすパレート効率的配分を指定する．この解もまた，「収穫一定経済における自由なアクセス」を満たす．また，この解は「労働に基づく配分」という社会主義的分配基準を満たすのであり，マルクス的労働搾取の存在しない経済社会下で実装化されうる配分メカニズムと解釈できる．また，この解は，利潤分配への請求権が各個人の労働貢献量に比例的に内生的に決定されたもとでのワルラス的競争均衡配分を指定するメカニズムとしても解釈可能である．

以上の3つの提案のうち，最初の収穫一定等価解は，より一般的な経済モデルのもとでは存在が必ずしも保証されないという問題があり，また，競争的市場の均衡配分としての性質を有してはいない．他方，均等便益解と比例的配分解は，より一般的な経済モデルのもとでの存在定理が知られており，また，市場経済下の競争的均衡配分として理解することが可能である．実際，ローマーが資本主義に対するオルタナティブ経済システムとして展望する市場社会主義について語る際に，そこで実行される資源配分メカニズムとして語られるのは，比例的配分解と均等便益解のいずれかである．

2.4. 分配的正義論の資源配分メカニズム的特徴

ジョン・ロールズの「格差原理」，アマルティア・センの「基本的ケイパビリティの平等」など分配的正義の基準に関する著名な提唱と同様に，ドゥウォーキンやアーネソン等の分配的正義論は，各個人にとって自己責任を負うべきではない環境的要因に起因する不遇に対して要請される，社会的補償のための外的資源の分配の基準を提起する．その際に，各個人の不遇は市場的資源配分の結果であることが暗黙裡に想定されており，社会的補償のための外的資源の分配は政府による再分配政策によって決定されるという論脈で考察されている．また，社会的補償の対象となる各個人の不遇をもたらす環境的要因として，資質などの内的資源の個人間での不均等な賦存分布が主要な関心の1つである．

ローマーは，内的資源の不均等賦存に起因する社会的・経済的不平等をも是正の対象として考えるこれらの分配的正義論のほうが，資本制経済における搾取問題を批判するマルクス主義よりも，より急進左派的な進歩的主張をしていると見なす傾向がある．CECP の分析や所有関係的搾取論からもうかがえるように，搾取論的批判は主に外的資源の不均等的私的所有への批判を意味するに過ぎず，内的資源の不均等賦存に起因する不平等を看過しているように見えるからである．

しかし，ローマーのこのような批判は公平さを欠いて少々短絡的であるとも言える．搾取論的批判は，内的資源の不均等賦存の要因が存在しないとしても，資本主義的市場経済のもとで正当化しがたい貧富の格差やそれに起因する社会的分断などが生成するメカニズムを解明するものであり，それは内的資源の不均等賦存に起因する不平等問題の放置を正当化しているわけではない．さらに言えば，上記の分配的正義論が政府による介入的再分配政策によって分配的不公正の是正を行うフレームワークを前提しているのに対して，搾取論的批判も，2.3 節で扱ったロック主義的資源配分メカニズム論（自己所有権と公的所有制）も，市場経済における資源配分の性質それ自体の変革による分配的不公正の是正の可能性を示唆するものである．すなわち，2.2 節までの分配的正義論とは異なり，外的資源の私的所有という資本制経済に固有の制度的特徴に焦点を当て，代替的な所有制下の経済システムにおける市場的資源配分の性能を探求可能とするのが，搾取論的批判やロック主義的資源配分メカニズム論である．

結果として，ドゥウォーキンやアーネソン等の分配的正義論の批判的検証を経て提起された本書におけるローマーの「(実質的）機会の平等」論は，政府による介入的再分配政策として，「機会の平等」政策（以下，EOp 政策）の処方箋をいかにして決定できるかについて論じていく．他方，2.3 節で論じたローマーによるロック主義的資源配分メカニズム論はむしろ，資本制経済システムのオルタナティブとしての市場社会主義のもとで実行されるべき市場的資源配分の規範的基準として，機能していくことになる．

本書で提起される EOp 政策は，資本制経済システムのもとでも可能な限り，その遂行可能性を探求すべきであると同時に，仮に市場社会主義システムが実現した場合であっても残存する社会主義的搾取の解消のためにも EOp 政策の遂行は必要とされうるのである．

3. 本書で展開される「(実質的) 機会の平等」論

アーネソンの「厚生に関する機会の平等」論についての批判的検証を経て，ローマー自身の「(実質的) 機会の平等」論は，TDJの第8章の8.3節～8.5節での序説的展開を踏まえて，本書において本格的に展開されるにいたる．ローマー自身の「(実質的) 機会の平等」論においては，「何の平等か？」に関する80年代以来の政治哲学・倫理学上の論争においても中核的課題であった，いかなる福祉的指標を用いて平等主義的分配について論ずるかという問題はカッコに括られることになった．すなわち，分配の平等性を測定する福祉的指標は特定されず，それは想定する社会経済問題に応じて実践的に選択されるものと位置づけられた．

代わりにローマーが関心を集中させるのが，任意に与えられた福祉的指標に関する機会の平等をいかにして遂行するかという問題であり，したがって機会の平等政策の遂行メカニズムについての考察である．さらに，アーネソンの「厚生に関する機会の平等」論のような決定樹モデルの理論的フレームワークと比べて，機会の平等的資源配分を決定するためのより優れた手法として提示されたのが，本書において提示されている「機会の平等」政策（EOp政策）決定のための社会厚生関数である．ローマーによれば，本書で論じられるEOp政策決定のための社会厚生関数モデルのほうが，アーネソンの定式化よりも優れている．アーネソンが要請するような，すべての個人の決定樹を有効的等価とする外的資源の配分は一般に存在しないからである．

本書において詳細に論じられている「機会の平等」論は，客観的特徴上の格差によって左右されることなく，すべての個人に彼らが獲得したいと意欲するだけの**良き生**(well-being)ないしは**帰結**(outcome)の水準を実現するための，可能な限りに均一な競技場，すなわち等しいスタート・ラインの保証を要請する規範理論である．「機会の平等」論の基本的な公理は，「**各個人の客観的境遇の違い如何を問わず，同程度に努力した個人であれば同程度の帰結水準を獲得できるようにすべきである**」とまとめられよう．

すでに論じたように，ローマーの「機会の平等」論においては，「良き生」ないしは「帰結」の内容は，想定する社会経済問題に応じて特定化されるものと考えられている．たとえば，教育的資源の配分問題を考える論脈では，各個人とは主に未成年層からなる子弟となり，「帰結」とはそれら子弟の獲得する学力水準，もしくは教育達成水準となる．このとき，各子弟の客観的境遇とは，彼らの出身家計の所得水準であるとか，両親の学力・学歴水準であるとか，居住環境そのもの等が関係することになる．これらの客観的境遇上の格差は，子弟たちにとっては運命論的要因であり，彼ら自身の自己責任を問うことが可能な選択結果というべきものではない．上述の「機会の平等」論の基本的な公理によれば，各子弟の客観的境遇の違い如何を問わず，同程度に努力した子弟であれば同程度の学力水準を獲得できるようにすべきことが要請される．これは，こうした諸個人の選択責任を問うべきでない運命論的要因によって生じる帰結上の格差は，社会的補償の対象とすべきと見なす「責任と補償」論的基準としての意味合いも持つ．通常，客観的境遇に関して不遇な立場にある子弟であれば，より優遇な立場にある子弟と同様の努力をしたとしても，期待される学力達成水準は低くなるだろう．したがって，両者に同程度の学力水準を達成させることは，不遇な子弟への何らかのより厚い社会的扶助・援助政策の遂行を含意している．すなわち，「(実質的) 機会の平等」論は何らかの平等主義的再分配的政策の導入を支持する議論である．

本書第4章で詳細に論じられているように，ローマーの「機会の平等」論は，その基本的公理を体現する社会厚生関数を提唱する．それは以下のように定式化される．いま，政策当局が把握している経済についてのデータとして，タイプの集合 $\mathbf{T} = \{1, 2, \ldots, T\}$ が与えられているとしよう．ここで，1つのタイプ $t \in \mathbf{T}$ はある同じ境遇にある個々人の属性として解釈されるものである．境遇とは，個々人の制御を超えて，彼らの帰結に影響を及ぼすある自然的・社会的な環境的要因の集合を指す．1つのタイプ t の母集団 N に占める頻度を p^t で表す．タイプ t に属する個人が享受できる帰結の達成水準を $f^t(z, \varepsilon)$ で記述する．ただし，z はこの個人が消費できる資源（所得額）を表し，ε を彼の努力水準とする．タイプ t の子弟の帰結関数 f^t は教育的資源 z が与えられたもとで，ε 水準の勉強量を学力の達成水準へと変換する関数であって，この子弟の出身家計の所得水準，親の学歴水準，居住環境などを反映している．

いま，当該社会において，成人世代の経済活動の結果，一定の資源が生産されており，そのうちの一定割合が教育用の「予算」として使用されるとしよう．このとき政府当局はこの人口１人当たり教育用資源 X をどのように配分するかという問題に直面している．１つの政策は関数のプロフィール $\phi = (\phi^1, \ldots, \phi^T)$ であって，各関数 ϕ^t はタイプ t に属する個人が努力水準 ε を費やしたときに配分される教育的資源の量 $\phi^t(\varepsilon)$ を記載する．各タイプと個人の努力水準に応じて教育的資源を指定する１つの政策は，配分ルールと呼ばれる．ところで，各個人が選択決定する努力水準は，努力とその成果に対する各個人の選好・価値観を反映するがゆえに，配分ルールに応じて可変的であろう．したがって，配分ルール ϕ に対応して，タイプ t に属する個人の集合 N^t 内での努力水準のランキングが決定される．集合 N^t 内で h 番目に低い努力水準の個人の百分位数は，$\frac{h}{p^t N}$ である．タイプごとの頻度が異なるので，タイプ内での努力水準のランキングを百分位数で表す形で基準化する．その結果，配分ルール ϕ のもとで，タイプ内努力ランキングの π 番百分位数に属する努力水準を供給するタイプ $t \in \mathbf{T}$ 個人の努力水準の値を $\varepsilon^t(\pi, \phi^t)$ で[16]記述する．配分ルール ϕ のもとでタイプ $t \in \mathbf{T}$ 個人の努力水準が $\varepsilon^t(\pi, \phi^t)$ であるとき，努力水準に関するタイプ $t \in \mathbf{T}$ 内での彼の相対的順位は，π 番百分位数に相当する．

配分ルール ϕ が所与のもとで，タイプ内努力順位で π 番百分位数に相当する努力水準を供給するタイプ $t \in \mathbf{T}$ の個人の**間接帰結関数**は $v^t(\pi; \phi^t)$ で表される．この関数は

$$v^t\left(\pi; \phi^t\right) \equiv f^t\left(\phi^t\left(\varepsilon^t\left(\pi, \phi^t\right)\right), \varepsilon^t\left(\pi, \phi^t\right)\right)$$

として定義される．そのとき「機会の平等」論の基本的公理は，以下のように

16　同じ百分位数ランクにある努力水準であっても，その絶対水準はタイプ間で異なりうる．高学歴で教育熱心な両親を持つなど，恵まれた教育環境内での π 番百分位数ランクにいる個人の**有効な勉強量**が，より不遇な教育環境内での同百分位数ランクの個人の**有効な勉強量**よりも多い，ということは十分にありうるからである．

定式化される．

任意の $t,t' \in \mathbf{T}$，および任意の $\pi \in [0,1]$ に関して，

$$v^t\left(\pi;\phi^t\right) = v^{t'}\left(\pi;\phi^{t'}\right) \tag{16.1}$$

すなわち，同じタイプ内努力順位の百分位数を持つ個人間であれば，彼らの属するタイプの格差如何を問わず，同水準の帰結を達成できるような教育的資源の配分ルールであるべきことを要請する．しかしこの種の基準はしばしば技術的に実行不可能なケースも多い．もちろん，すべてのタイプおよびすべての百分位数に関して $\phi^t(\varepsilon^t(\pi,\phi^t)) = 0$ となるような配分ルールであれば，公理 (16.1) 式を満たすことは可能である．しかし，そのような配分ルールは明らかに資源の無駄遣いであり，大幅な効率性のロスを意味する．そこで効率性の観点を考慮して「機会の平等」論のセカンド・ベスト基準を考える．そのために，配分ルール ϕ のもとで，各タイプ内での努力順位を反映する百分位数 $\pi \in [0,1]$ を固定し，同じ π 番百分位の個人の中でその学力達成水準が最も低い個人を，タイプ間にまたがって選出する．すなわち，各百分位数 $\pi \in [0,1]$ に対して，$\min_{t\in\mathbf{T}} v^t(\pi;\phi^t)$ が決定される．

このとき，「機会の平等」論のセカンド・ベスト基準は以下のように定式化される．

配分ルール ϕ および φ に関して，

$$\text{任意の } \pi \in [0,1] \text{ に関して，} \min_{t\in\mathbf{T}} \ v^t(\pi;\phi^t) \geq \min_{t\in\mathbf{T}} \ v^t(\pi;\varphi^t) \tag{16.2}$$

であるとき，配分ルール ϕ は配分ルール φ よりも少なくとも同程度に望ましい．

この基準を満たすような社会厚生関数として，$\int_0^1 \min_{t\in\mathbf{T}} \ v^t(\pi;\phi^t)\mathrm{d}\pi$ を考えることができる．今，人々が教育的資源を利用しながら努力することによって，帰結として学力機能が達成されるとしよう．ここで，努力水準のタイプ内

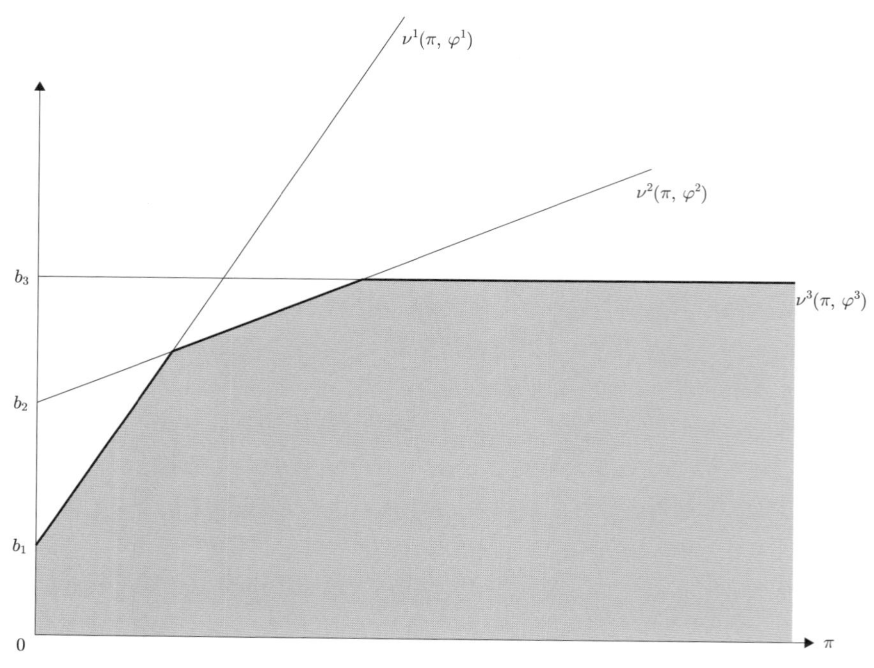

図 16.1　学力機能達成に関する機会の平等政策

の相対ランクに関して，タイプをまたがって最も不遇な学力機能水準の平均をとる．この社会厚生関数が，1つの配分ルールに対して与える実数値は，幾何的には図 16.1 の射影領域の面積の値に相当する．図 16.1 の横軸は百分位数 π の大きさを表し，縦軸は機能の達成水準（この場合は学力の達成水準）を表している．この図では3つのタイプを想定しており，配分ルール ϕ のもとでの各タイプ $t = 1, 2, 3$ 内での機能達成水準の軌跡がそれぞれ，直線 $v^t(\pi; \phi^t)$ で表されている．この3つの直線の包絡線が，各百分位数 π（すなわち各横軸上の点）において，3つのタイプ内での達成機能の最小値をとることによって定まる軌跡である．この包絡線の下方領域（すなわち図の射影領域）の面積が，各百分位数 π におけるタイプ間での最も不遇な機能水準に関する平均値を表すことになる．この実数値関数が配分ルール ϕ に関する評価を表す **EOp – 社会厚生関数**である．すなわち，**任意の配分ルール ϕ および φ に関して，**

$$(16.3)\qquad \int_0^1 \min_{t\in\mathbf{T}} \ v^t(\pi;\phi^t)\mathrm{d}\pi \geq \int_0^1 \min_{t\in\mathbf{T}} \ v^t(\pi;\varphi^t)\mathrm{d}\pi$$

であるとき，配分ルール ϕ は配分ルール φ よりも少なくとも同程度に望ましい，という評価を与える完備な順序関係を意味する．この社会厚生関数に基づけば，最適な教育的資源配分政策は，以下の制約付最適化問題の解 ϕ_{EOp} にほかならない．

$$(16.4a)\qquad \max_{\phi} \int_0^1 \min_{t\in\mathbf{T}} \ v^t(\pi;\phi^t)\mathrm{d}\pi$$

$$(16.4b)\qquad s.t. \ \sum\nolimits_{t\in\mathbf{T}} p^t \int_0^1 \phi^t(\varepsilon^t(\pi,\phi^t))\mathrm{d}\pi \leq X.$$

ここで制約式 (16.4b) は，予算制約内で教育的資源を配分することを意味し，配分ルールの実行可能性を要請する条件である．

以上の議論において注意すべき点が 2 つある．1 つは，当該社会が教育政策に使用する X の意思決定問題については，ここでは語っていないということである．教育予算 X が増えることは将来の人的資本の蓄積のための投資の増加を意味するが，同時に，当該社会で生産された総資源の中で現在の消費に利用できる部分が減少することを意味する．この現在消費と将来消費との代替問題についての社会的意思決定に関しても，ここでは語っていない．

第 2 に，所与の教育予算 X の配分政策として (16.4) 式で定義される「機会の平等」政策の遂行は，子弟間での学力機能達成に関する効率的な配分を意味するが，彼らが成人となってその学力が人的資本に転化したときの生産性のロスの可能性を排除はしていない．

たとえばここで対象とする子弟の集合が全国の医学部学生の集合であり，対象とする「学力」が高等教育レベルのものであり，その達成機能が医師としての人的資本に転化するようなタイプのものであるとしよう．「機会の平等」政策の遂行は，医師としての資質の違いに関係なく，同程度の努力のもとでその学力成績の最も低い学生の水準を最大化させるので，その分，とくに優れた資質を持つ学生が特別に優遇される性質は有さない．その結果，その客観的特徴において不遇であり，かつ学力成績の最も低かった学生であっても，医師資格試験に合格できるかもしれないが，同時にそれはとくに優れた資質を持つ学生の技能水準を最大化させないかもしれない．多数の比較的中庸な医師を社会的に供給する状態と，一部の優れた医師を生み出すものの医師の社会的供給量は前者より少ない状態の，いずれが望ましいかという問題は，医療サービスの消費者にとっていずれが望ましいか，という視点も関係してくるだろう．一部の優れた医師の存在は，先端医療研究での優れた進展が期待され，それが将来における医学の進歩に寄与するという形での社会への外部効果を期待できるが，反面，急な出産や夜間における子供の病気という日常的事態にスムーズに対応してくれる医療機関の不足という事態をもたらすかもしれない．

こうした論点を考慮のうえで，どの段階の学力[17]に関して「機会の平等」基準を適用すべきか否か，という問題は，より包括的な観点から定義された包括的社会厚生関数による判断を要請するだろう．その判断によっては，高等教育が問題の対象の場合には，予算 X のある割合 αX は「機会の平等」政策用に確保しつつ，残りの $(1-\alpha)X$ に関しては，優れた資質の学生への優遇政策用に使われるという，一種の折衷案の採用も考えられるだろう．

4. 政治的競争論と EOp 政策の政治的遂行問題

前節で要約したような「(実質的) 機会の平等」論に関する厚生経済学的研究とともに，ローマーは EOp 政策が現実の代議制民主主義の制度下でいかにして政治的に選択されうるか，という（新）政治経済学・政治的競争論の観点からの研究をも展開している．

理想的な想定のもとでは，「機会の平等」政策は，前節で議論したような EOp－社会厚生関数を持つ**慈悲深い政府**(benevolent government)の合理的意思決定によって実行される．このシナリオの枠組みのもとでは，残された主な

17 すなわち，初等・中等教育段階の学力か，高等教育の学力か，という話である．

課題はかつての経済計画論争で論じられた問題と同様に，各市民の私的情報に関する政府と市民との間に存在する情報の非対称性問題から生じうる，情報の戦略的操作可能性問題をどう防止するかというメカニズム・デザイン問題である．

しかしながら，より現実的には，「慈悲深い政府」の想定というよりはむしろ，ある程度の自己利益追求の動機を持った政治集団である政党間の**政治的競争**(political competition)によって，政治的意思決定がなされるという枠組みで考えることもできる．「機会の平等」政策はある政治政党のマニフェストとして提示され，そしてその政党が選挙に勝利して政権を獲得することを通じて，実現されるというシナリオである．

このシナリオに基づきローマーは，政策決定に関する政党間の政治的競争を媒介に，動学的資源配分が決定される**政治経済均衡**を想定する．そして資源配分の動学的効率性の保証を制約条件としたときに，平等主義的な再分配制度・政策の自由度はどの程度ありうるか，という問いにかかわる（新）政治経済学的研究を展開するのである．このラインの研究プロジェクトにおける主要な研究成果は以下の2つの著書としてまとめられている．

Roemer, J. E. (2001): *Political Competition*, Harvard University Press（略称 PC）.

Roemer, J. E. (2006): *Democracy, Education, and Equality*, Cambridge University Press（略称 DEE）.

このうち，PC では，2大政党制下での2つの政党がそれぞれ自分たちが望ましいと考える経済社会を実現するための政策をマニュフェストとして掲げつつ，その政策の遂行のために必要な政権獲得を目指して，選挙民からの票獲得をめぐって互いに競争するという政治的競争ゲームについての純粋理論研究を展開している．とりわけ，この著において，ローマーは以下でも紹介する「政党内全員一致的ナッシュ均衡」という独自の政治的競争均衡概念を提示し，その性能についての理論的分析を行っている．

他方，DEE では，「政党内全員一致的ナッシュ均衡」概念を用いながら，

EOp 政策が政治的競争ゲームとして定式化される政治的意思決定プロセスを通じて，いかにして政治経済均衡において実行されうるかという研究課題に取り組んでいる．したがって，以下では，主に DEE で展開されている理論的フレームワークに基づいて論じていく．

DEE において，ローマーは親と子から構成される各家計を想定し，各家計間の違いが賃金稼得力（＝人的資本）の違いによって特徴づけられる経済を考える．家計とは，親の消費活動の場であると同時に，子の将来の人的資本の教育的生産プロセスであると考える．教育的生産は親自身の保有する人的資本の水準と，子への教育投資水準の増加関数として子の将来の人的資本水準を決めるものである．現世代における親の人的資本分布が与えられており，これが現世代における事前的所得分配にもなっている．

この環境下で，親の集団は，所得再分配と教育予算に関する政治的競争下にある．政党が形成され，1 世代あたりに 1 回の選挙があるという様式のもとで，選挙における政党選択に臨むすべての親が共通に持つ効用関数は，親自身の消費活動水準と子の将来の人的資本水準の増加関数として与えられている．

選挙に勝利した政党はマニフェストとして掲げていた所得再分配政策と教育財政政策を遂行し，その結果，現世代の事後的な所得分配を決定すると同時に，次世代の人的資本分布を決定づける．次世代は同種の政治的競争下にある．2 大政党が形成され，政策が提案され，そして 2 つの政党のうちのいずれかの政党が選挙で勝利する．その政党は己の所得再分配政策と教育財政政策を遂行し，それが次世代の事後的所得分配と第 3 期世代の人的資本分布を決定づける．そうしたプロセスが永久に繰り返される．

このような設定のもとで，人的資本分布は遠い将来において平等的な分布[18]に収束しうるであろうか？　これがローマーの問いであった．人的資本分布が平等化しているということは，遠い子孫の人的資本が家計の初代における人的資本に依存しなくなるという意味で，少なくとも長期において，「機会の平等」が達成される望ましい状況と考えられる．すなわち，ここでの問い

18　すなわち分布の変動係数がゼロとなるケースであり，そのとき，全員の人的資本水準は人的資本水準の平均値に収束している．

は，民主主義的政治的競争システムは，子孫の人的資本から先祖の痕跡を取り除くような教育政策を結果的に遂行できるだろうか，というものである．

残念ながら結論はきわめてペシミスティックであるのだが，それを述べる準備のために，各政党ともその内部に，**得票追求的政治集団**と**支援者代表的政治集団**の2つの分派を抱え込んでいて，そのいずれかの分派が力を持つかによって，政党のマニフェストの内容が影響されると，想定する．得票追求的政治集団は選挙に勝つことを最優先する集団であり，そのために政策内容の妥協にも躊躇しない．他方，支援者代表的政治集団は当該政党の支持基盤の選好を考慮した政策を遂行することを最優先する集団であり，仮に選挙に勝つ見込みが少なくても妥協は許容しない．

以上の議論を以下のように定式化しよう．第1に，当該社会では左翼政党(L)と右翼政党(R)の2大政党制のもとにあるとする．各政党とは市民の集合Hの部分集合であって，$L \cap R = \phi$かつ$L \cup R \subseteq H$であるとする．1市民を$h \in H$で表し，各政党のとりうる政策の集合をTで表し，かつ1政策を$t \in T$で表す．市民hが政策tの実現によって享受する厚生水準を$v(t;h)$で表す．ここで$v(\cdot;h)$は市民hの厚生関数である．そのとき，左翼政党および右翼政党それぞれの固有の厚生関数は，

$$V^{L}(t) \equiv \int_{h\in L} v(t;h)\,\mathrm{d}\mathbf{F}(h)\,;V^{R}(t) \equiv \int_{h\in R} v(\cdot\,;h)\,\mathrm{d}\mathbf{F}(h),$$

となる．ただし，$\mathbf{F}$は集合H上で定義される確率測度である．

他方，各政党がマニフェストとして提示した政策のプロフィール$\left(t^{L},t^{R}\right) \in T \times T$が与えられると，それに応じて，左翼政党が選挙に勝つ確率$\rho\left(t^{L},t^{R}\right) \in [0,1]$が確定する．ここで，$H\left(t^{L},t^{R}\right) \equiv \left\{h \in H \,\middle|\, v\left(t^{L};h\right) > v\left(t^{R};h\right)\right\}$と定めると，$H\left(t^{L},t^{R}\right)$は左翼政党のマニフェストを右翼政党のそれよりも支持する市民の集合である．したがって，$\mathbf{F}\left(H\left(t^{L},t^{R}\right)\right)$は，左翼政党のマニフェストを右翼政党のそれよりも支持する市民たちの確率測度を表す．左翼政党が選挙に勝つ確率は，それを支持する市民達の割合の大きさの単調増加関数である，と考えることができる．すなわち，$\rho\left(t^{L},t^{R}\right) = \rho\left(\mathbf{F}\left(H\left(t^{L},t^{R}\right)\right)\right)$であ

る．

以上の設定のもとで，左翼政党の得票追求的政治集団は，右翼政党の提示したマニフェスト t^R を所与のもとで，左翼政党の勝つ確率 $\rho\left(\cdot, t^R\right)$ をできるだけ高くするようなマニフェスト t^L を提示することに関心を持っている．他方，左翼政党の支援者代表的政治集団は，左翼政党のメンバー達の平均的厚生 $V^L(\cdot)$ をできるだけ高くするようなマニフェスト t^L を提示することに関心を持っている．同様の議論が，右翼政党に関しても展開される．

このように，各政党内に相対的に異なる目的関数を持つ分派が存在するという政治的環境のもとでの政治的競争ゲームの均衡概念として，ローマーはPCにおいて以下のような，独自の均衡概念を提示した．

定義 16.1：1つの 政治的競争ゲーム $\langle H; L, R; v; \mathbf{F}; T; \rho\rangle$ において，政策プロフィール $\left(t^L, t^R\right) \in T \times T$ が**政党内全員一致的ナッシュ均衡**(Party-unanimity Nash equilibrium; **PUNE**)であるのは，以下の条件が成り立つとき，そのときのみである．

(1) t^R が所与のもとで，t^L 以外の他のいずれの政策 $t \in T$ であっても以下の条件を満たすことはない．$\rho\left(t, t^R\right) \geq \rho\left(t^L, t^R\right)$ および $V^L(t) \geq V^L\left(t^L\right)$ であり，さらに2つの不等式の少なくともいずれか一方が厳密な不等式で成り立つ．

(2) t^L が所与のもとで，t^R 以外の他のいずれの政策 $t \in T$ であっても以下の条件を満たすことはない．$\rho\left(t^L, t\right) \leq \rho\left(t^L, t^R\right)$ および $V^R(t) \geq V^R\left(t^R\right)$ であり，さらに2つの不等式の少なくともいずれか一方が厳密な不等式で成り立つ．

すなわち，政党内全員一致的ナッシュ均衡(PUNE)とは，相手政党の政策を所与として，自党内の**2大分派間でのパレート効率性**が成立するような政策を互いに提供しあっている状態のことを言う．換言すれば，相手政党の政策が与えられたもとで，現状の自政党の政策よりも別の政策をマニフェストとして提示することで，自党内の得票追求的分派および支援者代表的分派の双方の利得が改善される（ないしは一方の利得が変わらぬもとで他方の利得が改善される）ならば，そのとき，この政党は自己のマニフェストを全員一致で変更するだろう．政治的競争が均衡状態にあるとは，左翼政党と右翼政党がお互いに，相手のマニフェストを踏まえての自党内での全員一致での合意としてのマニフェスト変更がこれ以上，生じなくなる状態である．

このようなタイプの均衡概念のもとでは，政党内の分派間交渉の力関係次第で，多様な種類の政治的競争均衡が生じうる．その中でもとりわけ，得票追求的分派が独裁的な政党内決定力を握っているケースと，支援者代表的分派が独裁的な政党内決定力を握っているケースという，2つの両極端のケースに注目してみよう．両方の政党において，それぞれ得票追求的分派が独裁的決定権を握っているもとで成立するPUNEのことを**「ご都合主義的」均衡**と呼び，支援者代表的分派が独裁的な政党内決定力を握っているもとで成立するPUNEのことを**「イデオロギー的」均衡**と呼ぶ．

以上の準備設定のうえで，ローマーが示した分析結果は，毎期の政治的競争の均衡が「イデオロギー的」均衡となっている状況であって，より平等主義的イデオロギーを掲げる左翼政党が選挙に無限回勝利[19]しており，かつ初期の人的資本分布が深刻なほど不平等でなかった場合には，その分布は遠い将来には平等的分布へと近づいていく，というものであった．初期の人的資本分布が深刻なほど不平等でない状況とは，極端に低レベルの人的資本を持つ人々の割合がそれほど多くない，という状況である．

逆に，極端に低レベルの人的資本を持つ人々の割合が十分に多いような初期の人的資本分布の社会の場合には，たとえ左翼政党が無限回勝利して，その支援者代表的政治集団のイニシアティブのもとで平等主義的政策をしばしば遂行する機会があったとしても，分布は永遠に平等的にならない．また，得票追求的政治集団がイニシアティブを握った政治的競争の場合には，人的資本分布は永遠に平等的にはならない．つまり民主主義的政治的競争システムが機会の平等を実現できるのは，きわめて限定的な状況が成立し続けた場合のみであり，かつ，もともと不平等の問題がそれほど深刻でない社会の場合のみである．

19 選挙は無限の期間行われているので，左翼政党が無限回勝利するということは，右翼政党も無限回勝利している状況と両立することに注意せよ．

このペシミズムから抜け出す処方箋は，巧妙な制度設計の技術力に委ねるだけでは限界があり，人々の選好がより**連帯主義的**に変わるしかない，というのがローマーの結論である．つまり，上述のペシミズムは各家計の親が自分の子供の教育投資にしか関心を払わない**利己的選好**の社会であったところに起因しているという．

しかし教育というのは本来，正の外部効果をもたらすものであり，周りの子供たちの教育水準が上がることは自分の子供にとっても良い効果を及ぼす可能性が高いものである．各家計の親たちが教育投資のこうした正の外部効果の意義を十分に認識するようになり，その結果，自分の子供への教育投資に関心を払うばかりでなく，社会すべての子ども達への（平均的）教育投資にも十分に強い関心を払うような**連帯的選好**を持つようになると，完全な「ご都合主義的」均衡の政治のもとでも，人的資本分布は長期的には平等化するだろうことが確認される．

換言すれば，個々人が自分自身の消費活動と自分の子供の享受する教育投資の収益にのみ関心を持つような利己的社会では，民主主義が「機会の平等」を長期的に実現する保証はない．しかし，教育的投資に十分に大きな正の外部性が存在し，したがって，社会全体の教育水準の向上に人々が関心を持つ場合や，人々が互いに他人の子供の教育に配慮しあうような連帯的社会では，民主主義的意思決定によって実行される教育政策は，「機会の平等」化を長期的に実現するような性質のものとなるだろう．

以上の分析に基づくローマーの結論は，優れた民主主義的政治システムだけでは，「機会の不平等」，すなわち出身家計の格差に起因する所得の不平等を解消することはできないだろう，というものである．優れた意思決定機構や政策の設計を補完する機能として，人々の社会的連帯への志向を育成していくことが重要であることが強調される．したがって，左翼的な規範的価値の支持者たちは，人々に何が社会的正義であるかを語り，そして友愛精神や社会的連帯が社会的正義の実現のための不可欠な構成要素であることを確信させ，有能な個人が不遇な個人のために犠牲をいとわないような社会的連帯の文化を構築することが重要である．これがローマーの結論である．

5. 市場社会主義の青写真とEOp政策の遂行可能性

以上見てきたようにジョン・ローマーは，数理的マルクス経済学における「搾取と階級の一般理論」の研究と，「分配的正義の理論」の研究などを通じて，資本制経済における階級構造や所得と富の不平等の生成に関する原理的メカニズムの解明や，格差や経済的不平等を是正するための妥当な規範的基準の検証などの基礎理論的研究を行ってきた．同時にローマーは，分析的マルクス派の研究者としての主要な研究テーマとしてほかにも，実行可能な「資本主義へのオルタナティブ」についての説得力ある提案を探求してきた．とくに，80年代末から90年代初頭における東西冷戦体制の崩壊，とりわけソ連・東欧における集権的計画経済システムの崩壊の影響もあって，集権的計画経済システムとしての社会主義ではなく，効率的資源配分メカニズムとして機能しうるという意味で実行可能な，別のタイプの社会主義システムの可能性を探求すること，および，そのような経済システムがいかなる意味で，資本主義に対抗するオルタナティブたりうるのかを探求することへの強い動機を抱くにいたった．

80年代に展開した「情報の経済学」や「組織の経済学」等の知見に学びながら，ローマーは当時進行中であった東欧の経済改革やソ連のペレストロイカの動向に関心を寄せていた．そして，これらの諸国が目指そうとしていた市場型社会主義の新たな実行可能モデルについて，80年代後半には青写真の理論的構築に取りかかり始めていた．この頃には，ソ連・東欧における官僚的で非民主的かつ非効率的な経済システムの実態は，西欧諸国の一般市民にも広く知れわたっており，それは福祉国家や社会民主主義システム下での生活経験を持っていた西欧諸国の人々にとっては，資本主義に対抗する魅力あるオルタナティブとは到底，見なしえなかった．したがって，西欧諸国における左翼的社会主義運動においても，新たな社会主義モデルを探求する動機があった．ローマーにとっては，市場社会主義の新しいモデルこそ，今後も実行可能なポスト資本主義のための展望となりうるものであった．

では，なぜ市場型社会主義であるのか？　その考察には，1930年代のハイエク×ランゲ＝ラーナー間の「社会主義経済計画論争」以来の知見，とりわけ現代の厚生経済学や経済メカニズム論への参照が重要である．30 年代の論争で炙り出され，その後の 70 年代以降の，レオン・ハーヴィッチを出発点とする，経済メカニズムに関する「新厚生経済学の基本定理」[20]，「誘因両立性の基本定理」[21]に結実された現代経済学的知見．それらは，市場なき社会主義システムのオペレーション上，必要とされる「さまざまな欲望に対するさまざまな労働機能の正しい割合」を適切に導き出し，適切な「労働時間の社会的計画的配分」の解を導き出す作業を，市場価格のシグナルなしに行うことの，原理的困難性を示唆している．

ソ連・東欧における集権的な計画経済システムがもたらす官僚的・非民主的で非効率的な経済運営の実態を批判する，当時の西側諸国におけるマルクス主義者たちは，マルクス主義が展望する真の社会主義とは，**自由な諸個人による，（市場を介さないもとでの）経済の民主的な計画・調整的運営**として特徴づけられるべき，という認識にすでに達していた．しかし，80 年代末期におけるハンガリーやチェコスロヴァキアなどの国々における，市場の全面的な導入へと舵を切りつつあった経済改革路線――および，その路線を後追いするべく開始されたソ連のペレストロイカ――は，そうした従来のマルクス主義的な社会主義論自体がもはや通用しないことをも示唆していたと言えよう．

そのような背景下で，ジョン・ローマーは，東西冷戦体制崩壊以後の現代における新たな実行可能な市場社会主義の構想（青写真）について論じた．彼の市場社会主義についての青写真論をまとめたのが以下の著書である．

Roemer, J. E. (1994): *A Future for Socialism.* Harvard University Press: Cambridge（伊藤誠訳『これからの社会主義』青木書店, 1997 年）（略称 FS）.

20　すなわち，パレート効率的な資源配分に帰結する経済主体間の経済取引で要する情報交換（コミュニケーション）に関して，**市場メカニズムが最も情報効率的である**，という定理.

21　すなわち，十分に大きな経済社会において，パレート効率的な資源配分を実行する経済取引上での情報交換に関して誘因両立的となる配分メカニズムは，（本質的に）市場メカニズムのみである，という定理.

彼の市場社会主義論は，社会主義の基本的な制度的特徴を「分離可能(alienable)な生産手段の公的所有制」，「市場経済」，そして「政治的民主主義」の3点として定義する．それは，現在にまでいたるポスト90年代における現代の**「新しい社会主義論」**の出発点[22]であり，社会主義論における画期的なイノベーションであった．

ここでの「公的所有制」の本質は，**「生産手段の国家的所有＝国家による公有企業の経営権の掌握」ではなく**，公有企業に対しての**市民の均等な利潤請求権を保証する制度**という意味である．この利潤請求権は，各市民が成人年齢に達した時に賦与されるが，逝去とともにその権利は自動的に国に返却されるので，ある一族が世代を超えて継承できるような私有財産としての性質を持たない．

したがって，ローマーの構想する**市場社会主義とは，市場を経済的資源配分の中核メカニズムとする経済システム**であって，そこでは**大企業の資本は，(利潤請求権の市民への均等な賦与**という意味で）**公有化**されている．ただし，それら**公有企業は**国家の指令によってではなく，**市場で自律的に経済活動を行う**．他方，イノベーション活動の実働的部隊となることも期待される**中小企業は，私的経営としての存在**が許されており，そのようにして経済社会全体における技術革新への動機付けを維持しようとしている．

しかし，ローマーは広義の意味での「社会主義」を定義している．すなわち，社会主義的規範原理としてふさわしい分配的正義の基準を満たすような経済社会の探求をこそ，社会主義の第1次的定義としている．社会主義がその実現目標とすべき分配的正義の基準とは，ローマーの見解では，「各人の自己実現および厚生のための機会の平等(equality of opportunity for self-realization

---

22 「新しい社会主義論」は2010年代以降，再び話題になっている．たとえば，Corneo, G. (2014): *BESSERE WELT Hat der Kapitalismus ausgedient? Eine Reise durch alternative Wirtschaftssysteme*, Goldegg Verlag GmbH, Berlin & Vienna（水野忠尚・隠岐–須賀麻衣・隠岐理貴・須賀晃一訳『よりよき世界へ：資本主義に代わりうる経済システムをめぐる旅』岩波書店，2018年）(略称，コルネオ（2018)), Carnevali, E. and André Pedersen, A. (2019): "Is Socialism Back? A Review of Contemporary Literature," *Journal of Economic Surveys* 37, pp.239–270. ローマーのFSはこの新しい潮流においても中核的な存在として，依然として影響力ある文献である．

and welfare)」論である．換言すれば，社会主義が資本主義へのオルタナティブとして望ましいのは，生産手段の公的所有制ゆえでも，経済的意思決定における民主主義ゆえでも，あるいは市場経済の無政府性を克服する計画経済制ゆえでもなく，全構成員に自己実現のための実質的機会を可能な限り最大かつ均等に保証するべく構成される社会経済システムであるからだ．

そのような分配的正義の基準を満たすことを目的に構想されるローマー自身の市場社会主義モデルは，しばしば「クーポン制株式市場社会主義」と呼ばれる．この制度設計的特徴については，コルネオの概説[23]が優れているので，以下では端的にポイントのみ述べる．

この構想によれば，公的な証券市場で取引される，投資ファンドの一部を手に入れる初期資産を表す，資本市場に対する通貨としてのクーポンの均等な価値額が，すべての成人に賦与される．投資ファンドの株式は，クーポンでのみ売買可能とされ，ドルなどの通常通貨との交換可能性は許容されない．他方，クーポン投資を通じて各個人は資産所得を享受し，追及することができる．また，各公的企業は，クーポン取引的な株式市場を通じて，株式を売買しながら投資資金を調達するのであり，そこでは従来の資本主義的市場経済と同様に，投資家を説得するための魅力的な事業計画の提示に関する企業間の競争メカニズムが機能する．

また，初期の平等なクーポンの賦与によって，各個人は公的企業の利潤への同等な請求権を持つことになるので，合理的個人からなる完全情報的な経済環境下であれば，それはすべての個人に利潤収入の平等な分配を実現させる．すなわち，本解説論考の 2.3 節でも紹介した「均等便益解」の遂行が，「クーポン制株式市場社会主義」の資源配分メカニズムとしての特徴である．

もっとも，現実的には，生涯を通じた個々人のクーポン投資を通じた資産選択の違いに応じて，利潤収入の格差が生じうる．しかし，クーポンもそれで購入した株式も，相続も贈与も許されないために，資本制社会に特有な，世代にまたがる蓄積資産の不平等化問題は大幅に緩和されるだろう．さらに言えば，

---

23 ジャコモ・コルネオ著，水野忠尚・隠岐-須賀麻衣・隠岐理貴・須賀晃一訳 (2018)：『よりよき世界へ：資本主義に代わりうる経済システムをめぐる旅』岩波書店，pp.233–249.

この仕組みを持つ競争的市場メカニズムは，本書においても強調されている「(実質的）機会の平等」論を表す原理である「均等な競技場の保証」という性質を，明らかに満たしている．

では，「クーポン制株式市場社会主義」においては，本書で語られてきたEOp政策についての公共的意思決定とその遂行に関して考察する必要性はないのだろうか？　答えは否である．「クーポン制株式市場社会主義」においては，各個人の労働供給は資本主義下と同様に労働市場で競争的に決定される．これは，労働スキル・人的資本などの内的資源賦存の不平等分布に応じて，各個人間での時間当たり賃金に関する格差が，当該経済社会のもとでも残存するだろうことを示唆する．

すなわち，「クーポン制株式市場社会主義」は市場経済を「均等な競技場」にするが，同時にそれが市場均衡において遂行する資源配分が「均等便益解」であることからもわかるように，各自の内的資源に関する「自己所有権」をも保証するものである．その場合，本解説論考の2節で紹介した社会主義的な所有関係的搾取が「クーポン制株式市場社会主義」のもとでも観察されるだろう．

このような性質が観察されてしまうのは，ここで描写する限りでの「クーポン制株式市場社会主義」モデルが，公的企業への利潤請求権が全成人に均等に賦与されるという特殊条件を満たした市場的資源配分メカニズムであるに過ぎず，政府の市場介入的再分配政策などについては何も論じていないからである．他方，内的資源の不平等賦存に起因する不遇への社会的補償は，あくまで再分配政策として遂行される性質のものである．「クーポン制株式市場社会主義」モデル自体には，内的資源賦存の不平等を是正する機能は内在していないのは当然であると同時に，それに追加する形でEOp的な再分配政策を市場社会主義モデルの拡張版を構成する制度の1つと見なすことは可能であろう．すなわち，たとえば，教育政策の論脈でのEOp政策を導入することによって，各個人が成人として労働市場に参入する時点での人的資本賦存に関する格差が，長期的には最小化されていくようなプログラムを考えることは，市場社会主義の規範的目的にも適っていることである．

ここで留意すべきは，ローマー自身はこの「クーポン制株式市場社会主義」

モデルを，資本制経済社会からの変革直後の，比較的に短期間必要な展望として位置づけている点である．すなわち，当該モデルで前提されている諸個人は資本制経済社会の時代と同様に，もっぱら利己的な合理的経済人としての選好によって特徴づけられているということである．その場合，市場社会主義のもとでの政治的意思決定が，資本制経済社会の場合と同様に代議制民主主義の制度下で行われるのであり，したがって政党間の政治的競争メカニズムの均衡として遂行される点を鑑みて，人的資本賦存に関する格差を最小化させていく長期的プログラムが成功するか否かについても展望する必要があるだろう．

すなわち，本解説論考の4節末で論じたように，人々が利己的な合理的経済人としての選好によって特徴づけられる政治経済環境下での政治的競争メカニズムの均衡では，長期的なEOpの成功が見込めないものとなっているだろう．換言すれば，長期的なEOpの成功を見込める均衡になるためには，市場社会主義への変革直後期には合理的経済人的な選好を持っていた人々であっても，時間の経過とともに次第に社会的連帯への関心を高め，より連帯主義的な選好を陶冶していくような動学経路が期待できなければならない．

しかしこのような洞察は，ローマー自身の社会主義に関する長期的な展望とも整合的である．すなわち，ローマー自身の長期的な展望としては，市場社会主義体制の支配する時代が続き，人々がこの体制下での福祉的生活の居心地の良さへの認識と支持を，時間の経過とともに深めていく結果，より社会的連帯の内在的価値を評価するようになる．したがって長期的には，利己的な合理的経済人モデルは，市場社会主義下の人々を特徴づけるには不適切になりうる，と考えているのである．そのような長期的な展望での社会主義的経済システムに関わる研究は，次節において紹介しよう．

6. カント的最適化と市場社会主義 +EOp 政策

ローマーの社会主義に関する長期的な展望が明示化されたのが，ここ最近の彼の中心的研究プロジェクトであるカント的最適化による協力形成論である．

この研究プロジェクトにおける彼の研究成果は以下の通りである[24].

Roemer, J.E. (2010): "Kantian Equilibrium," *Scandinavian Journal of Economics*, 112(1), pp.1–24.

Roemer, J. E. (2019): *How We Cooperate: A Theory of Kantian Optimization*, Yale University Press.

Roemer, J. E. (2021): "What Is Socialism Today? Concepts of a Cooperative Economy," *International Economic Review*, 62, pp.571–598.

ローマーは，任意の経済システムとはどのようなものであれ，以下の3つの支柱から特徴づけられると定義する．すなわち，

(i) 行動エートス
(ii) 分配的エートス
(iii) 諸制度の束：所有関係，契約法，市場など

この概念的フレームワークに基づけば，資本制経済システムは以下の3支柱によって定義されることになる．

(i) 行動エートスは，各人の他者との競争である．そしてそれはナッシュ的最適化行動として定式化されている．
(ii) 分配的エートスは，各人は私的所有する生産要素の価値額に応じて，己の獲得することのできる価値額を得るという市場的交換原理の定式である．
(iii) 諸制度の束は，生産要素に関する私的所有権，競争市場，契約法などである．

24 カント的最適論を解説する日本語文献として，以下を挙げることができる．奥島真一郎・吉原直毅 (2012): 「非経済的動機を導入した経済理論の可能性：カント的アプローチ」『経済理論』63巻4号, pp.346–364.

この定義における斬新性は，資本制経済における他者との**競争的な行動エートス**をナッシュ最適的な行動原理として定式化している点である．すなわち，ローマーは資本制経済下における人々の合理的経済人としての資本主義的疎外化が，ナッシュ最適的行動によって表現されると考えている．

言うまでもなく，ナッシュ最適的行動とは，現代経済学における集団的意思決定問題下で人々が合理的個人として，分権的ないしは非協力的に意思決定する際に仮定される標準的な意思決定ルールであって，他者の行動に関する予想を行った後には，その期待行動を所与として，もっぱら自身の効用を最大化させることに関心を集中させて行動決定することである．すなわち，自身の選択する行動が他者にいかなる外部効果を及ぼすかに関しては無関心であり，その意味できわめて個人主義的かつ利己的な行動原理であると言える．

人々がナッシュ最適的行動をするために，資本制経済下では，数多くの集団的意思決定問題において，それらが負の外部性を孕むがゆえに，社会的ディレンマやフリーライダー問題など，数多くの病理現象が生じうることが知られている．唯一，十分に多くの人々が参入していて，かつ完全競争的な市場のもとでは，人々のナッシュ最適的行動が支配戦略行動となり，さらにその結果がパレート効率的であることが保証される（厚生経済学の第1定理）．

他方，ローマーは，対応する社会主義経済システムを以下のような3支柱によって定義する．

(i) 行動エートスは，各人の他者との協力である．そしてそれはカント的最適化行動として定式化されている．
(ii) 分配的エートスは，「（実質的）機会の平等」原理，もしくは「労働貢献に基づく分配原理」である．
(iii) 諸制度の束は，人的資本に関する私的所有制，譲渡可能な生産要素に関する公的所有を含む，多様な所有関係，競争市場，等々である．

この定義においても斬新性は，社会主義における行動エートスを協力と定めたこと，および，人々が協力するために分権的に意思決定する際の行動原理をカント的最適化行動と措定した点である．

ここで，ある個人の選択する行動がカント的であると言えるのは，他者も同様にそのように振舞うだろうという意味で，その行動がカントの定言命法の第一「あなたの意志の格律がいつでも同時に普遍的立法の原理として妥当するように行為せよ」に基づいていると見なせるとき，そのときのみである．そのような条件を満たすカント的行動の選択可能集合の中で，自身の効用を最大化する行為をカント的最適化行動と言う．

カント最適的行動とは，集団的意思決定問題下で人々が合理的個人として，**協力**を目的として分権的に意思決定する際の意思決定ルールであって，ナッシュ最適的行動の場合と異なり，自身の選択と同じような行動を他の人々も選択したとすれば，自分はどのように感ずるだろうかと自問しながら，最適な行動を決定しようとする．つまり自身の行動の他者への外部効果を自身に内部化しながら最適化する行動原理である．

たとえば，フリーライダー問題的構造がある社会的文脈において，仮にフリーライダー的行動をしようと思ったときに，他の人たちも自分と同じようにフリーライダー的に行動するだろうと反実仮想的思考実験を行うことで，そのようにフリーライドすることが本当に社会的にも自分自身にとっても望ましいことなのかと，自問するのがカント的最適化行動にほかならない．このような行動は，決して非現実的でユートピア的な話ではなく，十分にありうるもっともらしい行動原理として，現代に生きるわれわれでも理解できるだろう．

にもかかわらず，市場経済が高度に資本主義化された「新自由主義」レジーム下にある現代社会においては，カント的最適化行動原理に基づく意思決定が「賢い」とは思えず，より個人主義的にナッシュ最適的な行動原理に基づいて意思決定するほうが「賢く，合理的である」と思える．背景として，個人主義的合理性こそが合理的であるという言説が支配的になるほどに，われわれ自身が生きている現代社会においては，社会的連帯の意識も感覚も希薄化している，と言えるかもしれない．

他方，社会主義的経済システムの行動エートスがカント最適的であると定義できる理由として，ローマーはより平等主義的な社会であるほど，人々の行動原理はカント最適化していると主張しており，北欧を例に挙げて説明する．たしかに，もともときわめて個人主義的な価値観が社会文化として確立している北欧社会において，人々が高い税率を受け入れ，平等主義的な事後的配分が確立しているにもかかわらず，より新自由主義的である他の先進諸国に比して，労働生産性も最も高く，労働市場参加率も最も高い．このような人々の行動は，たしかにカント的最適化原理によって説明できるかもしれない．

社会主義経済システム下での集団的意思決定問題が非協力ゲーム的構造を帯びるとき，すべての人々が互いにカント的に最適反応しあう結果として確定する社会状態を，カント均衡という．そこでは，負の外部性を孕むような非協力ゲーム的構造においても，資本制のもとでのナッシュ均衡とは異なり，社会的病理の発生を免れうるケースが少なからずある．

たとえば，資本制経済下では共有地的性質の自然資源の利用・採掘に関するナッシュ最適的競争が起こる結果として，共有地資源の過剰利用・採掘による枯渇化が急速に進むことが知られている（共有地の悲劇）．しかしながら，社会主義経済下で人々がカント最適的に共有地資源の利用・採掘を行う場合には，最適な協力が分権的に達成されて，資源の最適利用が均衡となることを，ローマーは証明している．

社会主義経済システムを長期的な視野のもとで，資本制経済下とは異なる行動エートスによって特徴づけられると想定できる場合，本書における関心事項である EOp 政策の資源配分パフォーマンスに関する新たな展望を導き出すことができる．すなわち，EOp 政策は一種の所得再分配政策にほかならないが，よく知られているように，資本制経済下での再分配政策の導入は，仮に市場経済が完全競争的であったとしても，結果的には事後的配分上の非効率を生み出す．われわれはいまや，その非効率性の源泉が資本制経済下での人々のナッシュ最適的行動にあることを確認することができる．

すなわち，本解説論考の3節で論じたように，EOp 政策論は，(16.4) 式として定式化されるように，その遂行予算 X を所与の外生変数として扱うのであり，この予算の調達のための課税メカニズムについては論じてこなかった．しかしより包括的に資源配分の決定理論を語るためには，たとえば所得課税ルールが与えられた後に，「市場の競争的資源配分 + 所得課税 →EOp 政策遂行予算の内生的決定 +EOp 政策遂行による事後的資源配分の確定」というプロセスとして描かれる包括的資源配分メカニズムの性能を調査する必要がある．

ここで，各市民が合理的なプレーヤーであると想定すれば，この包括的資源配分メカニズムの遂行によって帰結する事後的資源配分を予想しながら，各市民が自身の最適労働供給量をそれぞれ選択するという労働供給ゲームのシナリオを描くことができる．標準的なミクロ経済学および公共経済学の知見が教えるように，人々がナッシュ最適的行動原理に基づいて意思決定する限り，この労働供給ゲームのナッシュ均衡配分はパレート非効率的になる．すなわち，もともとの市場の資源配分が完全競争的であって，したがって厚生経済学の第1基本定理が適用可能であるような状況であっても，ひとたび政府による課税＋再分配政策が持ち込まれるやいなや，事後的資源配分の非効率性は不可避となる．

しかしローマーの最新の研究成果[25]に基づけば，人々がカント最適的に行動するもとでの，「市場社会主義システム下での競争的資源配分[26]＋所得課税＋EOp 政策遂行による事後的資源配分の決定」というプロセス下での労働供給ゲームのカント均衡配分として実現される事後的資源配分は，パレート効率的となることが展望できる．

7. まとめ

本書は，きわめてコンパクトな研究著書であり，EOp 政策の一般的な定式化を与えた後は，さまざまな政策論的文脈でその定式をいかに応用していくかに関する，政策技術の指南書的な性質も強い．しかしながら，本解説論考によって，ジョン・ローマーの全生涯にまたがる実に多彩な研究活動の軌跡の中で，彼の「（実質的）機会の平等」論は，彼が望ましいと考え，そしてその実行可能性を探求してきた平等主義的な経済社会を特徴づけるうえで，つねに中核的な規範的基準であったことを確認できるだろう．また，現存する資本制経

25 Roemer, J. E. (2021): “What Is Socialism Today? Concepts of a Cooperative Economy,” *International Economic Review*, 62, pp.571–598.

26 市場社会主義システム下での競争的資源配分として，ここでは前節で論じた「クーポン制株式市場社会主義」モデルの想定のもと，均等便益解がこの事前的資源配分を構成すると仮定できる．

済社会への批判的経済理論として位置づけられるマルクス派的な「搾取と階級の一般理論」研究も，「機会の平等」論的観点からその妥当性や意義が評価されていることがわかるだろう．

また，ローマーがEOp政策の実際的な遂行問題の研究を通じて明らかにしてきた，合理的経済人的な選好を超えて，社会連帯的な価値や選好を陶冶し，相互協力的な意思決定を積み重ねていくことの重要性も心にとどめておくべきである．公共的意思決定を遂行するうえで不可欠な規範的価値判断の形成過程には，これまで民衆自身が直接的に意思を反映させる機会は実質的には存在しなかった．それらは政府によってその諮問機関などを媒介に暗黙裡に決定され，そして政権に対して発言力を有する財界などの圧力団体によって，しばしば歪められて実施されてきたのである．

つまり制度としての議会制民主主義の存在だけで，民主主義的メカニズムが自動的に実質化するわけではない．われわれ自身の社会の在り方に関して，目指すべき社会像に関して，民衆自身が意思を形成すること．そしてそれらを表明し，公共的意思決定に反映させる機構の構築・実質化等々，究極的な主権者としての民衆の権原を実質化させるための仕組みを，民衆の「下からの運動」を媒介とする形で構築していくこと．そのようにしての民主主義メカニズムの実質化を一歩一歩進めていくべきことについても，ローマーの生涯的研究の軌跡を辿ることで学びとれるのである．

訳者解説2
規範経済学への貢献と現代正義理論に与える展望

後藤 玲子

ジョン・ローマー教授の業績の全体像については吉原直毅氏の十全な解説に譲り，本解説では，前半部で規範経済学における本書の意義を確認する．後半部では現代の正義理論を批判的に展開するためのヒントを，本書の意義から探る．

1. 規範経済学における本書の意義

1.1. はじめに

本書の冒頭には「私は，私と私の環境である」というホセ・オルテガ・イ・ガセットの言葉が記されている．その言葉は，「私は，私と私の環境である．そしてもしこの環境を救わないなら，私をも救えない(Yo soy yo y mi circunstancia, y si no la salvo a ella no me salvo yo)」という一文から引用されている[1]．

いうまでもなく，個人は意識も行動も深く環境によって規定されている．だが，同時に個人は，意識においても行動においても，環境を強く規定し返している．ときには，その存在を賭して，環境を救い，社会制度の変革を試みようとする．本書の著者であるジョン・ローマーは，まさしく変革への意志を貫き通した（いまなお，貫き通している）稀有な経済学者である．本書にもその姿勢が堅持されていることを読者は力強く感じとるだろう．

---

1 オルテガ・イ・ガセット著，佐々木孝訳 (1987)：『ドン・キホーテをめぐる思索』未來社，p.65.

1.2. 本書の主題

本書の中心的な問いは次である．個人がある行為をとると，本人に甚大な不利益がもたらされることがわかっている．個人はその行為をとらないように努力すること，それとは別の行動をとるように努力することもできた，けれども，結局，彼はその努力を怠り，その行為をとってしまった．その結果（案の定），彼は甚大な不利益をこうむったとしよう．そうだとしたら，彼はその甚大な不利益をその身一つで引き受けるべきだろうか．それとも，そこにはまだ公共政策を発動する論理が残されているだろうか．

たとえば，喫煙をやめようとしない，授業に出席しようとしないなど，不利益を回避するすべがあるにもかかわらず，その努力を個人が怠り，結果的に，健康を害する，進学できなかったなどの不利益が本人にもたらされたとしよう．その不利益の緩和に向けて社会的資源を移転することは妥当だといえるのだろうか．注記すると，ここでの関心は，現実的な妥協やその場その場のアドホックな解法に頼るのではなく（それらを無視するのでもなく），問題を原理的に問うことにある．数理的モデルの力を借りながら，問題の所在と，異なる条件下でつねに最適解をもたらすような解法を探究することが，本書の主題とされる．

1.3. 道徳的責任と答責性

考察の起点をなすのは，トマス・スキャンロンの道徳的責任論である[2]．ローマーはそれを次のように解釈する．「スキャンロンにとって，ある人が，いわば健全な精神状態で，ある行動をすると決めたのであれば，それに対して道徳的に責任がある」（本書 23 頁）．彼はこのスキャンロンの道徳的責任論を受け入れる．自己の行為に対する個人の責任(responsibility)は，いかなる理由によっても減じられることはないだろうと．だが，とローマーは続ける．そのこととといささかも矛盾することなく，結果に対する個人の答責性(accountability)を割り引くことはできる，なぜなら，個人の行為には環境が深く影を落と

2 Scanlon, T. (1988): “The Significance of Choice.” In S. McMurrin, ed., *The Tanner Lectures on Human Values*, vol. 8, University of Utah Press.

しているからと．

かくしてローマーは，決して減じることのできない責任と，環境の影響を考慮して割り引くことのできる答責性を両立可能とする論理の探究に向かう．ヒントは「努力」概念の操作的な定式化にあった．その定式化をもとに，彼は「機会の平等ルール（EOp 政策）」を提示し，生産経済モデルのもとで，その実装を図る．

1.4. 努力水準と努力程度

通常，努力はきわめて個人的な要因と考えられている．努力するかしないか，どの程度するかしないかは，まったくもって本人次第ではないかと．この常識にローマーは疑問を差し挟む．たとえ努力の「水準」は同じでも，個人のタイプが違えば，努力の「程度」は異なるかもしれないと．彼の言う「タイプ」は個人を規定する環境（境遇）的要因を捉え，「程度」は一定の努力分布（一定の平均と分散を持つ）上でのランクを表す．ローマーの基本的アイディアは次である．各環境タイプはそれぞれの努力分布を持つ．たとえば，学習とは縁遠い環境にあるタイプ t は，学習が身近な環境にあるタイプ t' と比べて，学習に関する努力水準の平均は低くとどまり，努力分布の分散は原点周辺に偏っているかもしれない．いま，2 人の子どもがいて，1 人はタイプ t に属し，もう 1 人はタイプ t' に属するとしよう．2 人の出席率はほぼ同じくらい低いとしたら，学習に関する努力「水準」もほぼ同じくらい低いと見なされる．だが，努力「程度」に関しては，不利な環境にある前者のほうが，有利な環境にある後者よりも高い可能性のあることは否めない．

1.5. 機会の平等化ルール（EOp 政策）

このような考察をもとに，ローマーは，個人の答責性を絶対的な努力「水準」ではなく，個人の属する環境タイプに固有の努力分布上の位置，すなわち努力「程度」に基づかせることを提案する．そして，環境タイプと努力「程度」を情報的基礎として資源分配を定める「機会の平等ルール（EOp 政策）」を提示する．「機会の平等」は，しばしば，個々人が競い合う「競技場を平準化すること（levelling the playing field）」と表現される．関連するローマーの言葉をそのまま引こう．

> 競技場を平準化することは，等しい努力（の）程度を行使するすべての人が，彼らの境遇に関係なく，最終的に等しい達成となると保証することを意味する（本書 16 頁）．

形式的には EOp 政策は，努力程度が同一でタイプの異なる個人の間で，実現される達成値の平準化を図るルールとして定式化される．実際にはそれは，努力分布における区間(percentile)が同一でより不利な環境タイプにある個人に，より多くの資源を分配することを意味する．そのより具体的な方法として，ローマーは努力程度ごとに，最も不利な環境タイプの達成水準を最大化する（複数の）目的関数を提示する．くわえて，努力程度に依存した複数の目的関数間の整合化を図る条件を導入する．

このような EOp 政策の数理的定式化は，タイプの違いから独立にすべての個人を形式的に等しく扱う非識別原理(non-discrimination principle)——一般的にはより著名な——との違いを明晰かつ判明に示すことになる．

1.6. 「機会」とは

念のため，ローマーの「機会」の概念を確認しておこう．それは効用や欲求充足，満足など，いわゆる行為がもたらす最終結果と対置される点では，通常の用法と変わらない．ただし，次の引用に示されるように，ローマーの言う「機会」の概念は，人のライフステージにおける重要な出来事との関係で，具体的かつ広義に捉えられる点に特徴がある．

> 本書で，私は人々の人生の諸断面に機会の平等の考え方を適用することを提案し続ける．というのは，それこそが現代の民主的社会が適用すべき政策だと考えるからである．……私は，分配的正義に向かう進歩は異なる局面——たとえば，健康，雇用，教育，所得——でそれぞれに異なる速さで進むと思うし，いずれの局面においてもそれが前進するよう機会の平等の議論を啓発するつもりである（本書 68 頁）．

ローマーはここで，健康，雇用，教育，所得などの局面において個人が手にする機会は，それ自体において価値があるとともに，他の目的を実現するための手段としても有用であることを強調する．それらはまた，さまざまな派生的な価値を実現させる能力として個人の内にストックされていくと考えられている．以下の記述に示されたローマーの機会の概念は，アマルティア・センの潜在能力（ケイパビリティ）とも親和性がある[3]．

> 機会とはあいまいなものである．それは学校，栄養のある食べ物を載せるお皿，ないし，暖かい建物ではなく，むしろ，学校，食べ物，暖かさを適切に用いることによってもたらされる能力である．……機会とは，コーエン (Cohen 1989) の言い回しを用いれば，有利性へのアクセスである（本書 32 頁）．

ただし，ここでは詳細を省くが，センのいう潜在能力とは，個人が所得などの資源を利用能力で変換することにより実現可能となる諸機能ベクトル（さまざまな行いや在りよう）の集合，換言すれば，「選択する理由（reason）のある生き方 (different ways of living) の集合」という，より包括的な帰結を捉える概念である点で，ローマーの概念とは異なる点を注記しておく[4]．

1.7. 努力のインセンティブ問題への応答

本書のもう一つの圧巻は，ローマー自身が提起する「EOp 政策ルール」を，標準的な生産経済モデルのもとで動かしてみることにより，分配的正義理論でなじみ深いほかの諸ルールと比較分析する点にある．この作業は，「EOp 政策ルール」の機能的性能を明晰化するとともに，予想される批判に対して誠実に応答することを可能とする．

本書でローマーは予想される 2 つの反論に応答している．1 つは，「EOp 政策は不遇なタイプの低い努力水準に対して寛大すぎるため，彼らが努力を増や

---

3 Sen, A. (1985): *Commodities and Capabilities*. Amsterdam: North Holland（鈴村興太郎訳『福祉の経済学——財と潜在能力』岩波書店，1988 年）など．

4 後藤玲子 (2017):『潜在能力アプローチ——倫理と経済』岩波書店など．

す誘因を貧弱なものとするだろう」という反論である．ほかの１つは，「EOp政策は将来，高い生産能力を見込むことのできない個人に多くの資源を費やしすぎるため，社会的に非効率だ」という反論である．

１つめの反論に対するローマーの応答は，彼の数理的分析力の技量の高さを示すとともに，「機会の平等」に関する哲学的な議論をこれまでにない深さで掘り下げた．その概要は次の２点にまとめられる．

第１に，EOp政策のもとでより多くの資源を受ける個人が，そうでない政策のもとで行為する場合と比べて，より少ない努力しか費やさない可能性はたしかに否定できない．しかし，だからといってそれは，EOp政策が正しくないことを意味するわけでも，その誘因的性質がお粗末であることを意味するわけでもない．反論者らが暗黙に依拠する政策目標は「努力の最大化」にすぎない．彼らは努力を，努力を費やす目的や方法から切り離し，それ自体善いこととして物神崇拝してしまっているのだ．それに対して，われわれの関心は，個々人の持つ有利性に関する機会を可能な限り高い水準で平等化することにある．

第２に，われわれの関心からして，インセンティブ（誘因）問題への正しいアプローチは，現在世代で採用された政策が，将来世代の人々の努力分布に及ぼす影響を読み込むこと，そのうえで，複数の世代にまたがって機会の平等を実現する政策を選ぶことである．留意すべきは，より寛大な資源配分ルールがもたらす正のフィードバック効果である．たとえば，ある不遇なタイプtに属する将来世代の人々が，再教育資源が増加したおかげで，スキルも稼得所得も上昇し，(そうでない場合に陥りがちであった)無気力状態から脱して，懸命に働くようになるかもしれない．そのことに望みをかけることのできた同タイプの現在世代の人々は，努力する意欲を保ち続けようとするかもしれない．「機会の平等政策」は複数の世代にまたがって正のインセンティブ効果を持ちうることをローマーは指摘する．

1.8.　EOp政策と競争的な民間保険政策の性能分析

予想される２つめの反論は，EOp政策は，将来，高い生産能力を持つことが見込めない個人に，多くの資源を費やしすぎるため，社会的に非効率だというものである．この反論に対して，ローマーは比較制度的な分析手法（本人はこの用語を用いていないが）で応答する．たとえば，第10章でローマーは，EOp政策と競争的な民間保険政策との性能分析をしている．要点は次である．まず，いくつかの制度的パラメーター（賃金・訓練費・失業保険料・保険金など）と，個人的情報（選択可能な努力水準と選択不可能な環境的要因からなる）で経済モデルを構成する．そのうえで個人の効用関数（水準に関する個人間比較可能性を導入する）と，社会的目標関数（EOp政策ならびに競争的な民間保険政策）を設定する．

個人は，それぞれの社会的目標関数のもとで，一定のパラメーターを所与として自己の期待効用を最大化する行動をとると想定される．そのような個人の選択行動を読み込んで社会的目標関数の最大化を図ることが計画者の仕事となる．ここでは個人と計画者の最大化行動はいわば入れ子構造になっている．その結果，実現するであろう個々人の期待厚生を比較することにより，諸政策の機能的性質を解明することが理論家の仕事とされる．

具体的には次のようなモデルが設定される．才能（タイプ）の高低，努力程度の高低で4つの労働者類型を構成する．また，高賃金・高失業保険部門と低賃金・低失業保険部門という2つの生産部門を構成する．高賃金・高失業保険部門は訓練の受講を必要とする．個人は賃金・失業保険金・保険料に関する情報をもとに，訓練を受けるか否かを選択する．

興味深いことに，分析結果は想定するパラメーターに依存して異なる結果がもたらされるというものだった．才能の差が努力の差よりも十分に大きいと，EOp政策は，競争的保険政策と比べて，「才能への報酬」を減ずる効果を高め，格差を縮小する結果となった．それに対して，努力の差が才能の差よりも十分に大きいと，EOp政策は，競争的な民間保険政策と比べて，「努力への報酬」を増やす効果を高め，格差を広げる結果となった．

1.9. 自尊心と期待効用最大化行動

以上，標準的な経済モデルを用いた比較制度的分析は，EOp政策の際立つ特徴，すなわち環境のもたらす差異を平準化する一方で，努力水準に応じた差異を認める，という性質を明晰かつ判明に示すうえできわめて有用だった．

注記すべきは，ローマーは，このように標準的な経済モデルを用いることを，いくつかの点で規範的にも肯定している点である．たとえば，彼は，個人は不確実性を考慮して期待効用最大化行動をとるという経済学の標準的な想定に肯定的な見解を示す．この見解は，ローマーが，事後的な所得税政策よりも機会の平等化政策を重視する点と密接に関わっている．理由は次のように説明される．

意思決定に際して自己の期待効用を最大化しようとする労働者は，たとえば，自己がさらされるであろう失業の危険がどのくらいかなどを考慮に入れながら，就職先や転職の有無などのライフプランを設計するだろう，このような本人のリスクに対する姿勢を尊重するならば，個人の有利性をもっぱら事後的な効用で測定することは適切ではない．

たとえリスク性向を本人には選択しがたい境遇の一要素とみなすとしても，この結論は変わらないと彼は言う．環境タイプの違いに応じて本人のリスク性向に起因する不利性が補填される一方で，同一環境タイプ内ではリスク性向が尊重されることになる．事後的な効用によって測定すれば，それは個人が自己の厚生をいかに構想するかを無視することを意味する．個人が自己の厚生をいかに構想するかを無視するとしたら，労働者が全員で劣っているとみなすかもしれない政策を計画者が提示することになりかねない，とローマーは警告する．

とはいえ，標準的な経済モデルに依拠した分析方法には深刻な限界のあることもローマーは，当然ながら認識している．たとえば，標準的な経済モデルでは，個人の「自尊心」の涵養というような，教育や労働が有する重要な側面を取りこぼすことになりかねない，と彼は言う．自尊心についてローマーはこう語る．「所得と異なり，自尊心は移転不可能である」，また，「人の厚生を生み出す投入物としては，所得の自尊心に対する代替可能性は限られた程度でしか通用しない」と．さらに，自尊心を入れた拡張モデルを示唆する．もし，この「自尊心を１つの独立変数として有利性関数に含むならば，そしてもし教育が自尊心の獲得に必要であれば，そのとき，不遇な子供達を教育することに関する議論は，いっそう強くなる」と．

「自尊」の社会的基盤は，現代正義理論の流れをつくったジョン・ロールズが正義原理を構想する際に,「社会的基本財」の一つとしたことから,哲学的にも注目されている.自尊への着目は,思想としての「機会の平等」を理解するうえで大きなヒントとなるに違いない.

1.10. 本書の2つの意義

最後に,本書の意義を大きく2つの角度からまとめたい.第1は,「努力」の操作的定義を通じたローマーのEOp政策がなした分配的正義理論への貢献である.たとえば,フランク・ナイトは,個人の有利性に影響を与える要素として才能,努力,運を挙げたうえで,才能と運のもたらす影響を社会的に是正する必要性を説いた.努力に関しては個人の自律性と本人の答責性を暗黙に仮定した.それに対して,ロールズは努力もまた環境の影響を深く受けることを指摘した.彼は「努力できること」それ自体を個人が享受することのできる有利性の1つと見なす見解をとった.ローマーは,ロールズの努力観と経済学の伝統的な努力観の間をいく.努力分布に個人は答責性を持たない一方で,努力程度の選択に個人は答責性を持つと.

ロールズは,「結果の平等」,すなわち,最も不遇な人々の期待(所得と富を代理変数とする)の最大化を要請する「格差原理」を提唱した.彼は,「平等な自由の保証」と「実質的な機会の均等」のもとでは,自然的・社会的偶然をコントロールすることは不可能であること,むしろそれらが結果的な不平等を拡大する可能性のあることを危惧したのだ.

ローマーは,教育・健康・就労の機会の平等に加えて,「所得の機会の平等」を目標に掲げた.その一方で,彼は「結果の平等」を明確に退ける.その根底には,自己の有利性を求めて努力するとともに,自己の選択と行為がもたらす結果に対して責任を負う個人の主体性へのゆるぎない信頼があると考えられる.背後には,さらに,労働を人間の根源的欲求(必要)として重要視するローマーの(そしてカール・マルクスの)基本的人間観が,顔をのぞかせている[5].後述したい.

---

5 マルクスの労働概念の解釈について,たとえば,石川経夫は次のように記述している.「(マルクスは)分業の根本的再編を図ることで,人々にとって労働自体が必要の一部と観念されるようになると述べている」.石川経夫 (1991):『所得と富』岩波書店,31頁.

本書には，第2に，規範経済学のテキストとしての意義がある．規範経済学には大きく3つの視角がある[6]．事実の規範的分析，規範の規範的分析，そして規範の事実解明的分析である．1つめは事実を説明するにあたって人々が現に有している規範意識を抽出し，その分析を試みる．2つめは現にある制度・政策をより基本的な公理や条件で性格づけ，構造と機能を明らかにする．さらに，理念的制度・政策を標準的な経済モデルのもとで動かして，その性能を確かめる．3つめは現実の規範的状況や既存の規範理論を経済哲学的な視角から批判的に分析し展望する．

本書は3つめの「規範の事実解明的分析」に関する優れたテキスト・ブックである．「うすうすわかっている」事柄が，数学的言語ではっきりと語られる．新たな規範原理を提唱する際に，その強味も弱味もぜんぶさらしたうえで，批判を待つ．本書全体にあふれる潔さと誠実さは，規範経済学そのものの美点なのか，ローマーの人柄なのか，おそらくその両方なのだろう．関連して1つ逸話を紹介したい．ローマーを主賓とする懇親会場で，メニューを渡され好きな酒を選ぶよう促されたローマーは，一番安い酒を指さし，叫んだ．「私はプロレタリアートだ(I am a proletariat)！」と．ローマーを知る人々から温かな爆笑が起こったことは言うまでもない．

2. 正義理論の批判的展開に向けて

以下では現代の正義理論を批判的に展開するヒントを本書より抽出したい．

2.1. 努力と労働の問い直し

ローマーのまなざしは，「努力し労働しているのに報われない個人」と「努力し労働しようにも，しづらい個人」をまっすぐ捉える．そして，彼の関心は，個人の努力や労働のしづらさを招く環境的要因を排しつつ，個人の努力や労働が正しく報われる分配的正義の実現に向かう．ここでは「努力も労働もする人」と「努力も労働もしない人」という旧来の二分法は意味をなさない．努

6　後藤玲子 (2015):『福祉の経済哲学——個人・制度・公共性』ミネルヴァ書房．

力すること，労働することは，人間的自然（あるいは必然）であると考えられている．人は本来，努力し労働するものなのだと．

もし，この理解が正しいとしたら，社会がなすべきことはただひとつ，さまざまな生を生きる人々が現になしている（そして，なしうるはずの）努力と労働のもたらす価値を，能うる限り最善に意味解釈すること，そしてそれを経済的対価に具現化する広義の「貢献に応ずる分配原理」に結実させることとなろう．

例を挙げよう．幻聴と幻覚，自傷他害の経験に苦しむ長期入院患者がいる．彼の日課は検温され，点滴され，清拭され，排泄すること．時折，彼は何ものかに向かって叫ぶ．「こんなに苦しんでいるんだ．もういいだろう？！」と．ここには通常の意味での労働はない．けれども，彼を診断しケアする医療従事者たちは知っているはずだ．彼が多くの時間とありったけの力を，得体のしれない病との闘いに費やしていることを．また，苦痛がやわらぐ午睡後のひととき，カレンダーの裏紙に，ペンで自らの体験を歌や詩として書きとどめていることを．

もうひとつの例として，私自身の火事体験を挙げよう．迫る炎に意識を失いながら，私は2階から転がり落ちて背骨を折った．道路に引きずりだされ，電信柱の脇に横たわりながら見上げると，大勢の人だかりの中に，慣れた出で立ちで，つま先だってのぞき込む女性がいる．そのとき私は気がついた．ああ，彼女たちにとってこれはいつもの避難訓練の，恰好の実践版にほかならないのか……，大変申し訳ないことに，この後，救急車で病院に運ばれた私は，これまで納めてきた保険料の何倍もの医療サービスをいただいてしまったけれども，ここには，わずかながら正の外部性もあったのだと．

2.2. 必要原理を入れたEOpルールの拡張

もし，さまざまな不利性を持つ人々の生きる姿に，努力と労働の痕跡を認めることができるとしたら，資源の社会的移転は，彼らの労苦がもたらす価値への対価の性質を帯びることになる．ヒュームが言うように，人は心揺さぶられる他者への共感から裨益するのみならず，他者の境遇との比較による相対的幸福感から裨益することもある．これらは通常，経済学ではやっかいな外部性として片付けられる．だが，これらの公共性の高い価値を，正しく認識し評価してシャドープライスをつけるならば，市場メカニズムを大きく拡張する途が拓かれる．いわゆる外部経済の内部化が実現される．

その一方で，次のような考察も可能である．社会学者の立岩真也は『自由の平等』において，他者の存在そのものがもたらす快を手がかりとしながら，「基本的に分配を肯定し，その上で，生産を促す手段として，また苦労に報いるという意味で，努力に報酬を対応させることを部分的に肯定する」という見解を示した[7]．この見解は，努力と労働に関する認識的な拡張を経由することなく，端的に，存在における必要を資源の社会的移転の根拠とする．

ローマーは努力と労働に基づく「機会の平等」をよしとするのに対し，立岩は必要と存在に基づく「結果の平等」をよしとする．一見，2人の言明はまったく対立的に見える．けれども，論理的には両者はかならずしも矛盾するものではない．完備性や最善を求めないセンの社会的選択理論[8]の知見を借りて，両立の途を簡単に探ろう．

ローマーの中心的命題はこう表現されていた．「競技場を平準化することは，等しい努力の程度を行使するすべての人が，彼らの境遇に関係なく，最終的に等しい達成となると保証することを意味する」．ここでは等しい努力程度間の分配方法を規定しているものの，異なる努力程度間の分配方法については，何ら言及していない．

これより，異なる努力程度（ゼロも含めて）間の格差を定めるほかのルールと組み合わせる途が拓かれる．たとえば，EOp ルールの完備性を緩めよう．努力程度が同じである場合のみ EOp ルールが適用され，努力程度が異なる場合には，貢献原理と必要原理を α 結合する分配ルールが適用されるようにする．この改変ルールであれば，不利性を持つ人々のもたらす公共性の高い価値を正しく評価する（それにより外部経済を内部化する）一方で，彼らの存在を守り抜く資源分配が実行可能となる．

7　立岩真也 (2004):『自由の平等——簡単で別な姿の世界』岩波書店，13 頁．

8　Sen, A. (2017): *Collective Choice and Social Welfare*, expanded edition, Penguin など．

2.3. 正義理論を批判的に展開するために

ローマーによれば，労働はただ報酬を得るための手段なのではない．労働は愛や喜び，自尊の源泉であり，目的それ自体でもある．ローマーのこの労働観は，ロールズ格差原理のアキレス腱である「労働インセンティブ問題」を解くヒントとなる．簡単に説明しよう．

ロールズ格差原理は最も不遇な人々の期待の最大化を目的とする一方で，移転する側の人々の労働意欲の変化を制約条件とする．ロールズは，移転する側の人々の労働意欲は一定の再分配率をピークとして減少していくことを仮定した．この仮定は，最適な再分配率の決定が，最も不遇な人々の必要の充足からは独立に，低い値をとることを許してしまった．

この結果は，個人の効用関数が賃金所得と余暇時間に依存するという通常の経済モデルに由来する．労働は個人にとって目的それ自体であるというローマーの理解は，このような経済学の常識を覆す．経済的報酬で個人の努力を釣り出そうにも，それ以外の価値を視野に入れる人は簡単には釣り出されないし，逆に，経済的報酬がなくても動くときは自分から動き出すからだ．とはいえ，このことは，制度としての労働において，労働と賃金を対応づける分配的正義のルールの重要性を減ずるものではない．個人の何を労働と見なし，何を努力と認め，それらにどう報いるべきかは，まさしく社会の基礎構造を規定する正義原理として，人々の間に共有されるべき事柄だからである．

ローマーは，機会の平等にとどまる点で，ロールズよりも理論枠組みが狭い印象を受ける．ロールズが構想する「社会的協同(social cooperation)」は，正義原理を受容し遵守するすべての人を包含するものだった[9]．ローマーはそれを，働く個人の間の「社会的協働」に切り詰めてしまった印象を受ける．だが，実のところ，ローマーは努力と労働の意味を徹底的に考え抜くことにより，社会的協同の要となる格差原理の実装可能性に関して，ロールズ正義理論を充実させる可能性を持っている．

---

9 後藤玲子 (2002):『正義の経済哲学』東洋経済新報社など．

2.4. 結 び

さまざまな不利性を持って生きる人々の努力と労働，それらがもたらす公共性の高い価値を，「外部性」のひと言で片付けてしまうのではなく，正しく評価したうえでお礼をする．すなわち，その人自身が正当に受け取るべき報酬として，資源の社会的移転を実行する，そういう形で，市場メカニズムを拡張する可能性が，本書から示唆される．この議論のメリットは，貢献に応ずる分配あるいは応報的正義などの常識的正義の適用を可能とする点にある．アダム・スミスが言うように，われわれの理性と感性に裏づけられた想像力が十分豊かであるとしたら，この議論の射程は広いものとなるだろう．

原爆被害者を例にとろう．戦後，アメリカのABCC政策のもとで，被害者たちは，自らの身体と精神に刻まれた病と傷を，データとして差し出すことを要請された．人類史上初めて使われた原子爆弾の性能を多角的に検証するためである．

治療を期待して医療機関に出向いた彼らの失望は測りしれない．しかも，GHQがとったきびしいプレスコード政策により，原爆について語ること，描くこと，歌うことがきびしく禁じられた．被爆者たちの体験は個別化され，偶発的な私事として納めることを強いられた．社会の片隅にひっそりと身を沈めながら，病苦と窮乏，精神的苦悩にあえぐ最中，第五福竜丸事件が起こった際に「ざまあみろ」と思った人がいたとしてもおかしくはない．

だが，その彼らが「被団協」を結成し，被爆者援護法と核兵器廃絶を両輪とする被爆者運動を展開していく．「もう一度原爆が落ちれば彼らにも私たちの苦しみがわかるだろう」という憤りを，「人類が二度とあの“あやまちをくり返さない”ためのとりでをきずくこと．――原爆から生き残った私たちにとってそれは，歴史から与えられた使命だと考えます．この使命を果たすことだけが，被爆者が次代に残すことのできるたった一つの遺産なのです」という思想へと転換させる（日本被団協ウェブサイトより）．死者へのお詫びと賠償，生存者への医療・生活保障を含む被爆者援護法は，核兵器廃絶と恒久平和の理念を社会の構成原理とすることを意味する．

2024年，この被団協がノーベル平和賞を受賞することになった．授賞式出席のためにオスロに渡航しようという被爆者たち，それを見送りながら，病苦や不安と闘い続ける被爆者たち．努力と労働を基調とするローマーの論理は，このような被爆者たちのもたらす公共的な価値に対するお礼として，被爆者援護法を要求する確かな根拠を提供する．

とはいえ，経済理論が明らかにしているように，公共財や外部経済を正しく評価して報酬につなげることは，思いのほか難しい．結果的に，不利性を持って生きる人々を搾取してしまわないためには，あるいは，彼らの自尊心を傷つけてしまわないためには，立岩が言うように，ただ存在を，それだけを根拠とする「必要に応ずる分配」のしくみを，別途，用意すべきかもしれない．それにより上記の拡張された市場メカニズムを補完するとしたら，われわれが生きる福祉国家は，もう少し豊かなものとなるのではなかろうか．

2.5. 謝　辞

最後に謝辞を簡単に記したい．上述した筆者の火事体験で亡失しかけていた本訳書の草稿を，15 年ぶりに掬い上げて下さったのは勁草書房の上原正信氏である．氏には校正でも大変お世話になった．心より感謝したい．また，当時，学生であった道中真紀氏，齊藤拓氏からは草稿の作成に際して多大な協力を賜った．心から御礼申し上げたい．

索　引

ア　行——

カ　行——

サ　行——

タ　行——

ナ　行——

ハ　行——

マ　行――

ヤ　行――

ラ　行――

著者紹介

ジョン・ローマー（John E. Roemer）
カリフォルニア大学バークレー校でPh.D.（経済学）を取得．カリフォルニア大学デーヴィス校教授，ハーヴァード大学客員教授などを経て，
現在：イェール大学政治学・経済学名誉教授．専門は数理マルクス経済学，分配的正義論，政治経済学．
主著：*How We Cooperate A Theory of Kantian Optimization* (Yale University Press, 2019), *Political Competition: Theory and Applications* (Harvard University Press, 2001), *A General Theory of Exploitation and Class* (Harvard University Press, 1982),『分配的正義の理論——経済学と倫理学の対話』（木鐸社，2001年），『これからの社会主義——市場社会主義の可能性』（青木書店，1997年）など．

訳者紹介

後藤 玲子（ごとう れいこ）
一橋大学大学院経済学研究科博士後期課程単位取得退学，同大学より博士（経済学）を取得．立命館大学教授，一橋大学教授などを経て，
現在：帝京大学経済学部・先端総合研究機構兼担教授，一橋大学名誉教授．専門は経済哲学．
主著：*Dignity, Freedom and Justice* (編著，Springer, 2024),『潜在能力アプローチ——倫理と経済』（岩波書店，2017年），『福祉の経済哲学』（ミネルヴァ書房，2015年），『正義の経済哲学——ロールズとセン』（東洋経済新報社，2002年）など．

吉原 直毅（よしはら なおき）
一橋大学大学院経済学研究科博士後期課程単位取得，同大学より博士（経済学）を取得．北海道大学助教授，一橋大学教授などを経て，

現在：マサチューセッツ大学アマースト校経済学部教授，一橋大学経済研究所特任教授．専門は厚生経済学，数理マルクス経済学．

主著：『されどマルクス』（監修，日本評論社，2018年），『労働搾取の厚生理論序説』（岩波書店，2008年），*Rational Choice and Social Welfare: Theory and Applications* (共編著，Springer, 2008),『マルクスの使い道』（共著，太田出版，2006年）など．

機会の平等
境遇による格差から自由な社会に向けて

2025年2月20日　第1版第1刷発行

著　者　ジョン・ローマー
訳　者　後藤玲子
　　　　吉原直毅
発行者　井村寿人

発行所　株式会社　勁草書房

112-0005 東京都文京区水道 2-1-1　振替　00150-2-175253
（編集）電話 03-3815-5277／FAX 03-3814-6968
（営業）電話 03-3814-6861／FAX 03-3814-6854
大日本法令印刷・松岳社

ISBN978-4-326-50507-4　　Printed in Japan

＊落丁本・乱丁本はお取替いたします。
ご感想・お問い合わせは小社ホームページから
お願いいたします。

https://www.keisoshobo.co.jp